KB057412

마흔에 읽는
카네기

CARNEGIE

인생의

무기가 되는

인간관계

자기관리

그리고

삶의 철학

마흔에 읽는 카네기

데일 카네기 지음 서상원 옮김

스타북스

책머리에

CARNEGIE

인간관계, 자기관리, 위기 대응 그리고 심리전의 시크릿

자기계발서의 성경과도 같은 카네기를 40대에 다시 읽는 독자분이라면 세상을 살아가는 전혀 새롭고 유익한 활용 방법을 찾을 수 있을 것이다. 이 책은 우리 안에 잠재되어 있는 능력을 최대로 꺼내 쓸 수 있는 방법이나 인간관계, 자기관리 그리고 심리학적 요소들이 알기 쉽게 정리되어 있다. 따라서 지금 힘들거나 뭔가 다시 시작하고 싶은 일이 있다면 이 책 『마흔에 읽는 카네기』가 당신의 친구가 되어줄 것이다.

"과학은 성공할 수 있는 처방의 묶음이다."

프랑스 철학자 발레리의 말이다. 이 책도 그렇다. 생활의 고민을 해결하기 위해 효과 만점인 처방의 묶음이다.

"사람은 누구나 절반가량은 잠든 상태에서 생활한다. 따라서 우리는 심신의 잠재력 가운데서 지극히 일부분만을 사용하고 있다. 사람은 자기가 설정해 놓은 한계선 안에서 움직인다. 사람은 다양한 잠재력을 가지고 있지만 그 잠재력을 충분히 개발하여 이용하지 못하고 있다."

이는 윌리엄 제임스의 말이다.

이 책은 인간이 갖고 있는 다양한 잠재력을 개발하여 이용하도록 하기 위해 쓴 것이다. 독자 여러분은 이 책 가운데서 이전에 알지 못했던 새로운 말을 찾아내지는 못할 것이다. 하지만 일반적으로 사람들이 생활에 응용하고 있지 않은 여러 가지 사항을 발견하게 될 것이다.

우리는 오래 전부터 완전한 생활을 하기에 무엇이 필요한가를 이미 알고 있다. "원수를 사랑하라"는 그리스도의 교훈을 비롯한 많은 격언을 알고 있다. 우리의 고민은 모르는 것이 아니라 아는 것을 행하지 못한다는 사실이다. 이 책의 목적은 예전의 기본적인 진리를 다시 말하고 그것을 어떻게 실생활에 쉽게 적용할 수 있는가를 설명하여, 독자들로 하여금 그 진리를 실천하게 하는 데 있다.

이 책에 나오는 사람들은 가공의 인물이 아니다. 몇 개의 예외를 제외하고는 모두 현존한 인물들이다. 이 책은 상아탑에서 나온 것도 아니고 학구적인 설교도 아니다. 수천 명에 달하는 생활인들이 실제로 고민을 어떻게 해결하였는가, 사람을 어떻게 다루고 설득시켰는가에 대한 간결하게 정리된 기록이고 보고이다. 따라서 이 책의 내용들은 모두가 실제적이고 현실적이다.

이 책의 저자 데일 카네기의 말을 들어 보자.

"여기서는 단시일 내에 효과를 올려야 할 필요가 있었다. 여기에 나오는 사람들은 학위나 명성을 얻으려고 하는 것이 아니라, 현실적인 자신의 문제를 해결하기 위해서 오는 것이다. 그들은 사업상의 모임에서 주저하지 않고 자기 의사를 발표할 수 있게 되기를 바랐다. 세일즈맨들은 까다로운 고객을 찾아갔을 때 화술에 눌려 쩔쩔매지 않고서도 거래를 시작할 수 있게 되기를 바랐다. 말하자면 매사에 자신을 갖고 일하기를 원했다."

저자 데일 카네기가 창설한 〈데일 카네기 연구소〉의 '자기 계발' 교육과정에서는 돈 버는 방법, 인간관계, 지도력, 판매 기법, 심리전략, 화술 등을 현실에 적용시키도록 교육하고 있다.

이 성공적인 교육과정은 『카네기 인간관계론 - 친구를 만들고 사람을 움직이는 방법How to Win Friends and Influnce People』과 『자기 관리론 - 고민을 해소하고 새 삶을 시작하는 방법How to Stop Worrying and Start Living』을 교재로 택하고 있다. 이 두 책의 핵심적인 부를 선별한 이 책을 독파함으로써 우리는 전 세계적으로 유명한 〈데일 카네기 연구소〉의 당당한 수강생이 되는 것이다. 이 책은 카네기의 교재를 우리말로 옮기면서

원서에는 없는 중간 제목을 새롭게 달아 독자들의 뇌리에 하나의 명제처럼 각인되도록 하였다.

지금 여러분은 이 책이 왜 쓰여졌는가를 알려고 이 책의 독자가 되지는 않았을 것이다. 당신은 현실적인 행동을 구하고 있는 것이다. 이 책을 펼친 순간 독자들은 백 년이 넘는 시간 동안 수많은 나라에서 고전과 같이 자리매김하여 현재까지도 꾸준히 팔린 이유가 무엇인지를 알게 될 것이다.

우리가 알고 있는 진리를 실생활에 적용시키도록 하는 것이 이 책의 핵심이다. 철학자들은 삶의 진리를 보통 사람들이 실생활에서 활용할 수 있게 한다. 아무리 고고한 진리라도 사회적 실용성이 없으면 진리로서의 가치는 없어진다. 반면 아무리 단순한 명제의 격언이라도 실용적이라면 고상한 진리 이상의 가치가 있는 것이다.

이제부터 시작하라. 그러고 나서 고민을 해결하고 인생을 시작하는 새로운 힘과 참신한 아이디어를 얻지 못했다면 이 책을 휴지통에 던져 버리라. 창조적 아이디어를 얻지 못한 분들에게는 이 책이 휴지에 불과하니까…….

이 책을 최대한으로 활용하는 방법

C A R N E G I E

1. 만일 당신이 이 책에서 되도록 많은 것을 배우기를 바란다면, 어떠한 규칙이나 기술보다도 없어서는 안 될 한 가지 필수 조건이 있다. 당신이 이 기본적인 요소를 갖추지 않는 한 어떠한 연구도 아무런 소용이 없다. 그러나 만일 여러분이 이 기본적 재능을 갖추고 있다면 놀라운 성공을 거둘 수 있을 것이다.

이 마술적인 필수 조건이란 무엇인가? 그것은 고민을 해소하고 새로운 생활을 시작하려는 굳은 결의와 그것을 배우겠다는 용기이다.

그러면 어떻게 해서 이와 같은 충동을 발전시킬 수 있겠는가? 그것은 이러한 원칙이 얼마나 중요한가를 항상 기억하는 데 달려 있다. 이와 같은 탁월한 견해가 당신의 생활을 보다 풍성하고 행복해지도록 돕고 있다는 것을 기억하라.

"내 마음의 평화, 나의 행복, 나의 건강은 물론 나의 수입까지도 이 책에서 설명하고 있고 예전부터 내려오는 보편적이고 항구적인 진리를 적용하느냐 그렇지 않느냐에 달려 있다"라고 끊임없이 자기 자신에게 타일러야 한다.

2. 처음에는 이 책의 개요를 파악하기 위해 단숨에 각 장을 읽어라. 그렇게 한다면 빨리 다음 장을 들추고 싶어질 것이다. 그리고 만일 당신이 고민을 해소하고 새로운 생활을 시작하기를 진정으로 원해서 이 책을 읽는 것이라면, 다시 한 번 되돌아가서 각 장을 차근차근 정독하기 바란다. 결국 그러는 편이 시간도 절약되고 성과도 오를 것이다.

3. 읽어 가면서 중간 중간 멈추어 읽고 있는 내용에 대해서 검토해 보라. 어떠한 경우에 어떻게 하여 이러한 방법을 적용할 것인가를 스스로 자문해 보라. 이와 같은 독서법은 사냥개가 토끼를 쫓듯이 나아가는 것보다 훨씬 여러분에게 유익할 것이다.

4. 붉은 색연필 또는 만년필을 손에 들고 읽을 것. '도움이 되겠다.'라고 생각되는 부분을 발견하면 문장 전체에 줄을 긋든가 ◎ 표를 할 것. 책에 ◎ 표를 하거나 줄을 긋는 것은 그 책을 한층 흥미 깊게 할 것이며 다시 읽으려 할 때는 매우 편리하다.

5. 나는 15년 동안 큰 보험회사의 관리자로 있는 사람을 알고 있는데 그는 매달 한 번씩 자기 회사가 맺은 보험계약을 전부 살펴보는 일을 빼먹지 않고 반복한다. 그는 매달 매년 빼먹지 않고 똑같은 보험계약을 전부 살펴본다. 그렇게 하는 것이 그들의 계약을 분명하게 기억하는 유일한 방법임을 알고 있기 때문이다.

나도 전에 대중 연설에 관한 책을 집필하는 데 2년이나 걸린 적이 있다. 그래서 가끔 무엇을 썼는가를 확인하기 위해서 전에 썼던 글을 거듭 읽어야만 했다. 사실 누구나 인간은 빨리 잊어버리는 것이다.

그러므로 만일 당신이 진정으로 이 책에서 이익을 얻으려고 한다면, 한 번 읽는 것으로 충분하다고 생각해서는 안 된다. 이 책을 끝까지 읽고 난 후에도 매달 복습하는데 4, 5시간은 들여야 할 것이다. 항상 책상 위에 놓고 가끔 훑어보아야 한다. 아득히 먼 곳에 풍부한 향상의 가능성을 끊임없이 자기 몸에 인상 짓도록 노력해야 한다.

이러한 원칙을 생활에 적용하는 것은 열심히 복습하고 반복해서 적용함으로써 습관이 되며 무의식적으로 가까워진다는 사실을 잊어서는 안 된다.

6. 버나드 쇼는 일찍이 이런 말을 했다.

"만일 당신이 남에게 무엇인가를 가르치려고 한다면 그는 결코 배우지 않을 것이다."

쇼의 이 말은 지극히 지당하다. 배운다는 것은 적극적인 과정이다.

우리는 행동함으로써 배우는 것이다. 만일 당신이 이 책에서 읽은 원칙을 숙달하길 바란다면 그것을 실행해야 한다. 또 이 법칙을 모든 기회에 적용해야만 한다. 그러지 않으면 금방 잊어버리고 말 것이다. 행동으로 옮겨진 지식만이 마음에 남는 법이다.

7. 이 책에 담겨있는 내용들은 항상 적용하는 일은 곤란할지도 모른다. 이 책을 쓴 나 자신도 여기서 주장하는 것들을 전부 적용하기는 어렵다는 사실을 알고 있기 때문이다. 그러므로 이 책을 읽을 때, 단지 지식을 얻는 것이 아니라는 점을 잊어서는 안 된다. 새로운 습관을 기르는 것이 목적인 것이다. 그렇다! 당신은 새로운 인생을 향해 나가고 있다. 그러기 위해서는 시간과 인내력과 부단한 적용이 요구된다.

그러므로 가끔 이 책을 펼쳐 보라. 이 책을 고민을 극복하기 위한 편리한 소책자라고 생각하라. 그리고 귀찮은 문제가 일어났을 때에도 결코 흥분하지 말라. 분별없이 충동적인 행동을 하지 말라. 언제나 충동적인 생각은 좋지 않다. 그러한 순간에는 이 책을 펼치고 줄을 그어놓은 곳을 한 번 더 읽는 것이 좋다. 그리고 이 새로운 방법을 적용하여 거기에서 일어나는 불가사의를 지켜보도록 하자.

8. 이 책에 제시되어 있는 원칙 중에 하나를 어겨서 이 방법을 공유하고 있는 사람에게 들켰다면, 그 즉시 매번 벌금을 내도록 하라. 그러면 상대는 당신이 그 원칙에 익숙하도록 훈련시켜 줄 것이다. 그것이

내 경험에 의하면 원칙을 지키는 가장 좋은 방법이라고 기억된다.

9. 월 스트리트의 은행가 H. P. 하웰과 벤저민 프랭클린이 어떻게 해서 자신들의 과오를 고쳤는지 아는가? 그들은 매주 또는 매일 자기들이 한 일을 재검토했다. '나는 그때 어떤 잘못을 저질렀는가?' '어떤 일을 했는가?' '어떻게 하면 내가 한 일을 개선할 수 있을까?' '그 경험으로 어떤 교훈을 배울 수 있는가?'에 대해. 이 책에 기록된 원칙을 적용해 스스로를 시험하기 위해, 당신도 하웰이나 프랭클린의 수법을 사용해 보는 것이 어떤가? 그렇게 해 보면 두 가지 결과가 나타나게 될 것이다.

첫째로, 당신은 일에 대한 보람과 흥미를 느끼고 비용이 들지 않는 교육 과정을 밟고 있다는 사실을 알게 될 것이다.

둘째로, 당신의 고민이 해소되면서 생활해 나가는 능력이 월계수처럼 자라고 번성하고 있다는 사실을 확인하게 될 것이다.

10. 일기를 쓸 것. 이와 같은 원칙이 순조롭게 실행되어 간다는 사실을 상세히 기록하라. 사람 이름, 날짜, 결과 등 이렇게 기록을 남긴다는 것은 보다 유익한 노력을 하도록 당신을 이끌어 준다. 더욱이 성공한 후에 우연히 그 기록을 보았을 때도 즐거움을 얻게 될 것이다.

차례

3 일자리를 찾는 법

4 상대를 설득하는 법

5 긍정화제로 이끄는 법

6 경쟁의식을 자극하는 법

CARNEGIE

7 아낌없이 칭찬하는 법

8 호감을 사는 법

9 관심을 갖는 법

10 40대가 마음을 지키는 법

CARNEGIE

15 40대가 인간관계를 잘하는 법

16 여러 사람과 대화하는 법

17 상대를 효과적으로 설득하는 법

CARNEGIE

마음을 움직이는 법

CHAPTER 1

마흔에 읽는

카네기

Dale Carnegie

칭찬으로 시작하면 결과도 좋다

01

칭찬한 후에 주의를 주라

캘빈 쿨리지가 대통령 재직 시 내 친구 하나가 백악관을 방문한 적이 있다. 대통령의 사무실로 들어가면서 그는 쿨리지가 여비서에게 하는 말을 들었다.

"오늘 입은 옷이 썩 잘 어울리는군. 정말 미인이야."

과묵한 쿨리지가 이런 칭찬을 비서에게 했다는 사실은 놀라운 일이었다. 너무나 뜻밖의 말에 여비서가 어쩔 줄 몰라 하는데 쿨리지가 이어 말했다.

"그렇게 긴장할 필요 없어요. 마음을 좀 풀어 주기 위해서 말한 거니까. 다음부터는 구두점에 주의를 해야겠어."

이러한 방법은 심리적으로 상당히 효과적이다. 우리는 칭찬을 받은 뒤에는 불쾌한 말을 들었다 해도 받아들일 수 있다.

면도하기 전에는 비누칠을 한다

이발사는 면도를 하기 전에 비누칠을 한다. 매킨리가 1896년 대통령에 출마했을 때 이 방법을 사용했다. 어느 공화당원이 선거 연설의 원고를 써서 명연설이라고 큰소리치며 매킨리에게 읽어 주었다. 괜찮긴 했으나 전체적으로 만족할 만한 내용은 못 되었다. 대중의 비난을 받을 염려가 있었기 때문이다. 매킨리로서는 상대의 자존심을 손상시키지 않고 동시에 그 열의를 존중해 주어야 했다. 그는 이 난처한 처지를 재치 있게 처리했다.

"정말 훌륭한 연설입니다. 이런 연설문은 당신 아니면 만들 수 없을 거요. 적당한 경우에 쓰면 아주 효과적이겠소. 그러나 이번에는 좀 어색할 것 같아요. 물론 당신 입장에서 본다면 아주 훌륭한 것이겠지만, 나는 당의 입장에서 판단해야 합니다. 그러니 집에 돌아가서 내가 일러 주는 대로 원고를 다시 써 보내 주세요."

상대방은 매킨리가 원하는 대로 연설문을 썼고, 유능한 연사로서 크게 활약했다.

사장님과 같은 성씨가 없더군요

우리는 쿨리지도 매킨리도 아니다. 다만 알고 싶은 것은 이 방법이 일상의 사업에도 효과적인가 하는 점이다. 그럼 필라델피아에 자리한 워크 건설회사의 W.P. 고우의 경우를 보자. 고우 씨는 평범한 시민이다.

워크 사는 필라델피아 건축 공사의 도급을 맡아 지정된 기일 안에 완공하려고 공사를 서두르고 있었다. 모든 일이 순조롭게 진행되어 왔으나, 준공 직전에 갑자기 외부 장식에 쓰이는 청동 세공의 하청업자가 기일 안에 납품을 할 수 없다는 통지를 해 왔다. 업자 한 사람 때문에 작업이 중지되고 막대한 손해를 입을 상황에 처한 것이다. 장거리 전화를 걸어 언쟁도 했으나 결정이 나지 않자 고우는 직접 협상하려고 뉴욕으로 향했다.

사장실에 들어서면서 고우가 말했다.

"브루클린에는 사장님과 같은 성을 가진 사람이 한 사람도 없더군요."

고우의 첫마디에 사장이 놀라면서 대답했다.

"그래요? 나도 몰랐습니다."

"아침에 기차에서 내려 전화번호부를 들추어 보는데, 브루클린에서 사장님과 같은 성씨는 사장님 외에는 없더군요."

사장은 재미있다는 듯이 직접 전화번호부를 들추어 보면서 말했다.

"전혀 모르고 있었는데 정말 그렇군요. 희귀한 성이니까. 원래 우리 조상은 200년 전에 네덜란드에서 뉴욕으로 이주해 왔어요."

사장은 자기 집안의 내력에 관해서 몇 분 동안이나 이야기했다. 그의 말이 끝나자 고우는 그의 공장 규모와 설비가 대단하다고 칭찬했다.

"제가 본 중에서 가장 깨끗하고 정돈된 공장입니다."

"이 사업을 일으키기 위해 나는 평생을 바쳤어요. 정말 자랑스럽게 생각하고 있습니다. 한번 공장을 구경하시겠어요?"

공장을 돌아보면서 고우는 공장에 대해 많은 칭찬을 하였고 사장은 내부 시설을 열심히 설명하느라고 꽤 많은 시간을 들였다.

사장은 점심 식사를 같이 하자고 했다. 그동안 고우는 자신이 찾아온 목적은 한마디도 말하지 않았다. 점심 식사가 끝난 후 사장이 말했다.

"자, 이제 용건을 이야기합시다. 당신이 찾아온 목적은 알고 있습니다. 우리들이 나눌 이야기가 이렇게 즐거울 줄은 몰랐습니다. 다른 주문을 미루는 한이 있더라도 당신이 주문한 자재는 틀림없이 공급할 테니 돌아가십시오."

고우는 부탁도 하지 않고 목적을 달성할 수 있었다. 약속한 자재는 제때 도착했고 건물은 기일 내에 완공되었다.

사람의 마음을 움직이는 첫 번째 법칙은 우선 칭찬하는 것이다.

충고는 간접적으로 하라

02.

밖에 나가서 피우고 오시오

찰스 슈바프가 어느 날 오후 제강소를 시찰하다가 실내에서 담배를 피우는 종업원들을 보게 되었다. 이때 슈바프가 금연 표지를 가리키며 "저것이 보이지 않소?" 하며 야단을 쳤을까?

물론 그렇지 않다. 그는 종업원들 앞으로 다가가 담배를 하나씩 권하며 말했다.

"밖에 나가서 피우고 오세요."

물론 그들이 규칙을 어긴 데 대해서는 한마디의 말도 하지 않고 작은 선심까지 쓰면서 자존심을 살려 주었다. 그러니 자연히 상대가 존경심을 갖게 되는 것이다.

와나메이커 백화점 설립자인 존 와나메이커도 이와 똑같은 방법을 사용했다. 와나메이커는 필라델피아에 있는 매장을 매일 한 번씩 방문했는데, 하루는 고객이 카운터 앞에 서서 기다리고 있는 것을 발견했다. 아무도 이 여인에게 눈길을 돌리지 않았다. 점원들은 구석에 몰려서 서로 웃으며 잡담을 하고 있었다. 와나메이커는 조용히 카운터로 들어가 부인의 주문을 받고 마침 지나가는 점원에게 포장하게 한 다음 그대로 사라졌다.

평론지에 실으면 훌륭한 글이에요

명설교가 헨리 워드 비처 목사는 1887년 3월 8일 세상을 떠났다. 그가 죽은 다음 주 일요일에 라이먼 애벗이 설교를 위한 초청을 받았다. 그는 가장 훌륭한 설교를 하기 위해 내용을 정성들여 다듬고는 아내에게 먼저 원고를 읽어 주었다. 남편이 읽는 설교를 들어 보니 하나도 흥미가 없었다.

"여보, 재미없어요. 이런 설교를 들으면 모두 졸 거예요. 꼭 백과사전을 읽는 것 같아요. 그토록 오랫동안 설교를 했으면서도 왜 자연스럽고 인간미가 풍기게 쓰지 못하는 거예요."

하지만 아내는 이렇게 말하지 않았다. 그녀는 다만 이 글을 《노스아메리칸 리뷰》지에 실으면 훌륭한 글이 될 것이라고 말했다.

그녀는 칭찬을 하면서 남편의 글이 설교문으로써는 합당치 않다고 말한 것이다. 라이먼 애벗은 아내의 말뜻을 알아들었다. 그는 원고를 찢어 버렸고 메모 하나 없이 설교를 성공적으로 끝마쳤다.

사람의 마음을 움직이는 두 번째 법칙은 남의 잘못을 일깨워 줄 때는 간접적으로 하라는 것이다.

03

내 잘못을 먼저 밝혀라

나는 19살 때 어떤 일을 했나

몇 해 전 나의 조카딸 조세핀 카네기가 내 비서를 하기 위해 고향인 캔자스를 떠나 뉴욕으로 왔다. 당시 그녀의 나이는 19살이었고 3년 전에 고등학교를 졸업했기 때문에 직장 경험은 거의 없었다. 현재 그녀는 서반구에서는 가장 완벽한 비서의 한 사람이 되었으나 처음에는 거듭해 실수를 저질렀다.

어느 날 나는 그녀에게 잔소리를 하려다 말고 스스로를 타일렀다.

"잠깐만, 카네기…… 잠깐만 참아라. 너는 조세핀보다 두 배나 나이를 더 먹었고 몇천 배나 경험을 더 했지 않은가? 그녀에게서 너와 똑같은 능력을 기대한다는 것부터가 잘못이다. 너는 19살 때 어떤 일을 했나 생각해 봐라. 부끄러운 실수들을 여러 번 했지 않은가?"

객관적인 입장에서 보니 조세핀의 타율이 19살 때 나의 타율보다 확실히 뛰어나다는 것을 알게 되었다. 그 후 나는 조세핀에게 주의시킬 일이 있을 때는 언제나 이렇게 말했다.

"조세핀, 그러면 안 된다. 하지만 내가 옛날에 저지른 실수에 비하면 아무것도 아니다. 판단력은 경험 속에서 생겨나는 것인데 네 나이 때의 나에 비하면 너의 판단력은 훨씬 훌륭하다. 나는 실수를 많이 한 기억이 있으니 너에게 잔소리를 할 생각은 없다. 그러나 이렇게 했더라면……."

나중에라도 반드시 칭찬하라

독일제국의 마지막 황제인 빌헬름 2세 치하의 수상 본 블로 공도 자신의 잘못을 먼저 인정하는 일의 중요성을 느꼈다.

빌헬름 황제는 육해군을 증강하여 위세를 세계에 떨치고 있었다. 그때 마침 놀라운 사건이 발생했다. 영국을 방문 중인 빌헬름 황제가 폭언을 하고 그것을 《데일리 텔레그래프》지에 공표한 것이다. 빌헬름 2세의 발언은 순식간에 영국의 격분을 사게 되었고 독일 본국의 정치가들도 아연실색했다. 문제가 커지자 황제도 몹시 당황하여 본 블로에게 책임을 지우려 했다.

"폐하, 독일이나 영국 어느 누구도 제가 폐하께 그렇게 건의할 수 있다고 생각하지 않을 것입니다."

본 블로는 '비판하기에 앞서 칭찬했어야 하는데……'라고 생각했으나 때는 이미 늦은 뒤였다. 그래서 늦었지만 칭찬하는 방법을 써 보기로 하였고 이는 기적적인 효과를 나타냈다.

"폐하께서는 육해군에 관한 지식뿐만 아니라 자연과학에 있어서도 해박하십니다. 저는 과학 부문에 대해서는 아무것도 모릅니다. 다만 역사에 대한 지식과 정치 특히 외교에 대한 지식을 조금 가지고 있을 뿐입니다."

황제의 얼굴에는 그제야 미소가 번졌다. 본 블로가 황제를 추켜올리고 자기를 낮추었기 때문이다.

"늘 내가 하는 말이지만 서로 단결하면 잘 해낼 수 있어. 누구든지 본 블로를 욕하면 혼을 내주겠다."

본 블로는 겨우 위험한 고비를 넘겼지만 역시 실패한 셈이다. 우선 자기를 낮추고 인정했더라면 양국에 부정적인 파장을 끼치는 악수는 두지 않았을 것이다.

그러므로 사람의 마음을 바꾸는 세 번째 법칙은 상대방에게 주의를 주기 전에 우선 자기를 제대로 파악하는 일을 명확히 하는 것이다.

절대
명령하지 말라

04

스스로 일할 기회

얼마 전에 나는 미국 일류의 전기 작가 아이다 타벨 여사와 식사를 같이 한 적이 있다. 내가 인간관계에 대한 책을 집필 중이라고 하자 화제는 자연히 인간관계의 여러 문제로 옮겨 갔다. 그녀는 오언 D. 영의 이야기를 꺼냈다.

타벨은 영의 전기를 쓰면서 그와 3년 동안이나 같은 사무실에서 일한 적이 있는 사람을 만나 영에 관한 여러 가지 일을 물어보았다.

영은 명령하는 대신 제안을 했다고 한다. 이것을 하라거나 저것을 하지 말라거나 하는 식의 말을 절대로 하지 않았다.

"이렇게 생각해 보면 어떨까?"

"저렇게 하면 효과적일까?"

하는 식으로 상대방의 의견을 묻는 방식을 택했다고 한다. 편지를 읽어 비서로 하여금 받아쓰게 한 다음에는 이렇게 물었다.

"이 내용을 어떻게 생각하지?"

그는 아랫사람이 쓴 편지를 읽어 본 다음에는 이렇게 묻는 일도 있었다.

"이곳은 이런 식으로 고쳐 쓰면 더 좋아질 것 같은데 자네 생각은 어떤가?"

영은 언제든지 수하의 인물들이 자발적으로 일할 기회를 주었다. 결코 명령은 하지 않고 스스로 일할 수 있도록 하였다. 상대가 자유와 실패 속에서 스스로 배우기를 꾀했던 것이다.

이런 방법으로 하면 상대방의 잘못을 고쳐 주기가 아주 쉬워진다. 또한 상대방의 자존심을 손상시키지 않고 인정받는다는 자긍심을 느끼게 할 수 있고 반감이 아니라 협력한다는 기분을 불러일으킬 수 있다.

사람의 마음을 움직이는 네 번째 법칙은 명령하지 않고 제안을 하는 것이다.

CARNEGIE

마음을 사로잡는 법

CHAPTER 2

마흔에 읽는
카네기

상대의 체면을 세워줘라

01

제너럴 일렉트릭의 고문 기사

제너럴 일렉트릭 사가 찰스 스타인메츠 부장을 직책에서 이동시키는 미묘한 문제에 당면한 적이 있었다. 스타인메츠는 기획 부장으로는 적임이 아니었으나 회사 전반에 있어서는 필요한 인물이었다. 그래서 회사는 '제너럴 일렉트릭 고문 기사'라는 새 직함을 만들어 그를 전임 발령하였다. 스타인메츠는 만족했고 간부들도 만족스러운 결과를 얻었다.

상대방의 체면을 세워 주는 일은 아주 중요하다. 그런데도 이 중요성을 이해하고 실행하는 사람이 과연 얼마나 될까?

기분 좋게 해고하는 법

마셜 A. 그레인저라는 공인회계사가 나에게 보낸 편지의 한 구절을 소개하고자 한다.

〈종업원을 해고하는 것은 유쾌한 일이 아닙니다. 해고당하는 측은 더욱 불쾌할 것입니다. 이곳의 일은 계절의 영향을 많이 받아서 해마다 3월이 되면 많은 사람을 해고시키게 됩니다. 그래서 나는 고용인을 해고시킬 때 좀 더 신중한 태도와 방법을 취하려고 생각했습니다. 각자의 성적을 잘 조사 검토한 다음 한 사람씩 불러 이야기했습니다.

"스미스 씨, 당신의 근무 성적은 훌륭했습니다. 뉴욕에 출장 갔을 때는 정말 고생 많이 하셨습니다. 임무를 잘 수행해 주셨기 때문에 회사도 자랑스럽게 생각합니다. 당신은 그만한 실력이 있으니 어디에 가서 일을 하시든 환영받을 것입니다. 우리는 당신을 믿습니다. 또 가능한 한 최대한의 도움을 아끼지 않겠습니다. 이 점을 잊지 마시기 바랍니다."

그러면 상대방은 해고당하면서 가슴 아파하지 않고 밝은 기분으로 나가는 것입니다. 회사에 일만 있으면 계속해서 고용해 주었을 것이 틀림없다고 그들은 믿고 있습니다. 그리고 회사가 또다시 그들을 필요로 할 때는 기꺼이 달려와 주는 것입니다.〉

사람의 마음을 움직이는 다섯 번째 법칙은 상대방의 체면을 살려 주는 것이다.

작은 일에도 칭찬하라

02

숨겨진 재능을 꽃피우도록

내가 아는 지인 중 피트 발로라는 서커스 단장이 있다. 나는 그가 개를 훈련시키는 모습을 보고 퍽 재미있다고 생각했다. 그는 개가 조금만 잘하면 쓰다듬어 주고 고기를 주기도 하며 다정히 칭찬을 하였다.

헌데 이러한 방법은 새로운 것이 아니다. 동물을 훈련시키는 데 옛날부터 사용해 왔던 방법이다. 우리는 이러한 칭찬 방법을 왜 인간에게는 응용하지 않을까? 왜 회초리 대신에 고기를, 비판 대신에 칭찬을 하지 않는 것일까? 조금만 잘하는 일이 있으면 칭찬하라. 그러면 상대방은 더욱 더 잘하려고 할 것이다. 싱싱 형무소 소장인 루이스 로즈에 의하면 상습 범죄자라도 조그마한 개선에 칭찬을 해 주면 효과가 있다고 했다.

선천적으로 재능을 타고 나 실력을 발휘했을 것 같은 유명인들 중에도 칭찬으로 인하여 포기하지 않고 그 재능을 꽃피워 낸 인물들이 적지 않다. 세 인물을 예로 들어 칭찬의 위력에 대해 설명해 보고자 한다.

10살짜리 소년이 공장에서 일하고 있었다. 그는 성악가가 되고 싶었지만 처음 만난 선생의 핀잔에 낙담해야 했다.

"너에게는 노래가 맞지 않아. 목소리가 좋지 않잖니. 마치 덧문이 바람에 덜컹거리는 것 같은 목소리야."

하지만 소년의 어머니는 생각이 달랐다. 소년의 어머니는 비록 가난한 농촌의 아낙이었지만 아들에게 음악 공부를 시키려고 열심히 일했다. 또한 아이가 음악에 대한 관심을 잃지 않도록 따뜻하게 격려하고 아이를 믿어 주었다.

"너는 반드시 훌륭한 성악가가 될 거야. 점점 노래 솜씨가 개선되어 가고 있잖니."

어머니의 칭찬과 격려로 인해 소년의 생애는 변화했다. 그의 이름은 다름 아닌 악성 카루소였다.

두 번째는 작가를 지망하는 런던의 한 젊은이에 관한 이야기이다. 학교는 4년밖에 못 다녔고 아버지는 빚 때문에 형무소에 수감되어 있었다. 그는 끼니도 제대로 하기 힘들 만큼 가난했다.

그러다가 그가 겨우 얻은 일자리는 음침한 창고에서 구두약 통에 상표를 붙이는 일이었다. 그는 글 쓰는 일을 멈추지 않았지만 그러면서도 스스로의 작품에 자신이 없었다. 때문에 자신의 첫 작품이 완성되자 사람들이 모두들 잠든 한밤중에 출판사로 발송했다. 그 작품은 퇴짜를 맞았고 계속해 시도한 작품들도 모두 되돌아왔다.

그러다 드디어 작품 하나가 빛을 보게 되었다. 원고료는 한 푼도 받지 못했지만 대신 편집자의 칭찬이 있었다. 드디어 처음으로 그를 인정해 준 사람이 나타난 것이다. 젊은이는 감격하여 흐르는 눈물을 닦을 생각도 못하고 거리를 돌아다녔다. 자기의 작품이 출간된다는 사실이 그의 생애를 변화시킨 것이다. 그렇지 않았다면 일생을 어둠침침한 창고 속에서 보냈을지도 모른다. 이 젊은이는 『올리버 트위스트』를 쓴 찰스 디킨스이다.

세 번째 소년은 포목점에서 일하고 있었다. 그는 아침 5시에 일어나 청소와 잔심부름을 하며 하루 14시간이나 일을 해야 했다. 이러한 중노동을 2년 동안이나 참으며 버텼지만 그 이상은 참을 수 없었다.

인생을 바꾼 결심

어느 날 아침 소년은 아침밥도 먹지 않고, 가정부로 일하는 어머니에게로 15마일이나 되는 길을 걸어 찾아갔다. 어머니를 만난 소년은 울부짖으며 거기서 일해야 한다면 차라리 죽겠다고 호소하였다.

굳은 결심을 한 소년은 모교의 선생님 앞으로 자기의 어려움을 호소하는 편지를 보냈다. 선생님은 곧 답장을 보내왔고, 그의 우수한 두뇌를 칭찬하면서 일자리를 마련해 주었다. 이 칭찬이 소년의 인생을 변화시켰다. 그가 바로 77권의 책을 쓰고 연필 하나로 1백만 달러 이상을 벌어들인 H. G. 웰스이다.

사람의 마음을 움직이는 여섯 번째 법칙은 작은 일에도 아낌없이 하는 칭찬이라는 사실을 명심하자.

신사와 숙녀처럼 대하라

03

인정하는 만큼 일한다

나의 친구 어니스트 겐트 여사는 뉴욕에 살고 있다. 그녀가 한번은 하녀를 고용하여 다음 월요일부터 오라고 하였다. 그리고 그 하녀의 전 고용주에게 전화를 걸어 물어본 결과, 그 하녀에게 조금의 결점이 있음을 알게 되었다. 약속한 날에 하녀가 오자 겐트 여사가 말했다.

"넬리, 며칠 전 당신의 전 고용주에게 전화를 걸었어요. 그 사람은 넬 리가 정직하고 믿음직하고 요리 솜씨도 좋고 아이들도 잘 보살핀다고 하면서, 그런데 청소를 좀 깨끗이 하지 않는 편이라고 하더군요. 나는 그 말을 믿을 수가 없어요. 당신의 옷차림처럼 청소도 깨끗이 할 것으로 생각해요. 우리 힘을 합해서 잘해 보아요."

넬리는 부인이 자기를 인정하는 만큼 그에 어긋나지 않고자 열심히 일했다. 집 안 또한 늘 깨끗이 정돈하였다.

볼드윈 기차 제조 주식회사의 사무엘 뵈클린 사장은 말했다.

"무언가 좋은 점에 대하여 경의를 표하면, 사람들은 대부분 당신이 원하는 대로 따라오게 된다."

요컨대 상대방의 어떤 점을 개선하려고 한다면 상대에게 "당신은 (이미) 이런 점을 갖고 있군요"라고 말해 주면 된다.

이상적인 현실

헨리 클레이 리스너는 프랑스에 주둔하는 미군 병사의 품행을 고치기 위해 역시 인정과 칭찬이라는 방법을 썼다. 리스너는 명장으로 이름 높은 제임스 G. 하보드 대장이 프랑스 주둔 2백 만의 미군이 가장 이상적인 군대라고 말하는 것을 들었다. 하보드 대장의 칭찬은 좀 과장된 것이었으나 리스너는 그 칭찬을 잘 이용했다. 훗날 리스너가 말했다.

"나는 장군의 말을 철저히 주지시켰다. 그것이 사실인가 아닌가는 문제되지 않는다. 장군이 그렇게 생각한다는 사실만으로도 병사들은 장군의 기대에 어긋나지 않도록 행동하게 되었기 때문이다."

부자건 가난뱅이건 도둑이건 간에 인간은 누구나 좋은 평판을 받으면 자연히 그 평판에 어긋나지 않게 노력하는 법이다.

"악한과 만나야 할 때는 그를 존경할 만한 신사로 생각하고 신사로 대접하라. 신사 대우를 받으면 그는 신사답게 행동하려고 노력하게 된다.”

이는 싱싱 형무소 소장의 경험담이다. 사람의 마음을 움직이는 일곱 번째 법칙은 상대방을 신사로 만들려면 그에게 신사 대접을 하라는 것이다.

04

격려하고 희망을 주어라

희망을 주어라

나의 친구 가운데 40대 노총각이 있는데 그가 약혼을 하게 되었다. 그런데 약혼녀가 그에게 춤을 배우라고 했다. 그는 20년 전에 배운 춤을 그대로 추어 왔기 때문에 고쳐 배울 필요성을 느꼈다.

처음 선생은 그에게 춤추는 법이 전혀 잘못 되어 있다고 말했다. 처음부터 새로 배워야 한다는 말에 질려 그는 첫 번째 만난 선생에게 배우는 것을 포기했다.

두 번째 선생은 사실대로 말하는 것 같지는 않았지만 마음에 들었다. 두 번째 선생은 그에게 말하길, 춤추는 법은 유행에 뒤떨어져 있지만 기초가 있기 때문에 새 것을 빨리 배울 수 있을 것이라고 했다.

처음 선생은 그의 결점을 강조하여 실망감을 주었지만 두 번째 선생은 그의 장점을 부각시켜 주면서 단점은 별로 들추어내지 않았다. 그 자신이 서투르다는 사실을 알면서도 꼭 그렇지만은 않은 것 같다는 느낌이 들게 만든 것이다.

그는 칭찬을 받은 덕분으로 춤 솜씨가 금세 일취월장하였다. 선생의 말이 그를 격려하고 희망을 주어 결국 그를 향상시킨 것이다.

당신한테 알맞은 놀이

자식이나 배우자, 종업원에게 바보 같다든가 무능하다든가 둔하다든가 하고 말하면 그들의 향상심을 잘라 버리게 된다. 그와 반대로 격려하고 위로하고 능력이 있다고 확신시켜 주고 그 능력을 믿고 있다고 알려 주면 그 사람은 자기의 우수함을 과시하기 위해 노력한다.

로웰 토머스는 사람을 분발시키고 자신감을 주고 용기와 신념을 주는 데 탁월한 재주를 갖고 있었다. 얼마 전 나는 토머스 부부와 주말을 함께 보냈다. 그 토요일 밤 토머스에게 브리지 놀이를 하자는 권유를 받았다. 나는 브리지 놀이는 전혀 할 줄 모르는 데다가 브리지 놀이를 몹시 싫어했다.

"데일 씨, 브리지 놀이는 기억력과 판단력만 있으면 돼요. 당신은 기억력에 관한 글을 쓴 적이 있지요. 당신한테 알맞은 놀이예요."

토머스의 말은 내가 처음으로 브리지 테이블에 앉도록 만들었다.

브리지의 일인자

브리지 이야기가 나오면 엘리 컬버트슨이 생각난다. 그가 쓴 브리지에 관한 서적은 세계 각국어로 번역되어 수백만 부나 팔렸다고 한다. 컬버트슨 또한 어느 젊은 여성이 그에게 브리지에 뛰어난 소질이 있다는 말을 하지 않았다면 브리지의 일인자가 되지 못하였을 것이다.

컬버트슨이 미국에 이주한 것은 1922년이었다. 그는 처음에는 철학과 사회학 교사가 되려고 했지만 일자리가 없었다. 그는 생계를 위해 석탄 판매원도 해 보고 커피 판매원도 해 보았으나 모두 실패했다.

그 무렵 컬버트슨의 트럼프 솜씨는 아주 서툴렀다. 처음부터 끝까지 묻기만 하여 옆에 앉은 사람을 귀찮게 하고 게임이 끝나면 게임의 결과를 상세히 캐물었기 때문에, 아무도 그와 함께 게임을 하려고 하지 않았다.

그러던 어느 날 컬버트슨은 조세핀 딜런이라는 브리지 선생을 알게 되었다. 사랑에 빠진 둘은 결혼까지 하였다. 조세핀은 컬버트슨이 카드를 면밀히 분석하는 모습을 보고 그가 트럼프에 뛰어난 소질이 있다고 칭찬하여 주었다. 컬버트슨이 브리지의 대권위자가 된 것은 아내의 격려 때문이었다고 한다.

사람의 마음을 움직이는 여덟 번째 법칙은 격려하라는 것이다. 능력에 대하여 자신을 갖게 하면 분명 좋은 결실을 맺게 된다.

중요한 사람이라는 느낌이 들게 하라

05

그 일을 하기에 당신은 큰 인물입니다

1915년 유럽은 제1차 세계대전의 소용돌이 속에 있었다. 우드로 윌슨 대통령은 어쨌든 평화를 되찾기 위한 노력을 해 보기로 결심하고 전쟁 당사국의 지도자들과 협의하기 위해 평화 사절을 보내기로 했다.

국무장관 윌리엄 브라이언은 자신이 그 일을 맡고 싶어 했다. 명예를 가져올 기회라고 생각되었기 때문이다. 그러나 윌슨 대령은 브라이언의 친구인 하우스 대령을 사절로 임명하였다. 난처하게 된 하우스 대령은 브라이언의 감정을 상하지 않게 그 사실을 그에게 밝혀야만 했다.

하우스 대령에게 그 소식을 들은 브라이언은 당연히 실망하였다. 이에 대해 하우스가 말했다.

"대통령으로서는 이번 사절 파견을 공공연하게 하는 것은 현명한 일이 아니라고 판단했기 때문이야. 자네가 가게 되면 세상의 이목이 집중되어 곤란하게 될 것 아니겠나."

브라이언은 그 임무를 맡기에는 보다 큰 인물이라고 말해 준 것이다. 세심한 하우스 대령은 인간관계의 중요한 법칙을 지키면서 임무를 훌륭히 완수해 내었다.

윌슨 대통령은 윌리엄 매카두를 각료로 맞아들일 때도 이 방법을 사용했다. 윌슨은 상대방이 중요하다는 감정을 느끼도록 행동했다. 윌슨 대통령을 만난 뒤 매카두가 말했다.

"윌슨은 자기가 조각을 구상 중인데 내가 재무 장관을 맡아 주면 고맙겠다고 말했다. 이 명예로운 지위를 맡는 것이 오히려 이쪽에서 은혜를 베풀어 주는 듯한 느낌이 들었다."

그가 항상 이 방법을 썼다면 역사는 뒤바뀌었을지도 모른다. 하지만 불행히도 윌슨이 언제나 이 방법을 쓴 것은 아니었다. 국제연맹 가입 문제에 있어 윌슨은 상원과 공화당을 무시했다. 그 때문에 윌슨은 실각되었고, 스트레스로 건강을 해친 결과 수명을 단축시키고 말았다. 미국이 국제연맹에 가입하지 못하게 됨으로써 세계 역사가 바뀌었던 것이다.

인간은 장난감에 지배될 수 있다

나폴레옹 1세는 자기가 제정한 레종 도뇌르 훈장을 1천5백 명에게 수여했고 18명의 장군에게 원수의 칭호를 주었다. 노병을 장난감으로 속이려 한다는 비난을 받자 나폴레옹은 대답했다.

"인간은 장난감에 의해서 지배될 수 있는 것이다."

직함이나 권위를 주는 나폴레옹의 방법은 우리가 사용해도 효과를 얻을 수 있다. 앞서 이야기한 바 있는 뉴욕에 사는 나의 친구 겐트 부인의 경우를 보자.

부인은 근처의 개구쟁이들이 정원에 들어와서 잔디를 짓밟는 통에 크게 시달림을 받았다. 야단도 치고 타이르기도 했지만 아무 소용이 없었다. 그래서 겐트 부인은 가장 못된 개구쟁이에게 감투를 씌워 주었다. '탐정'이라는 직위였다. 겐트 부인은 최고의 개구쟁이에게 잔디밭을 망치는 아이들을 감시할 임무를 맡겼던 것이다. 이 방법은 놀라운 효과를 나타냈다.

탐정이 된 꼬마는 뒤뜰에 모닥불을 피우는 쇠막대기를 달구어 놓고는 그것을 휘두르며 불법 침입자들을 위협해 내쫓아 버렸다.

뉴욕에 있는 인쇄소 사장 원트도 한 기계공의 태도를 변경시켜야 할 필요가 생겼다. 그것도 기계공의 감정을 해치지 않고 성공해야 했다. 이 기계공의 업무는 타자기와 그 밖에 밤낮으로 가동되는 인쇄 기계를 조종하는 것이었다. 그 기계공은 자신의 노동시간이 길고 일은 과중해서 조수가 필요하다고 늘 불평하고 있었다.

원트는 그 기계공이 원하는 대로 조수를 채용해 주거나 업무 시간을 줄이지 않았고 작업량도 줄이지 않았다. 그러면서도 그 기계공을 만족시켜 주었다. 그에게 전용의 방을 준 것이다. 문에는 그 기계공의 이름을 쓰고 '수리 계장'이라는 직함도 붙여 주었다.

이로써 그는 평직공이 아니라 수리 계장이 되었다. 권위도 부여받고 남의 인정도 받고, 자기의 중요감도 충족되었던 것이다. 그때까지의 불평을 잊고 그는 만족스럽게 일하기 시작했다.

사람의 마음을 움직이는 아홉 번째 법칙은 상대방이 스스로 중요하다는 느낌을 받게 하는 것임을 잊지 말라.

SUMMARY 사람의 마음을 움직이는 법

① 우선 칭찬하라.

② 남의 잘못을 일깨워 줄 때는 간접적으로 하라.

③ 상대방에게 주의를 주기 전에, 우선 자기의 잘못을 인정하라.

④ 명령하지 말고 제안을 하라.

⑤ 상대방의 체면을 살려 주라.

⑥ 작은 일이라도 아낌없이 칭찬하라.

⑦ 상대방을 신사로 만들려면 그에게 신사 대접을 하라.

⑧ 격려하라. 능력에 대하여 자신을 갖게 하라.

⑨ 상대방이 스스로 중요하다는 느낌을 갖게 하라.

CARNEGIE

일자리를 찾는 법

CHAPTER 3

마음에 읽는
카네기
Dale Carnegie

일자리를 찾는 특별한 방법

01

인생의 두 가지 도박

하고 싶은 일(꿈)을 아직도 찾지 못한 청소년들을 위해 이 글을 쓴다. 만약 여러분이 그 경우에 속한다면 이 책을 읽는 일이 이제부터의 여러분의 일생에 크나큰 영향을 줄 것이다.

만일 여러분이 18살 이하라면 오래지 않아 인생에 있어서의 두 가지 가장 중요한 결단을 내리지 않을 수 없게 된다. 그 선택은 여러분의 일생을 좌우하는 것은 물론 행복, 수입, 건강에도 영향을 주는 중요한 요소이다. 이 두 가지 결단이란 무엇인가?

첫째, 어떤 직업을 택할 생각인가? 대학 교수가 될 것인가? 아니면 햄버거 식당을 경영할 생각인가?

둘째, 인생의 반려자로 어떤 사람을 선택할 것인가? 아이를 위한 아버지 또는 어머니로서 누구를 고를 것인가?

이 두 가지 결단은 어쩌면 도박과도 같다. 해리 에머슨 포스딕은 『통찰력』이라는 저서 가운데서 다음과 같이 말했다.

〈직업을 선택하는 청소년들은 모두 도박꾼이다. 그들은 그 일에 일생을 걸어야 한다.〉

즐거운 일을 찾아내라

직업을 선택하는 데 있어 어떻게 하면 도박과 같은 위험 요소를 줄일 수 있는가?

우선, 될 수 있는 한 즐거운 일을 찾도록 노력해야 한다. 나는 굿리치 사의 회장에게 사업에 성공하기 위한 첫째 요건이 무엇이냐고 물어 본 적이 있다. 그러자 그가 대답했다.

"일을 즐겁게 하는 것입니다. 일이 즐거우면 오랫동안 일을 해도 일이 아니라 놀이처럼 생각되니까요."

에디슨이 그 좋은 예이다. 학교교육을 받지 않고도 신문팔이 소년에서 출세하여 미국 산업계를 변화시킨 에디슨은 방 안에서 먹고 자면서 하루 18시간이나 일했지만, 그에게는 일이 아니었다.

"나는 일생에 단 하루도 일을 한 적이 없다. 모두 오락이었다."

그의 말을 들어보면 에디슨의 성공은 이상할 것이 없는 일이다. 사업가 찰스 슈바프도 똑같은 말을 했다.

"인간이 끝없이 정열을 품고 하는 일은 거의 성공하기 마련이다."

할 일을 찾아낸 사람은 축복받은 사람이다.

무엇을 하고 싶은지를 모르면서 어떻게 일에 정열을 가질 수 있겠는가? 듀폰 사에서 인사를 담당하여 수천 명의 남녀 직원을 고용한 에드너 카는 말했다.

"많은 젊은이들이 자신이 정말로 하고 싶은 일이 무엇인가를 모르고 있다는 것이 내가 알고 있는 가장 큰 비극이다. 월급만을 위해서 일하는 사람처럼 불쌍한 사람은 없다."

카에 의하면 대학을 졸업한 사람도 이런 생각을 갖고 있다고 말한다.

"저는 모 대학의 문학사 학위를 갖고 있는데 이 회사에 일자리가 없을까요?"

그들은 자신이 어떤 일에 적성이 있는지 무엇을 하고 싶은지를 알지 못한다. 지성과 꿈을 가지고 인생에 발을 딛는 사람들이 40세만 되면 좌절하여 신경쇠약에 걸려 일생을 끝내는 일도 이상할 것이 없다.

정말 적절한 직업을 찾는 것은 건강을 위해서도 매우 중요하다. 존스홉킨스 의과대학의 레이먼드 펄 박사는 인간이 오래 사는 요소에 대하여 한 보험회사와 공동으로 연구한 결과 '적절한 직업'을 항목의 상위에 놓고 있다.

칼라일은 "자기가 할 일을 찾아낸 사람은 축복받은 것이다. 그 밖에 다른 축복을 구할 필요는 없다"라고 말했는데 펄 박사도 아마 동감이었을 것이다.

나는 SOCONY(지금의 엑슨모빌)의 인사 부장인 폴 보인트와 함께 이야기를 한 적이 있다. 그는 20년 동안 7만 5천 명 이상의 구직자와 면접해 왔으며, 그에게는 『일을 얻기 위한 여섯 가지 방법』이라는 저서도 있다. '일자리를 구하는 젊은이들이 저지르는 가장 큰 잘못은 무엇인가?' 하는 나의 질문에 그가 대답했다.

"그들은 자기가 무슨 일을 하고 싶은가를 알고 있지 못하다. 2, 3년 지나면 입지 못하게 되는 옷을 사는 데는 주의를 하면서도 자기의 일생이 걸린 문제, 미래의 행복과 평화를 얻을 수 있을지 없을 지가 걸려 있는 직업 선택에는 의외로 무관심하다."

적재적소의 중요성

"산업에 있어 사람이 적절하게 배치되지 않는 것은 사회의 가장 큰 손실의 하나이다."

정말 맞는 말이다. 그리고 세상에서 가장 불행한 사람들 중에는 자기가 매일 하는 일을 혐오하는 부적격자가 포함된다.

당신은 군대에서 보통 일반적인 군무에 복무하면서도 '부상당한' 사람들을 알고 있는가? 바로 잘못 배치된 사람들이다. 전쟁에서 부상당한 사람들을 말하는 것이 아니라, 일반적인 군무에 복무하면서 부상당한 사람들이라는 점을 알아야 한다. 위대한 정신의학자의 한 사람인 윌리엄 메닝거 박사는 전쟁 중 육군 신경정신병원의 책임자였는

데, 그는 이렇게 말하고 있다.

"우리는 군대에서 일의 선택과 배치의 중요성, 그중에서도 적재적소의 배치가 얼마나 중요한가를 충분히 알 수 있었다. 일에 흥미를 가질 수 없는 곳, 잘못 배치되었다고 느끼고 있는 곳, 참다운 가치가 인정되고 있지 않다고 느끼는 곳, 자기의 재능을 살릴 수 없다고 생각되는 곳에서는 실제로 정신적 장애가 어떻든 간에 반드시 일어날 가능성이 있다."

그렇다. 그리고 이와 같은 이유로 사람은 사회적으로 파멸당할지도 모른다. 좋아하지 않는 일을 함으로써 자신의 삶과 주변의 상황까지도 망쳐버리는 것이다.

하늘의 요새를 만든 필 존슨

필 존슨의 예를 들어 보려고 한다. 그의 아버지는 세탁소를 경영하였다. 아버지는 아들에게 가업을 이어 받도록 하고자 일을 돕게 했다. 하지만 필은 세탁소 일을 아주 싫어했다. 필은 되도록이면 게으름을 피우며 어쩔 수 없는 일밖에는 하지 않았다. 집을 비우는 경우도 있었다. 아버지는 속이 상했고 야심도 없고 버릇도 없는 아들을 가졌다는 생각이 들어 종업원들에게도 부끄러웠다.

어느 날 필은 아버지에게 기계공이 되고 싶다고 말했다. 그의 아버지는 충격을 받았다. 그러나 필은 자신의 결심을 굽히지 않았다. 기름때로 더럽혀진 작업복을 입고 일하는 필은 아버지의 일을 돕던 때와는 비교할 수 없을 만큼 일을 잘했다. 이어 필은 기계공학 기술을 익히기 시작하여 엔진과 다른 기계들까지 닥치는 대로 손에 댔다. 그리하여 필 존슨은 보잉 항공기 사장이 되었고 1944년에 죽었을 때, 전쟁을 승리로 이끄는 데 막대한 공헌을 한 하늘의 요새를 제작하고 있었다.

만약 그가 아버지의 뜻에 따라 본인이 원하지도 않으면서, 그저 세탁업에 만족하였다면 어떻게 되었겠는가? 특히 아버지가 세상을 떠난 뒤에는? 아마도 그는 가업을 망치고 파산하였을 것이라고 생각된다.

설사 가족 간 갈등을 일으키더라도 나는 젊은이들에게 가족이 바란다는 이유만으로 특정된 직업에 종사하는 것은 옳지 않다고 분명히 권고한다. 자기가 하고 싶지 않은 일에 종사해서는 안 된다. 물론 부모의 의견은 유념해야 한다. 그들은 당신의 두 배나 오래 살아 왔으니까. 그들은 오랜 세월과 경험을 통해서만 얻을 수 있는 지식을 가지고 있지만, 최종적으로 분석하여 결단을 내려야 할 사람은 여러분 자신이다. 그 일로 행복해지는 것도 또한 불행해지는 것도, 모두 여러분 자신이니까.

직업 선택에 대한 조언

이제 직업을 선택하는 데 대한 시사와 경고를 크게 다섯 가지로 나누어 말해 보려고 한다.

① 직업 선택을 위한 조언자를 선택할 때는 다음의 제안을 읽고 연구하라.

- 인간의 직업적성을 알 수 있는 마술적 시스템이 있다고 말하는 사람에게는 가지 말라. 그들은 대부분 공상가, 점성술사, 성격 분석가, 수상手相학자 등이다. 그들의 방식에 의존해서는 성공할 수 없다.
- 어떤 직업을 선택할 것인가를 명확히 알 수 있는 시험을 시행해 주겠다고 말하는 사람에게는 가지 말라. 이런 상담자는 의논하러 온 사람의 육체적, 사회적, 경제적 조건을 고려해야 한다는 지도자로서의 원칙을 무시하고 있다.
- 직업에 관한 풍부한 지식을 갖고 있어, 의논할 때 그 자료를 효과 있게 이용하는 지도자를 선택하라.
- 충분한 직업지도를 받으려면 한 번 이상의 대담이 필요하다.

② 이미 인원이 과잉된 상태에 있는 사업이나 직업은 가능한 피해야 한다. 미국에는 2만 가지 이상이나 되는 다른 생활 방법이 있다. 젊은이들은 이 사실을 알고 있는 것일까? 답은 아니다 이다. 평균 고등학교 남학생의 3분의 2는 고작 다섯 가지의 직업에 집중되어 있고, 여학생의 5분의 4도 마찬가지였다.

③ 생계를 유지할 수 있는 기회가 열에 하나밖에 없는 것 같은 일은 택하지 말라.

④ 당신의 일생을 바칠 직업을 선택하는 것이므로 몇 주일 몇 달이 걸려서라도 그 직업에 관한 온갖 사항을 조사해야 한다. 거기에는 10

년, 20년, 30년 이상 그 직업에 종사하고 있는 사람들을 만나서 물어보는 일도 포함되어야 한다.

당신은 인생에서 가장 중요한, 먼 장래에도 당신에게 지대한 영향을 미칠 두 가지 일 가운데서 하나를 결단하려고 한다는 점을 명심해야 된다. 그러므로 결단하기 전에 사실을 파악하기 위한 시간을 들이는 것은 당연하다. 만약 그렇게 하지 않으면 회한에 찬 반생을 보내게 될지도 모른다.

⑤ 자신은 단 한 가지의 직업밖에는 적합하지 않다는 잘못된 관념을 이겨 내라! 정상적인 사람이라면 누구나 어떤 직업에 있어서 성공하는 수도 있고 실패하는 수도 있다.

나의 예를 보자. 만약 내가 다음과 같은 직업에 종사하였다면 나는 어느 정도 성공하여 일을 즐겼으리라고 믿는다. 그 직업이란 농업, 과수업, 과학적 농업, 의사, 판매업, 광고업, 지방신문 경영, 목사 등이다. 한편 회계, 기사, 호텔 또는 공장 경영, 건축업, 그 외 모든 기계 관련 사업 등의 일에 종사했다면 반드시 실패하여 불행해졌을 것이다.

아랫사람이 명심해야 할 원칙

02

면접관은 무엇을 생각하는가

몸집이 큰 사람이 책상 너머에 앉아 있고 그 앞에 당신이나 내가 앉아 있다. 예상하였을 테지만 직장의 면접 장면이다.

저 높은 사람들, 지원자 미래의 당락을 쥐고 있는 그들은 무엇을 생각하고 있을까? 도대체 무엇을 원하고 있기에 이런 질문을 하는 것일까? 그들의 주목적은 무엇이며 무엇을 기준으로 하여 채용 여부를 결정하는 것일까?

첫째로 그들은 평상시에 자신이 높은 지위에 있다고는 절대로 생각하고 있지 않다. 그들은 그들에게 어떤 일을 시키고 있는 상사의 명령에 따르는 사람이다. 그들은 자기에게 이와 같은 일을 시키고 있는 상사에게 항상 짓눌려 있다고 생각한다. 그 책임감에 기인하여 신입 사원을 채용하고 또 기존 사원들의 감독을 강력하게 하는 것이다. 그렇기 때문에 그들 마음속에 있는 질문의 중점은 이렇다.

"이 지원자가 나의 일을 얼마만큼 도와줄 수 있을까?"

"이 지원자에게 나의 일을 얼마만큼 맡길 수 있을까?"

지원자에게 이전의 경력을 물어볼 때 그들이 생각하는 것은, 이 사람을 독립된 일꾼으로 키우려면 얼마나 고생해야 될까 하는 데에 모아진다. 일은 빨리 배울까, 융통성은 얼마나 있을까, 또 창의성은 있을까 없을까 등등이다.

전에 근무하던 직장에 관해 묻는다거나 몇 번 직장을 옮겼고 한 직장에서 얼마 동안 근무했는가를 물을 경우에 면접관이 알려고 하는 바는 이 사람은 직장 동료들과 화합할 수 있을까, 불평이나 시끄러운 사건을 일으키지나 않을까 하는 것이다.

면접관은 자기 앞에 앉아 있는 지원자가 그 회사에 쓸모가 있는가를 그 태도를 통해 판단하고자, 아주 작은 동작까지도 주의 깊게 훑어본다. 또 회사 안에서 분위기를 잘 이끌어 나갈 수 있을까, 고객들에게 친절한 태도로 대할 수 있을까 하는 점에도 신경을 집중한다.

경영자도 관리자도 모두 사람이다

다른 한편, 면접시험을 받는 지원자 쪽에서는 이렇게 생각한다.

"어떤 일을 맡게 될까? 어려운 일은 아닐까?"

"근무시간은 몇 시간이고 또 봉급은 얼마나 될까?"

"몇 년 동안 일해야 저 사람처럼 큰 책상에 앉아서 다른 사람들에게 일을 시키는 관리자의 직책으로 승진할 수 있을까?"

사회 경험이 적은 사람들은 대부분 관리자라는 직책이 부하들에게 일이나 시키고, 자기는 편안히 계획이나 세우는 것으로 알고 있다. 이런 경우는 아주 적은 예외를 제외하고는 잘못된 생각이다. 상사는, 더 나아가서 한 회사의 대표는 일의 결과에 책임을 져야 한다. 따라서 상사가 필요로 하는 인재는 업무적 역량을 자발적으로 발휘하는 사람이다. 또한 어차피 해야 하는 일에 대해 원만한 성격으로 받아들이고 그 결과에 대해 변명하지 않는 직원임은 두말할 나위가 없다.

만약 직원이 비어서 충원할 경우에, 어떤 사람이 직업을 얻느냐 못 얻느냐 하는 것은 그 사람이 가지고 있는 능력에 달려 있다. 그리고 그것은 관리자가 다음과 같이 관찰한 바에 따라서 결정된다.

① 이 일을 할 수 있는가?

② 즐겁게 일하는 사람인가?

③ 동료 직원들과 화합하여 일할 수 있는 사람인가?

지원자를 면접할 때 관리자의 마음속에 있는 중요한 관심사는 이런 것들이다. 그렇다면 인사 결정을 내린 뒤에 경영자는 어떤 생각을 할까?

대체로 신입사원들은 다음과 같은 상황들을 걱정할 것이다. 동료 직원들은 일하는 와중에 가장 어려운 것을 언제 가르쳐 줄까? 저 사람은 어떤 사람일까?

보통 사람 같으면 일에 대해서 배우는 것을 고마워하고 그 보답으로써 뭔가 그 상대에게 보람이 되는 일을 하려고 할 것이다. 이와 같은 사실을 믿든 믿지 않든 간에 그것은 자유이지만 경영자도 관리자도 모두 보통의 사람이다. 상사도 사람인 이상 기분 좋게 진행되는 대인관계의 기본 공식에는 따를 것이다.

상대방에게 유익하도록 생각하고 행동하고 말하라. 거기에 하나 더 덧붙인다면 상대방이 어려워하는 일을 도와주라는 것이다.

경영자는 어떤 사람인가

이제 경영자의 사고와 그들의 주된 관심사는 무엇인가를 알아보자. 어떤 사람들은 경영자를 아주 냉정한 사람이라고 생각하거나 경영자는 만나는 사람에게 일을 시킬 생각만 한다고 원망하기도 한다. 그렇게 생각하는 사람은 불행하다. 그렇게 평가받는 경영자 역시 불행한 것은 마찬가지다.

그런데 그렇게 생각하는 사람은 그 불행을 깨닫지 못한다. 그런 사람들은 경영자의 참모습을 알지 못한다. 많은 관리 분야가 있는 대기업의 경영자들을 객관적으로 관찰한 결과, 경영자가 어떤 사람이며 무엇을 바라고 무엇을 생각하는지 또 어떻게 해야만 경영자들과 잘해 나갈 수 있을 것인가에 대해 알게 되었다.

우선 경영자도 사람이라는 점을 인식하는 게 중요하다. 모든 사람에게 공통된 기본적인 성격이 경영자에게도 있다는 뜻이다. 그들에게도 관심을 갖는 취미가 있고, 그들 역시도 가정 내의 인간적인 문제를 안고 있으며 각자가 꿈꾸는 가족상이 있고 자기 자신의 문제를 안고 있다. 그들은 가족뿐 아니라 자신들이 운영하는 회사를 책임져야 하므로 책임감이나 중압감은 보통 사람들의 몇 배로 크다.

하지만 경영자들에게도 삶을 살아가는 일이 첫째가는 신조로써 중요하다. 그들 최대의 관심사는 자기 자신과 자기 가족의 식생활이요, 가정생활이자 일신의 안전인 것이다. 더 나아가서 다른 사람으로부터 인정을 받는 것, 자기의 선량한 성격이 남으로부터 정당하게 평가받는 것이다. 그들의 감정은 다른 보통 사람들과 같으며 인간적 욕망은 보통 사람들의 욕망과 마찬가지이다.

경영자는 주로 두 가지 측면에서 일반적으로 기업을 구성하는 단위인 종업원과 구별되는 계층이다. 경영자들은 보통의 종업원보다는 일반적으로 말해서 훨씬 자발적이고 책임감이 강하다. 능동성과 책임감이라는 성격은 양자에게 공통되는 요소이다. 다른 측면은 마치 우리들 각 개인이 서로 다 다르듯이, 제각기 갖고 있는 나름의 생각이다.

경영자가 부하들에게 바라는 성격은 경영자에게 요구되는 기본적인 두 가지 성격과 같다. 즉 무엇보다도 먼저 책임감과 신뢰할 수 있는 성격이다. 그 다음에는 명령을 받지 않고도 일을 처리해 나가는 자발적 성격이다.

경영자들은 어떤 일을 수행하기 위하여 책임을 져야 한다. 그러므로 경영자나 상사들이 부하에게 요구하는 것은 그 일을 처리하는 데 있어서의 실제적인 도움이다. 회사에서 해내야 하는 일이 있다면 상사가 시간과 정력을 소모하지 않게 바로 이해하고 "예스"라는 대답으로 바로 업무의 처리에 돌입하는 직원이다. 상사에게 곤란한 문제를 안겨 주는 어리숙한 사람이 아니라 일에 순발력 있게 대처하며 회사에 도움을 주는 직원이 필요한 것이다. 그들에게는 도와주는 사람이 필요하다. 만약 그들이 실패하면 능력 있고 성공할 수 있는 사람에게 그 자리를 물려주어야만 하기 때문이다.

상사에게 도움을 주라

만약 상사의 눈에 들고 싶다면 그가 곤란을 겪고 있는 일을 상기하고, 그가 하려고 하는 일을 이해하려고 애쓰고, 그리고 그를 위하여 분발하여야 한다. 이것은 무엇보다도 먼저 명심하여야 할 사항이며 또한 변치 않는 진리이다. 어떤 사려 깊은 실무가가 말하였다.

"사업에 종사하는 사람들은 세 가지 부류로 구분할 수 있다. 첫 번째 부류는 일일이 시키는 일만 하는 사람들이다. 이런 사람들이 하는 일은 하나하나 다시 검토해야 한다. 이들은 제일 낮은 계층에 속한다. 그들은 관리자에게 있어서 큰 부담이며 눈을 뗄 수 없는 존재다. 그들은 인원의 감축이 필요할 때 가장 먼저 후보에 오르는 사람들이다.

두 번째 부류의 사람들은 해야 할 일과 그 방법에 관해 상세한 설명을 들으면 그 일만은 잘 해내지만, 그 이상은 하지 않는 사람들이다. 그들은 일에 무관심하고 다음 명령만을 기다린다.

세 번째 부류에 속하는 사람들은 명령받은 일을 깨끗이 처리하고 나서 자기 일에 필요한 다른 사항에 대해서도 관심을 가지는 사람들이다. 이들은 스스로를 관리할 줄 아는 드문 사람이며 게다가 다른 사람들도 관리할 수 있는 능력을 가지고 있다. 모든 관리자는 이런 종류의 사람들로부터 나온다. 실제로 의욕이 없다든가 아니면 남들과 어울리지 못한다든가 하는 등의 기본적인 결함이 없는 사람이라면 누구나 관리자가 될 수 있는 것이다.

관리자의 무거운 부담을 덜어 준다든가 걱정거리를 의논할 상대가 되어 도움을 주는 사람은 관리자의 눈에 들게 마련이다. 이 같은 사항을 실천하고 있는 조력자를 가끔 보게 되는데, 그로써 그 직원은 이미 충분한 보상을 받고 있는 것과 마찬가지다.

저에게 맡겨 주십시오

벌써 20년이 지난 일이다. 관리자의 조력자로서 일하던 오브라이언이란 사람은 중역에서 마침내는 커다란 회사의 사장으로까지 출세했다. 왜 상사는 오브라이언을 그처럼 인정하고 기업의 중요한 지위를 맡겼을까? 오브라이언은 그 같은 신임을 받기 위해서 무엇을 했을까?

오브라이언은 기술적으로 뛰어났다든가 교양이 아주 풍부하다든가 두뇌가 남보다 명석하다든가 하는, 소위 개성이라는 것 때문에 출세한 사람은 아니었다. 그는 아주 끈기가 있고 특히 사람을 잘 다루는 요령을 알고 있었다. 게다가 그는 끊임없이 상사의 무거운 짐을 덜어 주었음은 물론 걱정거리의 의논 상대가 되도록 힘썼다. 의논할 일이 생기면 상사는 오브라이언을 찾았다.

"옥스퍼드 계획은 아주 힘들겠는데."

계획이 어렵다고 이야기하면서 상사는 오브라이언에게 다음과 같이 이야기했다.

"자네 이 문제를 해결할 수 있겠는가?"

"저에게 맡겨 주십시오."

오브라이언의 독특한 대답이었다.

"제가 곧 시작하겠습니다. 다음 주 목요일이면 결과를 보고할 수 있습니다."

자기에게 맡겨 달라는 말이 상사를 얼마나 기쁘게 하였겠는가? 어려운 일을 맡는 순간 오브라이언에게 그 문제의 해결 방법에 대한 전망이 섰던 것은 아니었다. 그가 항상 문제를 해결했다고 볼 수는 없었다. 하지만 상사는 경험을 통해서 다음과 같이 생각하게 되는 것이다.

'오브라이언이 해결해 주겠지. 적어도 그에게 일을 맡겨 놓으면 안심이 된단 말이야.'

그리하여 상사는 걱정거리에서 일시적이나마 해방될 수 있었다. 오브라이언은 그런 종류의 일에는 아주 천재적이었다. 그는 일 가운데로 뛰어들어서 뒤죽박죽 뒤얽힌 일을 대개는 척척 해결해 나갔다.

그중에서도 제일 주목되는 것은 일을 수행하는 데 있어서 사람을 능숙하게 다루는 요령과 솜씨였다. 그는 조력자들 모두에게서 신용을 얻었다. 오브라이언은 자기와 함께 일하는 조력자들을 존중해 달라고 상사에게 부탁했다. 상사는 오브라이언이 하는 일에 대해 간섭하지 않았다. 오브라이언이 "저에게 맡겨 주십시오"라고 한 말은 간섭하지 말라는 뜻과 같았다.

무엇보다 예정일보다 하루 늦게 약속을 연기한다는 것은 상사를 초조하게 하고 걱정하게 한다는 사실을 오브라이언은 잘 알고 있었다. 이 빈틈없는 사나이는 상사의 불안한 신경을 안정시키는 일이 가장 중요하다는 사실을 잘 알고 있었던 것이다.

정확한 정보를 얻어 내라

상사에게 인정받는 또 다른 유형의 조력자는 항상 정확한 정보를 얻어 오는 사람이다. 만약 그 정보가 틀린 것이면 상사는 곤란에 빠지게 된다. 의례히 상사는 틀린 정보를 가져오는 사람을 미워하게 될 것이고, 나아가서는 그의 지위도 위태로워진다. 정보의 정확성은 인간관계에서 아주 중요하다. 보통 주고받는 이야기에서 사람들은 대개 풍문이 정말인지 거짓인지 알아보지도 않고 흘려버린다.

부정확한 풍문이나 의심이 가는 이야기는 상사에게 말하지 않는 편이 좋다. 한 걸음 더 나아가, 관리자가 어떤 풍문을 알고 있거나 믿기 어려운 정보를 알고 있는 눈치이면 관리자에게 "그것은 단순한 풍문에 불과하므로 신경 쓸 것이 못 됩니다"라고 분명히 밝혀주는 것이 좋다.

신용을 얻어라

막대한 양의 거래도 그 처음은 사람과 사람과의 관계에서 출발한다. 남의 신용을 얻고 있다는 것은 사람과의 교제, 사업, 그 밖의 인생살이에서 모든 토대가 된다.

다른 사람들은 당신을 얼마나 믿어야 하는지 알려고 한다. 상사도 사람에 따라서 다르므로 그에 알맞게 태도를 바꾸어 가야만 한다. 어떤 상사는 아주 엄격하여 지나치게 친근한 행동을 싫어할지도 모른다. 반대로 또 다른 상사는 애칭을 부르는 것을 좋아할 수도 있다. 그러나 지나치게 친절을 베푸는 사람일수록 관리자와는 가까워질 수 없다는 점을 명심할 필요가 있다.

만약에 일을 잘한다고 칭찬할 때마다 봉급을 올려 달라거나 바라는 바가 생기는 사람이 있다면 상사는 점차 일을 잘해도 칭찬하지 않게 될 것이다. 또 만약에 일손이 모자라는 때 부하 직원이 문병 가는 일을 허락했는데 그런 뒤부터 누군가가 늘 앓는 것 같으면, 상사는 그런 용무로 외출하는 것을 허락하지 않거나 그 직원에 대한 신뢰도와 애정도 점차 식어 갈 것이다.

상사의 습관을 알아 두라

상사의 습관도 사람에 따라서 다 다르다. 그날의 일 가운데서 첫 번째로 부딪힌 어려움 때문에 이른 아침부터 언제나 신경이 날카로워지는 버릇이 있는 상사가 있었다. 만약 그럴 때에 그를 방해라도 하면 고함 소리가 터져 나왔다. 모르는 일이 있어서 그의 의견을 묻고 싶은 때라도 11시 이전에는 물어보지 않았다. 그러나 상사는 그 시간만 지나면 평정을 회복하고 보통 때와 같이 되었다. 알고 보니 그는 사람 사귀기를 좋아하는 성미를 갖고 있고 부하의 괴로움을 해결해 주는 데 깊은 관심을 가지고 있는 상사였다.

위의 예처럼 개개인의 습관을 잘 알고 그 사람의 습관에 자기를 맞추어 가는 것이 인간 생활의 요령이다. 관리자들도 대부분 누구나 그렇듯이 자기 이름이 올라가는 것을 좋아한다. 그들도 사람인 이상, 자기의 사상이나 일에 대하여 칭찬받기를 좋아한다. 그런데 그 칭찬이 부하가 하는 말이라면, 상사는 그것이 진심에서 하는 말이기를 바란다.

때때로 아주 세상 물정에 밝은 상사도 평균적인 상식의 수준에서 보면 아주 비상식적일 때가 있다. 그럴 때에는 상사가 하는 일에 있어서 여러 가지 상황이 벌어지는 것이므로, 주위의 상황을 잘 살펴보아야 한다는 점을 알아듣기 좋도록 설명해 주어야 한다.

그리고 상사가 제기하는 문제가 복잡하고 곤란하다면 다시 충분한 시간을 들여서 설명해 달라고 부탁하는 것이 현명한 방법이다.

불평하지 말라

관리자의 일이 밖에서 보기에는 어떻든 간에 본래 하는 일은 시간과 정력을 소중하게 쓰는 것이다. 그들은 자기 부하의 언짢은 기분을 풀어 주는 데 시간과 정력을 낭비하는 것을 제일 싫어한다.

동료 직원들에 대한 불만을 상사에게 하는 습관이 있는 사람들은 대체로 관리자가 이렇게 해야만 사태를 개선할 수 있다는 등의 말을 생각 없이 내뱉는다. 도대체 관리자가 무엇을 할 수 있는가? 그것은 말도 안 되는 소리다. 나를 위해 그 상대를 불러다 놓고 말을 잘 듣도록 설득이라도 해 달란 말인가? 그것은 사태를 더 악화시키고 그 당사자를 더 비뚤어지게 할 뿐이다.

내가 알고 있는 한, 불평을 한다는 것은 다만 언짢은 기분을 풀고 조금 동정을 받기 위한 행동이다. 그와 같은 사람들은 정중하게 대접받는 이외에는 별 수 없는 약한 성격의 소유자들일 뿐이다.

그들은 자기들의 불평이 어떤 의미를 갖는가를 스스로 알아야만 한다. 흥분한 상사는 불만을 터뜨린 부서 이외의 다른 부서들까지 불러다 놓고, 만약에 서로 협력하지 않으면 두 부서가 모두 곤란을 겪게 될 것이라고 꾸짖기도 한다. 한편 노련한 상사라면 불만을 누르려고 얼마 동안 가만히 지켜볼지도 모른다. 또 입장이 약한 관리자는 뭔가 구실을 삼아 꽁무니를 뺄 수도 있을 것이다.

여기서 중요한 점은 상사는 그날 하루를 언짢게 보냈고 업무에 정신을 집중할 수 없게 만든 그 일에 대해 화가 났음이 틀림없다는 사실이다. 사람이란 기분이 좋지 않은 때에는 불평을 참지 못하는 법이다.

한 조직의 구성원은 모두 같은 문제를 가지고 있다

관리자는 부하 직원들이 사이좋게 지내기를 원한다. 고로 만족스럽지 않은 것을 오래 참고 견디지는 않는다.

또 다른 불평가는 보통의 사람과 마찬가지로 대개 관리의 방법에 대해 불만을 말한다. 물론 때로는 그 불만이 정당할 경우도 있다. 하지만 그 대부분은 무엇에 대해서나 아주 비판적인 태도를 갖는 개인의 성격 탓이다. 이것은 고객에 대한 불평일 경우 더욱 그렇다. 우리는 손님과 사이좋게 해 나가야 한다. 손님이 있고 그 다음에 장사가 있는 것이니까. 따라서 동료를 헐뜯지 말고, 고객을 기쁘게 할 방법을 강구해야 할 것이다. 경험이 많은 관리자는 말한다.

"내가 충고하려는 바는 이런 것이다. 즉 어떤 사람이 동료 직원을 마음에 안 들어 한다든지 아니면 일을 시시하게 여긴다든지 그 이유가 무엇이든 간에 같이 일할 수 없다면, 자신의 행복과 마음의 안정을 위해서 소속 부서를 바꾸든지 아니면 아예 그만두고 딴 직업을 찾아야 한다. 봉급생활자가 직장에서 보내는 시간은 그가 가정에서 보내는 시간 못지않게 길다. 따라서 자기가 하는 일에 재미가 있어야 한다. 자기의 일에 어울리고 일에 만족감을 느껴야 한다. 그런데 항상 불만을 느끼고 있는 사람에 대해 말하자면 그는 직장을 바꾸어도 결코 만족감을 느끼지 못할 것이다."

한 조직 안에서 일하는 사람은 모두가 똑같은 문제, 즉 어떻게 동료들과 사귀면서 자기가 일하는 환경이나 정책에 스스로를 적응시키느냐 하는 문제를 대하고 있다. 잘못이 많은 이 인간 세계에는 이상적인 환경이란 없다. 인간이 살아가는 데 있어서 타인과 교제를 해야 하며, 사귄다는 그 자체가 사업과 인생의 영원한 일부분이다.

관리자가 시간과 정력의 부담을 적게 지도록 짜여 있는 체계에서는 관리자에게 해결을 재촉하는 문제는 제기하지 않는 편이 좋다. 당면한 문제는 각자 해결하도록 하고 문제를 해결하는 데 있어서는 상식적으로 생각하면서 여러 각도에서 보도록 해야 한다.

상사는 시끄러운 문제를 좋아하지 않는다. 그가 좋아하는 것은 문제에 대한 실제적인 해답이다. 그렇다고 해서 요술 방망이를 갖고 있는 것도 아니다. 그러므로 다음과 같은 일반적인 법칙이 가능하다.

① 상사에게 시끄러운 문제를 제기하지 말라.
② 당면한 어려운 문제가 많거든 그 개개 문제에 대해 적절한 해답을 고안해서 상사에게 제출하라.
③ 상사는 성과를 올리기 위해서 사람을 고용한다는 중대한 사실을 항상 잊지 말라.

변명은 하지 말라

상사가 관심을 갖는 것은 실적이지 변명이 아니다. 아무리 그럴듯한 변명에도 상사가 관심을 갖게 할 수는 없다. 변명으로 성과를 올릴 수 없기 때문이다. 한 대기업의 중역이 말했다.

"나는 일을 수행해 낼 수 있는 사람을 구한다. 일을 성공시키지 못한 이유에 대해 변명하는 사람이 아니라 일을 수행할 수 있는 사람 말이다. 나도 일을 수행해 내는 것이 어렵다는 사실은 알고 있다. 그러나 그 어려움에도 불구하고 일에 성공하는 사람을 구하고 있는 것이다."

이 중역은 자신이 회사의 활동상에 대해 아주 잘 안다는 사실을 자랑하는 사람이다. 실천력이 있는 사람이면 모두 그렇듯이 그도 변명은 하지 않는다.

사원들은 사업의 여러 가지 사태에 대처하는 방법, 혹은 취해서는 안 되는 방법 등에 대한 질문을 받게 되면 자연히 변명을 하기 일쑤다. 상사의 방에 불려 간 사원들은 대개 얼굴이 달아올라 쫓겨 나온다.

그런 일을 자주 당하는 사람들을 살펴보는 동안에 한 가지 사실을 알게 되었다. 상사는 모든 관리자가 그렇듯이 오직 실적에 흥미가 있으며, 매일 잔소리를 퍼붓는 것은 개인적으로 모욕을 주기 위함이 아니라는 점이었다. 사원들도 실패는 성공의 밑바탕이란 것을 알게 되었다.

사원들은 실패를 솔직하게 인정하고 실패의 원인을 알게 됨으로써 보다 높은 차원의 성공을 거두는 것이 자신들이 해야 할 일이라는 점을 깨달았다. 그 중역의 꾸중은 이런 식으로 사원들에게 받아들여졌다. 상사가 하는 일의 요점을 빨리 포착하는 것이 상사의 마음을 밝게 하여 주고 상사의 신용을 얻는 지름길이다.

물론 뛰어난 경영자라면 "예예" 하고 굽실거리기만 하는 사람은 그리 좋아하지 않는 법이다. 자기가 잘못했을 때에 그것을 지적해 주는 사람을 좋아한다. 또 지적하되 그럴듯한 방법으로 빈틈없이 하는 사람을 마음속으로 좋아한다. 그런 사람이야말로 아무 허영심 없이 고객이나 동료들과 잘해 나가고 부하 직원들을 효율적으로 다루는 능력을 가지고 있기 때문이다. 경영자는 과나 부의 책임자로서 경영자와 똑같은 사고방식으로 일하는 사람을 바라는 법이다.

상사 앞에서 어떤 사항에 대하여 설명하는 데 있어 달변이 아니라고 해서 열등감을 느낄 필요는 없다. 변명을 잘하는 것이 오히려 해가 되는 수가 많다. 교묘하게 변명을 늘어놓는 것은 한두 번은 통할지 모르지만 곧 상사에게 들통이 나게 마련이다. 그리고 실제로 상사는 변명만 늘어놓고 실적을 올리지 못하는 사원에게는 금세 싫증을 느낀다.

기업의 생명, 즉 상사나 종업원의 일이나 장래의 기회는 고객의 만족에 비례한다는 사실을 상사는 알고 있다. 고객이 좋아하고 만족해하면 상사와 직원 사이도 틀림없이 원만히 진행된다.

SUMMARY 아랫사람이 명심해야 할 원칙

① 상사는 어떤 일의 결과에 대하여 책임을 진다. 만약 그가 실적을 올리지 못하면 그는 일자리를 잃게 된다.

② 그러므로 주로 상사가 원하는 것은 일을 수행하는 데 있어서 필요한 도움이다.

③ 신입 사원을 채용할 경우에 상사가 알려고 하는 것은 첫째, 지원자가 일을 해낼 것인가 둘째, 즐겁게 일할 사람인가 셋째, 동료나 손님들과 원만히 해 나갈 수 있는 인물인가 등이다.

④ 상사는 명령이 없다 해도 자발적으로 일하는 사람을 좋아한다.

⑤ 상사에게 동료 직원에 대해 험담하거나 고자질하지 말라.

⑥ 상사에게 곤란한 문제를 안겨 주지 말라. 심사숙고한 후에 완전한 해결책을 상사에게 건의하라.

⑦ 상사가 변명을 들으려고 하지 않는 이유는 상사의 상사가 변명을 들으려 하지 않기 때문이다. 그러므로 기업에 종사하는 사람은 위에서부터 아래에 이르기까지 모두 실적을 올려야 한다.

⑧ 무조건 "네네" 하는 사람이 되지 않도록 하라. 상사의 업무 방식을 알아내 그의 방식을 활용하도록 힘쓰라.

⑨ 상사가 시간과 정력을 소모하지 않게 하라. 그것이 그가 가장 싫어하고 두려워하는 일이다.

⑩ 고객을 기쁘게 하라. 그것은 동시에 상사를 기쁘게 만든다.

03

관리자가 명심해야 할 원칙

이 장에서는 미국의 어떤 정비 공장에서 한 종업원이 승진한 이야기를 다루고 있다. 사정이 다르고 직종이 다르더라도 이 일화는 우리에게 많은 교훈을 줄 것이다. 가정이나 우리가 일하는 기업에서도 그대로 적용되는 이야기라고 믿어지기 때문에, 여기에 그 줄거리를 대강 간추려 보았다.

훌륭한 모범을 만들라

몸이 비대한 어떤 사람이 자동차 정비 공장 안으로 자동차를 몰고 들어섰다. 그는 손님을 대하느라 바쁘게 일하고 있는 벤 곁으로 다가갔다. 벤은 뚱뚱한 사나이를 쳐다보더니 말했다.

"클라우슨 씨, 잠깐 기다려 주세요."

벤은 손님을 보내고 나서 손을 씻은 다음 이 지역 감독관인 클라우슨과 악수를 했다. 클라우슨은 미소를 지으면서 말했다.

"잘되어 나가는 것 같군. 좋은 소식이 있어. 포스와 메이페어 지점의 지배인 자리를 어떻게 생각하나? 할 수 있겠지?"

벤의 얼굴이 빛났다.

"할 수 있습니다."

"나도 자네 같으면 문제없이 할 수 있으리라고 보네. 자네는 여기서 부지배인으로 경험을 쌓았고, 정직하고 믿을 만한 사람이야. 자네가 그 일을 맡을 가장 적임자인 또 하나의 이유는 자네가 책임감이 강하다는 사실일세."

클라우슨은 그가 다른 지역에서 독립된 지역의 지배인으로 승진하게 되었다는 사실을 알려 주었다.

"클라우슨 씨, 감사합니다. 열심히 하겠습니다. 그런데 언제 일을 시작합니까?"

"자네만 좋다면 월요일이 어때? 좋겠지, 벤? 지금부터 자네는 여태껏 해 왔던 일과는 다른 일을 하게 되는 것일세. 보조가 아니라 지배인이야. 자네는 정말로 큰 점포를 책임지게 되네. 이곳보다는 훨씬 큰 곳이라 14명의 종업원을 이끌어 가야 해. 내가 자네에게 할 수 있는 배려는 자네를 여기에서 떠나보내는 일 뿐일세. 나도 상사의 명령으로 이곳을 떠나게 되었으니까. 자네의 직무를 잘 수행해서 최선을 다해

주게.

그런데 한 가지 자네에게 묻고 싶은 게 있네. 자네 생각으로는 상사가 해야 하는 일 가운데서 중요한 것은 무엇이라고 보는가?"

클라우슨의 단호한 물음에 벤은 서슴없이 대답했다.

"훌륭한 모범을 만들어 내는 것입니다."

"그래, 잘해 보게."

클라우슨이 말했다.

"차차 여러 가지 일을 하다 보면 알게 되겠지만 지금 자네가 한 말만큼 중요한 것은 없네. 위로는 사장으로부터 아래로는 자내가 관리해야 하는 부하 직원에 이르기까지 모두가 훌륭한 모범을 만들어야 하는 것이니까."

"최선을 다하겠습니다. 저를 믿어 주십시오."

벤은 약속했다. 헤어지면서 클라우슨이 말했다.

"잘 가게, 벤. 곧 다시 만나게 될 거야. 행운을 비네."

오후 늦게 집으로 돌아오면서 벤의 마음속은 새로운 일자리에 대한 생각으로 꽉 찼다. 그는 혼자 중얼거렸다.

"옛날부터 일하고 있던 사람들과 나의 의견을 일치시키는 것이 중요하겠다."

그는 호주머니에서 수첩을 꺼내 이렇게 써 넣었다.

〈훌륭한 모범을 만들라.〉

관리자는 부하 직원을 통해 성과를 올린다

벤이 새로운 지점으로 부임한 며칠 후에 클라우슨이 들렀다. 벤은 바쁘게 일하고 있었다. 벤은 새로 고용한 사람에게 일을 설명하고 가끔 손님과 이야기하면서 자동차 수리를 하고 있었다. 그의 작업 태도는 즐거워 보였고 능률도 좋았다. 클라우슨은 영업부를 둘러보고 보고서를 훑어본 다음, 세차장 주위를 돌아보았다. 그때 벤이 가까이 오자 클라우슨은 대뜸 물었다.

"잘되어 가나?"

벤은 씁쓸하게 미소를 지으며 말했다.

"아주 잘되어 간다고는 볼 수 없습니다."

"주의는 시켰지만, 아까 들어오면서 보니까 두 사람이 일하면서 담배를 피우고 있더군. 창문 유리도 더럽고 사무실도 지저분하네. 벤, 자네도 알겠지만 깨끗한 것이 제일이야. 어제 작업 보고서도 아직 작성하지 않았더군. 돈은 어떻게 하나? 은행에 입금시키고 있는가?"

클라우슨이 잇달아 질문을 쏟았다.

"솔직히 말씀 드려서 시간이 없습니다. 이렇게 바빴던 적은 없었습니다. 클라우슨 씨, 당신이 말씀하신 대로 저는 훌륭한 모범을 만들어 보려고 최선을 다하고 있습니다. 지난주에 당신을 만나 뵌 뒤에 그 문장을 수첩에 적어 두기까지 했습니다. 그렇지만 여기서는 모든 것이 이미 다 되어 있고 새삼스럽게 훌륭한 모범을 만드는 일이 소용없을 것 같습니다."

"처음에는 다 어려운 법이야. 내가 도와줄 것이 없겠나? 그런데 벤, 자네는 여기서 훌륭한 모범을 만드는 데 너무 매달려 있는 것은 아닌가? 모범이 중요하다는 것은 분명한 사실이야. 그러나 설령 자네가 누구보다 모든 일을 잘 알고 잘하고 또 일을 빨리 하더라도 자네 혼자서 일을 전부 할 수 없는 걸세. 종업원들은 어떤가?"

클라우슨의 말은 여전히 친절했고 전체를 조망하고 있다는 듯이 말했다.

"이름까지 들먹이고 싶지는 않고 흉을 보기도 싫지만 대개 빠르지가 못한 것 같습니다. 몇몇은 게으르기도 하구요."

벤이 안타까운 듯이 말하자, 클라우슨은 벤의 위치를 다시 한 번 강조했다. 그의 말에는 다분히 교훈적인 내용이 담겨 있었다.

"그런데 말이야. 벤, 자네는 우리 회사에서 이 지점의 지배인이야. 관리자라고 말하는 편이 더 적절하겠지. 그런데 자네는 그 관리자란 말의 뜻을 잘 모르고 있는 것 같아. 자네가 해야 할 일은 여기서 일하는 사람들을 관리하는 것이라는 그 평범한 뜻을 자네는 모르고 있네.

어떤 사람은 언제나 일을 계획하고 분배하고 그 일의 진행을 살펴야 하네. 진행을 살핀다는 것은 다시 말해서 먼저 할 일을 먼저 하는가, 일과 일을 연결하는 데 낭비가 없는가 하는 데 신경을 쓴다는 뜻이야. 그렇게 하려면 작업의 모든 상태를 완전히 파악하고 있어야 하는 것일세. 또 언제 발생할지 모를 긴급 사태에 대비해서 예비력도 구상해 두어야 하고. 자네 지점과 같은 경우에는 가능한 범위 안에서 지배인이 일을 해야 되는 것도 맞네. 하지만 제일 먼저 책임져야 할 일은 사람들을 잘 관리하는 일일세.

대개는 누구나 어린아이 같은 면이 있는 법이지만 그들은 자네가 어떤 인물이며 자네 밑에서는 어느 정도로 어떻게 일하면 되는가를 알고 싶어 하는 걸세. 어떤 사람은 실제로 그것을 시험하고 있는지도 모르네. 자네는 첫째 자네와 회사를 위해서, 나아가서는 직원들을 위해서도 그들을 게으름 피우게 해서는 안 되네. 지배인답게 처신해야지. 관리자는 부하에게 일을 시키는 일꾼일세. 이것도 자네 수첩에 써 두게."

벤은 클라우슨이 이르는 대로 수첩에 적었다.

〈감독관은 부하 직원에게 일을 시켜서 좋은 성과를 올려야 한다.〉

클라우슨과 헤어진 벤은 그 말을 실천하려고 공장을 한 바퀴 돌아보았다. 그동안 모르고 넘어갔던 부분이 쉽사리 눈에 띄었다. 확실히 모든 것에 질서가 없었다. 벤은 자기가 모든 일을 다해야 한다는 생각에 빠져 주변 상황을 제대로 파악하지 못하였는지도 모른다. 벤은 피곤하고 괴로웠다.

교대 시간이 되자 종업원들은 점심을 먹으러 뛰어나갔다. 그 모습을 보자 벤은 공연히 화가 치밀었다. 오후에 벤은 모두를 집합시켰다. 그는 종업원들을 향해 이곳에서는 자기가 상사임을 거듭 강조했다. 그는 윌리엄의 이름을 들어서는 유리창 닦는 일을 게을리하고, 노파인 손님이 묻는 말에 공손하지 않았다고 핀잔을 주었다. 윌리엄은 예의가 없으며 존슨은 금연 구역에서 담배를 피웠고, 번스는 시간을 낭비한데다가 점심 때 술을 마셨다고 비난했다. 벤은 그 외에도 여러 명의 이름을 열거했다. 그 가운데 월요일에는 당연히 확인해야 할 사항을 잊어버린 실수로 위험한 사고를 일으킬 뻔했던 버크의 용서 못 할 실수도 포함되었다. 끝으로 벤은 몹시 흥분한 태도로 부지배인에게 말했다.

"그리고 빌, 자네는 조금도 도움이 되지 않아."

그러고 나서 벤은 윗도리를 입고 집으로 돌아왔다. 그는 기분이 가뿐해진 느낌이었다. 벤은 이제 사태를 깨끗이 개선시켰다고 생각했다.

하지만 이튿날 아침 벤이 사무실로 출근하자 그에게 말을 거는 사람은 아무도 없었다. 모두들 필요한 말 이외에는 하지 않았고 맡은 일만 묵묵히 할 뿐이었다. 벤이 이 사람 저 사람 불러 이것저것 시키고 지휘를 했음에도 불구하고, 작업 능률은 전날보다도 더 떨어졌다. 재수 없는 날이었다.

모든 사람을 개성적인 입장에서 다루라

그날 벤은 클라우스에게 전화를 걸어 저녁에 만날 약속을 잡았다. 퇴근 후 클라우스을 만난 벤은 하루 동안 있었던 일을 이야기한 다음 덧붙여 말했다.

"바보같이 실패했습니다. 저는 열심히 한다고 일하고 있는데 말입니다."

"알고 있어, 알고 있고 말고."

클라우슨이 말을 이었다.

"나도 그런 경험이 있고 다른 관리자들도 다 경험한 일일세. 관리한다는 것은 머리로 생각했던 것과는 전혀 다르다고 내가 처음에 자네에게 말했었지. 이제 자네는 내가 한 말을 이해할 수 있을 걸세. 실망하지 말게, 벤. 자네에게 모든 사람이 기대를 걸고 있네. 자네는 성공으로 다가가고 있는 거야.

그런데 자네는 너무 성급하고 극단적이야. 우선 종업원들이 스스로 나서서 일하도록 힘을 써야 하네. 그렇게 한 뒤에 규율을 지키도록 유도하게. 그들은 기계가 아니야. 한 번에 여러 가지 일을 할 수 있을 만큼 만능도 아니고. 그들은 인간일세. 조용히 그러나 확고하고 친근하게 대하도록 하게. 자네는 그들을 관리하고 지도하고 훈련시켜야 하고 또 그들을 도와주어야 하네.

그렇게 하면 그들도 아주 다른 사람같이 될 걸세. 번스를 예로 들어보지. 그는 자네 말대로 엉터리고 게으름뱅이인데다가 낮에도 술을 마시지. 이 사실은 나도 그도 다른 사람들 모두도 잘 알고 있네. 그건 번스의 집에 걱정거리가 있기 때문이야. 그의 아이는 소아마비로 다리를 못 쓰고 아내는 병에 걸려 있네. 번스는 기질이 약해. 그래서 그 걱정거리를 잊으려고 술을 마시는 거야. 언제든지 좋으니 그를 불러서 이야기를 해보게. 그의 개인적인 생활을 깊이 건드리지 않는 선에서, 가능하다면 그 자신이 이야기를 꺼내도록 해 보게. 번스를 격려하고 용기를 주게. 그러면 자네가 골치 아파하는 그의 술버릇도 나아질 게고, 그것이 또 다른 사람들에 대해서도 좋은 결과를 가져올 걸세.

벤, 당장 해 보라고. 그러면 해고할 사람이 하나도 없을 걸세. 해고는 일을 방해하는 사람에게나 하는 걸세. 우리는 글자 그대로 한 사람 한 사람에게 커다란 투자를 하고 있는 거야. 사람을 훈련시켜 기업의 일꾼으로 만드는 데에는 돈과 시간이 드는 법 아니겠나. 한 사람을 잃는 것은 커다란 손실로 돌아오게 마련이네."

중요한 인물이라는 것을 알게 하라

클라우스은 일하는 방법에 대해 이야기했고 벤은 부하들의 성격에 대해 이야기했다. 마지막으로는 부지배인인 빌에 대한 이야기를 주고받았다. 벤이 말했다.

"빌은 쌀쌀한 사람입니다. 그는 조수로서 저를 돕고 행동을 같이 해서 일을 원만하게 처리해 나가야 하지 않습니까?"

돌아오는 클라우스의 대답은 벤의 예상과 달랐다.

"그는 이 공장의 지배인은 자기가 될 게 틀림없다고 믿고 있었던 것 같아. 그는 좋은 사람이야. 사실은 지배인으로 자네를 추천할까 그를 추천할까 망설였었네. 만약 빌의 작업 성적이 좋으면 다음에는 그도 지배인이 되는 거야. 만약 빌과 자네가 입장이 바뀌었다면 어땠겠는지 생각해 보게. 다른 지점에서 갑자기 온 사람이 상사라고 자기 위에 앉아서 자기를 무시하고 심지어는 여럿이 보는 앞에서 비꼬는 욕설을 퍼붓는다? 만약 자네가 빌이라면 화가 나지 않을까? 빌은 자네보다 이 공장의 사정을 더 잘 알고 있어. 그에게는 단골손님도 있고. 이건 특히 사업상 중요한 사실이야. 빌의 말을 귀담아 들으면서 일을 하도록 하게. 그에게 도움을 받고, 자네가 그를 중요시한다는 것을 그가 알게 하도록 만들게.

이것은 조직 속에서 각 구성원을 대할 때에도 해당되는 것이야. 그들에게 관심을 보이면 그들도 자네에게 관심을 갖는 법일세. 그들을 도와주게. 그러면 그들도 자네를 도울 것이야."

책망하기 전에 사정을 들어 보라

"끝으로 벤, 훌륭한 관리자는 절대 여러 사람이 있는 앞에서 남을 질책하지 않아야 하네. 여럿이 있는 데서 한 사람을 질책하는 것은 모든 사람을 불안하게 하고, 때로는 그런 상태가 며칠이고 계속 이어지네. 설령 화가 치밀어도 그렇게 해서는 안 되네. 잘못된 것을 바로 잡고 보다 훌륭한 일꾼으로 만들기 위해서였다 해도 결과는 정반대가 되고 마는 거야.

부하 직원에게 일이나 태도가 잘못됐다고 주의를 주고 싶을 때에는 언제나 그를 따로 불러서 몰래 주의를 주도록 하게. 그를 다른 곳으로 데리고 가서 그의 이야기를 들어 보게. 대개의 경우는 자네가 생각했던 것과는 다른 사정이 있다는 사실을 알게 될 걸세. 그에게 먼저 이야기를 시켜서 사실을 알아보도록 하게. 그러면 주의를 주기 이전에 보다 더 좋은 방법이 있다는 사실을 깨닫게 될 걸세. 그렇게 되면 상대방도 자네의 진심을 알아주게 될 것 아닌가.

자네가 그를 신용하고 있다는 것을 그가 알 수 있도록 하게. 이러한 일을 모두 한 다음에야 비로소 자네는 그에게 대해서 바른 말을 할 수가 있네. 그때 자네가 주의시키는 말을 그가 명심하고 개선하도록 최선을 다하게. 시간을 맞추어서 말이야.

자네 자신에 대해서 한마디 더 하고 싶은 것은, 만약 실패를 했으면 서슴지 말고 그 실패를 인정하는 것이 중요해. 자네는 그것을 해낼 수 있을 거야. 이 일에 자네를 추천한 건 나 아닌가. 자네도 알고 있겠지만 나는 자네에게 친근감을 가지고 있네. 게다가 그 점은 나의 상사들도 알고 있으니까 자네가 성공하는가 못하는가 하는 것은 나에게도 이해관계가 있어."

제안하고 의뢰하는 지도자

"벤, 지금 말한 건 큰 문제가 아니야. 나는 자네를 도와줄 수는 있지만 자네를 대신할 수는 없어. 나는 자네를 성공시킬 수도 없고 실패시킬 수도 없네.

자네의 성공 여부는 자네가 부하 직원들을 어떻게 통솔하고 함께 일하느냐에 달려 있네. 내가 할 수 있는 일은 이런 이야기를 해서 자네를 돕는 것뿐이야. 자네는 부하 직원들 속에서 자네 운명을 개척해야 하네."

"알겠습니다. 클라우스 씨, 잘 알겠습니다. 당장 부하 직원들에게 실천하겠습니다. 그것이 성공과 실패의 갈림길이 되겠군요. 알아듣기 쉽게 말씀해 주셔서 고맙습니다. 당신이 말씀하신 대로 해서 꼭 성공하겠습니다. 수첩에 주의 사항 몇 개를 더 썼는데, 제대로 된 것인지 봐 주십시오."

이렇게 말하면서 벤은 자기의 수첩을 펼쳐 보였다. 거기에는 다음과 같은 몇 가지 사항이 적혀 있었다.

〈모든 사람을 개성적인 입장에서 대하라. 자기가 중요한 인물이라는 것을 알게 하도록 하라.〉

〈명령하지 말고 제안하고 부탁하라.〉

〈책망하기 전에 조용하게 타일러라.〉

클라우스은 고개를 끄덕였다. 벤은 덧붙여 말했다.

"더 보충할 것이 있으면 말씀해 주세요."

"고맙네, 벤. '두목이 되기보다 지도자가 되려고 힘쓰라'는 어떤가?"

벤은 그것도 수첩에 써 넣었다.

다음 날 아침 직장에 출근하자마자 벤은 종업원들에게 가서 사과부터 했다.

"어제는 내가 좀 너무했어요."

이어 그는 아주 밝은 표정으로 말했다.

"질서가 너무 없어서 괜히 여러분들에게 짜증을 부렸습니다. 몇 사람의 이름을 들추어 가면서 비난을 퍼부은 것은 내가 잘못했어요. 특별히 말하고 싶은 것은, 빌이 이곳의 일에 대해서는 나보다 훨씬 잘 아니까 여러분은 그와 함께 일을 해 나가면서 나를 이끌어 주어야 한다는 사실입니다. 나는 우선 일하기 좋고 여러분 누구와도 대화를 나눌 수 있는 분위기를 만들고 싶어요. 우리가 어떻게 하면 좋은 직장을 만들 수 있는가 하는 건설적인 문제에 관해 좋은 제안을 해 주기 바랍니다. 내가 성질이 좀 급했던 모양인데, 여러분은 내가 공평하고 또 일을 잘하는 사람에게는 도움을 아끼지 않는다는 것을 알고 있을 줄 믿습니다."

벤이 말을 끝맺자 종업원 가운데 한두 사람은 뭐라고 중얼거렸다. 벤은 그런 말에 대해서는 모른 체하며 상대하지 않았다. 그날 작업은 벤이 부임한 이후로 가장 실적이 좋았다. 하루의 일이 끝나 갈 무렵 벤은 빌에게 말을 걸며 좋은 생각이 있으면 말해 달라고 부탁했다.

"조는 지금의 작업조보다 오후의 교대조에서 일하는 편이 더 좋은데, 그를 다른 사람과 교대시켰으면 좋겠습니다."

벤은 빌의 제안을 곧 실천에 옮겼다. 주간과 야간의 작업조를 바꾸는 것은 쉬운 일이 아니었다. 그는 몇 사람과 의견을 나누어야만 했다. 제각기 사정이 있을 것이므로 그것을 참작하고 싶었기 때문이다. 벤은 빌의 도움을 얻어서 작업조의 조직을 바꾸었다. 그렇게 한 이후로 매상고는 껑충 뛰었다.

직장은 상당히 개선되었다. 빌은 부지배인으로 승진되었고 벤의 좋은 친구가 되었다. 클라우슨은 벤의 인내력과 원만한 성격 그리고 개선하는 추진력이 좋다고 그의 수완을 칭찬했다.

신뢰할 만한 사람을 신뢰하라

하루는 클라우슨이 공장에 들려서 이야기했다.

"벤, 자네 혹시 기억하는지 모르겠군. 언젠가 나에게 전화한 적이 있었잖아. 거래를 끊었다가 단골이 되어서는 1년에 천 갤런이 넘는 기름을 사고 차 수리도 부탁한다던 허버트란 사람 말이야. 그 허버트 씨를 얼마 전에 만났었는데 그가 말하기를 자기에게 다시 단골손님이 되어 달라고 여러 번 찾아와서 부탁한 사람이 다름 아닌 자네 지점의 록우드라는 세일즈맨이라던데."

"그렇습니다. 클라우슨 씨. 하지만 제가 허버트 씨를 다시 단골로 만들었다고 말했을 때는 '우리'라는 뜻이었는데요."

"그래 맞아. 자네가 그 사실을 전화로 알려 주었을 때, 나는 금방 록우드구나 하고 생각하긴 했어. '우리'라고 했으면 더욱 좋았겠지. 벤, 왜 그 일은 록우드가 한 일이라고 분명히 말하지 않았나? 나는 자네 개인이 훌륭한 일을 하였든 하지 않았든, 또는 관리는 어떻게 하건 걱정하지 않아. 자네는 이 지점의 성적을 올리기 위한 지배인이니까. 우리가 관심을 갖는 건 일을 하는 데 있어서 가장 경제적이고 효과적인 방법이야. 관리자가 할 일이란 사람을 잘 다루는 것이라는 말을 잘 기억하고 있겠지? 만약 자네 생각이 지금 내가 록우드에 대해 말한 것과 같다면 수첩에 뭐 적어 넣을 게 없겠나?"

클라우슨은 벤이 한 걸음 더 나아가기를 바랐다.

"네. '신뢰할 수 있는 사람을 신뢰하라'는 말은 어떻습니까?"

벤은 벌써 수첩에 그 문장을 쓰고 있었다.

"좋아. 그렇다면 이에 관해서 자네가 무엇을 해야 하겠나?"

벤은 금방 눈치를 챘다. 그는 록우드를 자기 사무실로 불러서 말했다.

"클라우슨 씨와 나는 당신이 허버트 씨를 우리 단골손님으로 돌아오게 만든 공적에 대해서 이야기하고 있던 중이에요. 클라우슨 씨, 한 가지 더 알아 두실 것이 있습니다. 록우드는 그 일을 순전히 자기 개인 시간에, 이곳의 일을 마친 뒤에 허버트 씨를 몇 번이고 찾아가 성사시켰습니다."

벤은 록우드 앞에서 클라우슨에게 자기 부하 직원의 자랑을 늘어놓았다.

"참 잘했네. 록우드 군."

클라우슨은 록우드의 손을 굳게 쥐었다.

개선안은 환영하라

록우드가 사무실을 나간 뒤 클라우슨이 하나의 이야기를 더 꺼냈다.

"그런데 벤, 돌아가기 전에 자네에게 이야기해 둘 게 있네. 최근에 다른 지역에 있는 지점에서 일어났던 일일세. 자네도 그런 짓을 할 것 같아서 말하는 게 아니라, 관리직을 수행하는 데 참고가 되리라 생각되어 하는 말이니 오해하지 말게. 믿든 안 믿든 그것은 자유지만 어쨌든 이런 이야기일세.

어떤 종업원이 지배인에게 한 가지 제안을 했었지. 모터의 새로운 디자인이나 공기압축기에 대해서였어. 이에 대해서 지배인이 이렇게 대답했다더군. '조 군, 깨끗이 잊어버려. 본사에는 봉급을 많이 받고 그런 고안을 전문적으로 하는 사람들이 몇 명씩이나 있어. 그들은 자네에게 배우려고 하지는 않을 걸세. 그 따위 생각은 집어치우고 자네는 자네 할 일이나 하면 되는 거야' 하고 말이야. 자넨 이 사실을 어떻게 생각하나?"

클라우슨이 벤의 마음속을 살피는 듯한 시선을 던지면서 묻자 벤은 빙그레 웃었다.

"제가 저지른 실패와 똑같은 잘못을 저질렀습니다."

"가장 나쁜 잘못이지. 종업원은 어떤 제안을 하는 데에 기쁨을 느끼고 있어. 우리는 방법과 연구를 꾸준히 개선함으로써 회사 안에 기술력을 쌓아 올려야만 하네. 만약에 자네가 부하의 제안에 대해 마땅한 배려를 하지 않는다면 자네는 그들의 창의성을 죽이는 결과가 되네."

벤은 즉시 수첩을 꺼내서 썼다.

〈개선하고자 하는 제안을 환영하라.〉

사전에 사정을 설명하라

어느 날은 클라우슨의 사무실에서 벤에게 전화가 걸려 왔다.

"메이젤에게 전하게. 가든 영업소로 전임돼서 내일부터 당장 그곳에서 출근하게 되었다고 말이야."

벤은 메이젤에게 그대로 말하기로 했지만 사정이 아주 곤란하게 되었다. 메이젤이 가든으로 가려면 약 800m를 걸어가서 거기서 버스를 타고 20분을 더 가야만 했다. 지금 메이젤이 빌려 살고 있는 집은 지금의 직장과는 불과 400여 미터로 걸어서 다니는 거리에 있었다. 메이젤은 벤의 사무실로 전임된 지 얼마 되지 않아 먼 곳으로의 출퇴근을 매일 반복하게 된 것이다.

클라우슨은 그 일에 관해 의논하고자 벤의 사무실로 왔다. 클라우슨은 가든 영업소가 전부터 일손이 모자랐었다는 사정을 설명했다. 게다가 일꾼 하나가 갑자기 맹장염 수술을 받고 병원에 입원했다. 이와 같은 사정을 전부 알게 되자 사태는 이내 잘 수습되었다. 메이젤은 당분간 가든에서 일하게 되었고 벤은 그동안 일꾼 한 사람이 부족한 대로 해 나가야 했다.

각 영업소가 곤란을 겪고 있을 때는 되도록 빨리 도움을 주어야 한다. 클라우슨은 고맙다면서 벤에게 말했다.

"이번 일은 퍽 안됐지만 긴급한 사정이니만큼 양해해 주게. 그러나 좀 더 시간을 두고 보게. 틀림없이 모두 이해할 걸세. 이번 일로 메이젤 군 자네에게는 불편을 주게 되었고, 벤은 일을 더하게 되었네. 하지만 자네들의 친절을 잊지 않겠네."

그 일을 해결하고 나서 클라우슨이 벤에게 말했다.

"우리는 경험을 통해서 배우는 걸세. 자네는 무엇을 배웠는가?"

벤은 다시 손때 묻은 수첩을 꺼내어 썼다.

〈사정이 바뀐 이유를 사전에 설명해 줌으로써 그 영향을 받는 사람을 납득시켜라.〉

클라우슨은 계속해서 말했다.

"벤, 자네는 이 관리직을 잘 해내고 있네. 자네와 이야기하면서 자네가 하는 방식에 아주 좋은 점이 있다는 사실을 발견했네."

클라우슨은 벤이 몰랐던 벤의 몇 가지 교훈적인 사항을 알게 해 주었다.

"종업원들에게 그들이 어떤 상황에 처해 있는지 알게 하라. 사업을 개선하는 방법을 제안하라. 남을 잘 다루는 좋은 방법은 나쁜 점을 지적하는 것보다는 잘한 행위를 칭찬하는 것이다. 약속을 지켜라. 실천하라."

벤은 클라우슨이 자기의 사업 태도를 인정해 주는 것이 기뻤다. 벤이 말했다.

"제가 그런 일을 수행하고 있다고 말씀해 주시니 정말 감사합니다. 그러나 저는 그런 일을 실행하고자 시도하고 있는 것에 불과합니다. 만약 제가 진보하고 있다면 그것은 당신 덕택입니다."

클라우슨은 빙그레 웃으며 말했다.

"우리는 지도라는 것이 무엇이냐 하는 것에 대해 여러 이야기를 주고받았네. 앞으로도 이와 같은 문제에 대해 기탄없이 토론을 하세. 자네가 성공할 것이라고 처음부터 확신한 이유가 몇 가지 있네. 그 하나는 자네는 책임감이 강하다는 것이고 다른 하나는 자네에게 관리직을 맡아 달라고 청한 첫날에 자네가 한 말일세. 좋은 모범을 만들어 보겠다는 말, 기억나나?

또 하나 더 중요한 것은 종업원들이 자네를 잘 따른다는 거야. 자네는 여기서 부하 직원들에게 손님에게는 친절하라고 명령할 수도 있지만, 그보다 먼저 스스로 행동하는 방법을 선택했네. 만약 자네가 손님 앞에서 미소를 짓지 않고 서비스도 제대로 하지 않았다면 종업원들 역시 친절하지 않았을 걸세."

관리는 판매다

이것으로써 벤과 그의 관리에 대한 이야기는 끝났다. 앞에서 본 바와 같이 벤은 실패를 통해서 배우는 능력을 갖고 있었다. 그랬기 때문에 그는 성공한 것이다.

여러분이 실제로 관리자이건 아니건 간에, 인간의 문제는 모든 경우에 있어서 아주 비슷한 부분이 많다. 사람들이 앞에서 말한 사실들을 조금씩 각도를 달리하여 생각한다면 아주 보람될 것이다. 의사는 간호사를 관리하고 또 환자도 관리해야 한다. 교사는 어떻든 간에 모두 관리자다. 많은 노동자들에게도 관리의 문제는 똑같이 있다. 그것이 관리이다.

당신이 아내에게서 어떤 혜택을 받았다고 하자. 아내는 당신에게 그에 대한 보답을 기대할 것이다. 부모는 자기 자식에 대해서도 똑같은 보답을 기대하고 있다. 그것이 반드시 물질적인 보답이라는 뜻은 결코 아니다.

이들은 모두 관리와 밀접한 관계가 있으며 관리 그 자체라고 말해도 상관없다. 만약 당신이 어떤 위원회의 의장이라면 분명히 당신은 관리자다. 관리는 총체적으로 말해서 판매의 일종이다.

SUMMARY 관리자가 명심해야 할 원칙

① 좋은 모범을 만들어라.

② 관리자는 부하 직원을 통해 성과를 올린다.

③ 각자를 개성적인 입장에서 다루어야 한다.

④ 상대가 자신이 중요한 인물이라는 것을 느끼도록 하라.

⑤ 책망하기 전에 사정을 들어 보라. 여러 사람이 있는 앞에서 꾸중해서는 안 된다.

⑥ 두목이 되지 말고 지도자가 되라.

⑦ 명령하기보다는 제안하고 의뢰하라.

⑧ 신뢰할 만한 사람을 신뢰하라.

⑨ 개선안은 환영하라.

⑩ 사전에 사정이 바뀐 이유를 밝힘으로써, 그로 인해 영향을 받게 될 사람을 충분히 납득시켜라.

⑪ 각자에게 현황을 인식시킴으로써 개혁의 길을 터놓으라.

⑫ 사람을 다룸에 있어서 최선의 방법은 책망이 아니라 칭찬이다.

⑬ 실천하라.

CARNEGIE

상대를 설득하는 법

CHAPTER 4

마음에 읽는
카네기
Dale Carnegie

논쟁은 절대적으로 피해야 한다

01

셰익스피어? 성경?

제1차 세계대전이 끝난 직후 나는 아주 귀중한 교훈을 배웠다. 나는 그 무렵 로스 스미스 경의 매니저였다. 로스 경은 호주의 비행사로, 전쟁이 끝나자 지구의 반을 30일 만에 비행하여 온 세상을 놀라게 했다. 호주 정부는 그에게 거액의 상금을 주었고 영국 여왕은 그에게 기사 작위를 주었다. 로스 경은 대영제국 내에서 가장 인기 있는 인물이 되었다. 그는 대영제국에 있어서의 찰스 린드버그였다.

나는 어느 날 밤 로스 경을 위한 만찬회에 초대되었다. 식사가 한창일 때 내 옆에 앉은 사람이 재미있는 이야기를 하면서 다음과 같은 말을 인용했다.

"일을 하는 것은 우리이고 결과는 하느님에게 달려 있다."

그 사람은 이 말이 성경 속에 있다고 했다. 그것은 틀린 말이었다. 나는 이 구절이 어디서 인용된 것인지를 분명히 알고 있었다. 나는 그의 잘못을 지적하고 나섰다.

"뭐요? 셰익스피어에서 인용한 것이라고요? 그렇지 않아요. 성경에 나온 말입니다."

그는 계속 언성을 높이면서 자신의 주장을 내세웠다. 그는 내 오른편에 있었고 나의 오랜 친구인 프랑크는 왼편에 있었다. 프랑크는 오랫동안 셰익스피어를 연구한 사람이었다. 그래서 프랑크에게 물어보려고 하는데 프랑크가 나를 슬쩍 치면서 말했다.

"데일, 자네가 틀렸어. 이분이 옳아, 성경에 나온 말이야."

집으로 돌아가는 길에 나는 프랑크에게 물었다.

"프랑크, 그 말은 셰익스피어에서 인용한 것이라는 걸 잘 알고 있지?"

"그럼, 햄릿 제5막 제2장이야. 하지만 우리는 손님으로 간 거야. 무엇 때문에 남의 잘못을 지적하나? 그 사람 체면도 생각해 줘야지. 왜 언쟁을 해야 하나? 언쟁은 언제나 피하는 게 좋아."

"언제나 언쟁을 피하라……."

이 말을 해준 친구는 세상을 떠났지만 그의 교훈은 여전히 내 마음속에 살아 있다.

세금 9천 달러를 절약하다

내 경험에 따르면 어떠한 사람이라도 그 사람의 마음을 언쟁으로 바꾸는 것은 절대로 불가능하다. 실례를 들어 보겠다. 소득세 문제 전문가 프레더릭 파슨스는 정부의 세금 조사관과 언쟁을 벌였다. 9천 달러짜리 항목이 문제였다. 파슨스는 이 9천 달러의 세금은 부당한 것이라고 주장했다. 조사관이 끝까지 세금을 내야 한다고 우기자 파슨스는 다른 해결 방법을 강구했다.

파슨스는 세금 조사관에게 아무리 틀림없는 사실이나 이론을 말해도 소용이 없음을 알게 되었다. 언쟁을 하면 할수록 상대의 고집은 더욱 확고해졌다. 그래서 파슨스는 언쟁을 피하고 화제를 바꾸어 조사관을 칭찬했다.

"이 문제는 당신이 처리해야 할 중요하고 어려운 문제에 비해 아주 사소한 것입니다. 저도 세금 부과에 관해 연구했지만 나는 책에서 지식을 얻었고, 당신은 실제 경험 속에서 얻고 있습니다. 나는 가끔 당신과 같은 직업을 가졌으면 좋겠다고 생각할 때가 있습니다. 그래야 비로소 참된 지식을 얻을 수 있다고 봅니다."

그 말은 파슨스의 진심이었다. 그러자 조사관은 의자에서 바로 앉으면서 몸을 뒤로 기대고는 자기의 업무 내용에 대해 장시간 동안 말하였다. 그의 말투는 점점 친절하게 변해 가더니 자기 자녀들에 관해서까지 이야기했다.

조사관은 떠날 때 말하기를 파슨스의 문제를 좀 더 검토해 본 뒤 며칠 안에 결과를 알려 주겠다고 했다. 사흘 뒤에 그는 파슨스의 사무실로 찾아와서 세금을 징수하지 않기로 결정했다고 말하였다.

이 세금 조사관은 인간의 공통적인 약점을 나타낸다. 그는 자신이 사회적으로 중요한 존재로 인정받는다는 느낌을 원했던 것이다. 파슨스 가 그를 중요 인물로 인정하자 상대는 논쟁을 그치고 자기의 자아를 확대시키려고, 동정심과 친절을 베푸는 인간으로 돌아간 것이다.

미움을 막는 것은 사랑이다

나폴레옹 왕실의 수석 시종이었던 콘스탄트는 가끔 왕후 조세핀과 당구를 즐겼다. 콘스탄트는 『나폴레옹의 사생활』에서 이렇게 말하고 있다.

〈나는 상당한 실력이 있었음에도, 항상 그녀가 이기도록 해 주었다. 그것이 그녀를 상당히 기쁘게 해 주었다.〉

이 말은 귀중한 교훈을 가지고 있다. 우리는 대화할 때 우리의 애인, 남편과 아내, 우리의 손님이 승리하도록 양보하자. 석가모니는 말했다.

"미움을 막는 것은 미움이 아니라 사랑이다."

그리고 오해를 막는 것은 언쟁이 아니라 재치와 위안과 남의 입장을 받아들이는 자세인 것이다.

링컨의 일화도 있다. 어느 날 장교 하나가 동료들과 심하게 다투는 것을 본 링컨이 말했다.

"자기 쪽이 반 정도의 타당성밖에 없을 때는 아무리 중대한 일이라도 상대방에게 양보해야 하네. 또 자기 쪽이 전적으로 옳다고 해도 작은 일에는 양보해야 해. 옳고 그름을 밝히기 위해 개와 싸우다가 물리기보다는 개가 도망갈 길을 터주는 것이 현명한 법이네. 개에게 물리고 나서는 개를 죽여 봤자 물린 상처가 치료되는 건 아니니까."

그러므로 사람을 설득하고 언쟁을 처리하는 첫 번째 법칙은 언쟁을 회피하는 것이다.

02

상대방의 잘못을 지적하지 말라

사람의 생각을 강제로 바꿀 수는 없다

시어도어 루스벨트가 대통령으로 있을 때, 그는 자기 생각의 75%만이라도 옳다면 좋겠다고 말한 적이 있다. 20세기의 위인 가운데 한 사람이 그렇게 말한다면 과연 우리는 어떻겠는가?

55%만이라도 옳다면 백만장자가 되어 절세미인과 결혼할 수도 있다. 그러나 55%조차도 옳다고 할 수 없다면 나에게 타인의 잘못을 지적할 자격이 과연 있는 것일까?

표정, 억양, 몸짓을 보고도 상대의 잘못을 지적할 수는 있지만 상대방의 잘못을 지적해서 그의 동의를 얻어낼 수는 절대로 없다. 상대방은 자기의 지능, 판단, 자부심, 자존심에 충격을 받았기 때문이다. 상대방은 오히려 반격하고 싶을 뿐이지 절대로 자기 마음을 바꾸려 하지 않는다.

상대방의 잘못을 지적하고 나면, 당신이 플라톤이나 칸트의 말과 논리를 갖고 설득한다 해도 상대방의 감정은 이미 상해 있기 때문에 그 생각을 바꿀 수는 없다.

내가 아는 것은 내가 아무것도 모른다는 사실이다

"내가 그것을 증명해 보겠다"라는 식으로 말을 시작하지 말라. 그것은 다음과 같은 뜻을 가진 말이다.

"나는 당신보다 현명하다. 설득을 해서 당신의 마음을 변화시켜 보겠다."

이것이야말로 도전이다. 그것은 오히려 반발심을 일으켜 상대방이 전투태세를 갖추게 만든다. 어째서 일을 어렵게 만드는가? 왜 스스로 불리하게 만드는가? 만일 남을 설득하려 한다면 눈치채지 못하게, 아무도 모르게 은밀히 재치 있게 하여야 한다.

"가르쳐 주는 것처럼 하지 말고 가르쳐 주고, 상대방이 모르는 것은 잊어버렸던 것처럼 말하라. 될 수 있으면 남보다 현명하라. 그러나 그것을 남이 알지 못하게 하라."

체스터필드 경이 아들에게 한 말이다.

"내가 아는 것은 단 한 가지이다. 그것은 내가 아무것도 모른다는 사실이다."

나는 소크라테스보다 더 똑똑하기를 바라지 않는다. 나는 남에게 옳지 않다고 말하지 않기로 작정했다. 또한 그 방법이 효과가 있다는 사실을 알았다. 만일 상대방이 틀린 말을 한다고 생각되면, 아니 그것이 분명히 틀린 말이라 하더라도 이런 식으로 말하는 것이 좋다.

"나는 그렇게 생각하지 않습니다만 저도 틀리는 경우가 있습니다. 자주 그렇게 틀립니다. 잘못은 시정해야 하니 사실을 검토해 봅시다."

이 말 속에는 놀라운 마력이 있다. 세상 누구라도 이 말을 배척하는 사람은 없을 것이다.

바가지를 쓰셨네요

어느 날 나는 실내 장식가를 데려다 커튼을 치게 한 일이 있었다. 그 뒤 청구서가 왔을 때 나는 놀라고 말았다. 며칠 후에는 한 부인이 집에 와서 커튼을 보더니 얼마에 했는지를 물었다. 들어간 비용을 말했더니 그녀가 소리쳤다.

"뭐요? 대단하군요. 바가지를 쓰셨네요."

사실이었다. 그녀는 옳은 말을 했다. 하지만 사람이란 그런 식의 말을 좋아하지 않는다. 나도 사람인지라 자신을 변호하려고 노력했다. 다음 날 다른 친구가 찾아왔는데, 그녀는 커튼을 칭찬하고 자기도 이런 멋진 것을 갖고 싶다고 했다. 나의 반응은 전날과는 전혀 달랐다.

"솔직히 말해서 바가지를 쓴 것 같습니다. 후회스럽습니다."

자신이 저지른 잘못을 깨달은 사람은 박수를 받을 만하다. 그리고 그 잘못을 스스로 인정하는 사람은 더욱 성숙해질 것이다. 자신이 잘못을 저지르고도 자신이 저지른 잘못을 알지 못하고 스스로를 정당화하며 오만한 사람이 세상에는 얼마나 많은가. 또한 남이 우리의 잘못을 지적했을 때 그것을 부정하지 않고 시인하는 사람은 자신의 솔직함과 관대함에 긍지를 느끼기에 충분한 것이다.

상대방의 잘못을 정면으로 지적하지 말라

예를 하나 들어 보자. 크롤리는 뉴욕에 있는 가드너 테일러 목재 회사의 판매원이었다. 크롤리는 몇 년 동안을 목재 검사원들과 논쟁을 해 왔는데 그때마다 논쟁에서 이겼다. 그러나 결과는 좋지 않았다. 크롤리는 이 목재 검사원들이 야구의 심판과 같아서 일단 판정을 내리면 절대로 그것을 바꾸지 않는다고 말했다.

어느 날 아침 크롤리의 사무실에 전화가 걸려 왔다. 크롤리의 회사가 그 공장에 보낸 목재가 주문한 것과 달라서 자기 회사에서 목재의 하역을 중단하고 있으니, 그것을 되찾아 가라고 했다. 짐을 4분의 1가량 내렸을 때 목재 검사원이 불량품이 섞여 있음을 확인했다고 하니 그 목재를 인수할 수 없다는 것이었다. 크롤리는 곧장 그 공장으로 향했다. 가는 도중 그는 이 사태를 수습하는 가장 좋은 방법을 생각해 보았다.

공장에 도착했을 구매 직원과 검사원은 화가 난 상태로 금방 싸울 것 같은 기세였다. 크롤리는 그들에게 현장에 같이 가서 목재를 확인하자고 말했다. 검사원에게는 불량품을 따로 골라 쌓도록 부탁했다. 한동안 검사원을 보고 있으려니, 크롤리는 검사원의 검사 방법이 너무 엄격하고 규정을 잘못 적용하고 있음을 알게 되었다. 목재는 백송인데 그는 백송에 대해서 잘 모르고 있었다. 백송은 크롤리의 전문이었다. 하지만 크롤리는 상대가 잘못했다고 지적하지는 않았다.

크롤리는 계속 관찰만 하다가 전문가에게 무엇이 만족스럽지 않은가를 물었다. 한마디로 그가 틀렸다고는 하지 않고 회사가 원하는 목재를 납품하기 위해 알아 두려고 한다고 강조했다. 크롤리가 친절하고 협조하는 태도로 질문하다 보니 점점 검사원의 자세가 바뀌기 시작했다. 나중에는 자기가 백송에 대해서는 경험이 없다는 점을 인정했다. 오히려 차에서 내리고 있는 목재에 대해 여러 가지를 물어보았다.

크롤리는 이 목재들 모두가 합격품이라고 말하고 싶었지만, 대신에 그들이 원하지 않는다면 인수하지 않아도 좋다고 이야기했다. 검사원은 마침내 합격품을 불합격품으로 오인한 것이 자기들의 잘못이라고 인정했다. 그는 크롤리 회사의 목재를 재검사해서 모두 인수하였고 그 대금 전액을 보내 주었다.

상대방의 잘못을 정면으로 지적하지 않는 마음가짐 때문에 회사에 이익을 줄 수 있었던 것이다. 사람을 설득하는 두 번째 법칙은 바로 상대의 견해에 존경심을 표하는 것이다. 절대로 상대방의 잘못을 정면으로 지적하지 않고도 얼마든지 설득할 수 있다.

잘못을 인정하면 관계가 달라진다

03

상대방의 자부심을 만족시켜 주라

뉴욕의 우리 집 바로 옆에는 숲이 울창한 공원이 있다. 나는 이 공원을 렉스라는 개를 데리고 가끔 산책한다. 렉스는 사람을 잘 따르고 절대로 사람을 해치지 않는다. 공원에서는 사람을 거의 만나지 않기 때문에 개 줄을 매지 않고 입마개도 없이 데리고 다닌다. 그러다 하루는 자기의 권위를 과시하려는 경찰관과 마주쳤다.

"입마개도 하지 않고 개 줄도 매지 않고 개를 데리고 다니면 어떻게 하자는 겁니까? 그것이 위법행위라는 것을 아시죠?"

"네, 압니다. 하지만 이 개는 아무도 해치지 않으니까 걱정할 필요가 없다고 생각했습니다."

"걱정할 필요가 없다니요? 저 개는 다람쥐를 죽일 수도 있고 아이들을 물 수도 있습니다. 이번은 용서해 드리지만 다음에 또다시 개 줄이나 입마개를 하지 않고 다니면 입건하겠습니다."

나는 앞으로는 그렇게 하겠다고 약속했다. 실제로 나는 얼마간은 약속을 지켰다. 그러나 렉스가 입마개를 좋아하지 않았고 나도 싫었기 때문에 며칠 후부터는 이전처럼 그냥 다니기로 했다. 한동안은 별일 없이 다녔으나 드디어는 곤경에 빠지게 되었다. 어느 날 오후 나와 렉스가 언덕길을 오르고 있는데 갑자기 경찰관이 말을 타고 나타난 것이다. 렉스는 경찰관에게로 달려가 반갑다는 듯이 그를 쳐다보았다. 일이 곤란하게 되었으나 경찰관의 말이 나오기 전에 먼저 선수를 쳤다.

"죄송합니다. 제 잘못입니다. 변명도 못하겠습니다. 지난주에 만일 내가 개 줄도 입마개도 하지 않고 개를 끌고 다니면 입건하겠다고 경고하였으니까요."

"주위에 아무도 없으니까 개를 풀어 주고 싶었겠지요. 저렇게 작은 개가 누구를 해치겠습니까?"

"아닙니다. 당신 말처럼 다람쥐를 죽일 수도 있으니까요."

"당신은 내 말을 너무 심각하게 생각하고 계시네요. 이렇게 합시다. 내가 볼 수 없는 곳으로 개를 데리고 가십시오. 그리고 이 일은 잊어버립시다."

그 경찰관도 사람이었기에, 내가 스스로 반성하자 자기의 자부심을 만족시키는 유일한 방법 즉 나를 용서하는 자비심을 가진 태도를 보여 주었던 것이다. 만일 내가 자신을 변명하려고 했다면 어떻게 되었을까를 상상해 보자. 경찰관과 언쟁을 했다면 어떻게 되었을까?

모두가 나의 잘못 때문입니다

남북전쟁 당시의 총사령관 리는 게티즈버그 전투에서 부하가 저지른 전투의 실패를 혼자서 책임졌다.

리 장군과 부하 피켓 장군은 기세당당한 모습으로 연방군의 전방에 나타났다. 충성스러운 그의 군대는 군기를 휘날리고 총검을 번쩍이며 장군의 뒤를 따랐다. 이 용감하고 당당한 진군을 보고 적군도 찬사를 보냈다.

피켓 장군의 돌격대는 쏟아지는 탄환도 두려워하지 않고 들을 지나고 산을 넘어 진격했다. 그들이 묘지가 있는 언덕에 이르렀을 때이다. 돌연 북군의 군사가 돌담 뒤에서 튀어나와 피켓 부대를 향해 일제히 사격을 해 왔다. 묘지 언덕은 화염으로 뒤덮이고 아귀다툼의 수라장으로 변했다. 눈 깜짝할 사이에 피켓 부대는 5천 병력의 5분의 4가 쓰러졌고 지휘관은 한 사람만 살아남았다.

리 장군은 실망한 나머지 사표를 내고 남부 연맹의 대통령 데이비스에게 젊고 유능한 인물을 임명해 달라고 요청했다. 리 장군이 피켓 전투의 책임을 남에게 돌리려고 마음만 먹었더라면 얼마든지 이유를 찾아낼 수 있었다. 지휘관 몇 명이 명령을 어겼고 기병대도 지원을 위해 적시에 도착하지 않았기 때문이다.

그러나 고결한 품성을 가진 리 장군은 남을 책망하지 않았다. 피켓에서 패배한 군대가 피투성이로 후퇴해 왔을 때, 리 장군은 말을 타고 나가 그들을 맞이하여 말했다.

"모든 것이 나의 잘못 때문입니다. 이 전쟁에서 패배하게 만든 것은 바로 나 자신입니다."

자신의 잘못을 이처럼 용기 있게 인정할 수 있는 인격을 가진 장군이 역사상 과연 몇 명이나 될까?"

변명하지 말라

우리의 견해가 옳은 것이라면 사람들이 우리의 사고방식에 따르도록 부드럽게 기술적으로 유도하고, 우리의 견해가 옳지 않은 것이라면 즉시 잘못을 시인하자. 잘못을 변명하는 것보다는 시인하는 편이 훨씬 더 우리에게 기쁨을 가져다준다. 자기의 잘못을 스스로 시인하면 모든 일에 생각보다 큰 효과가 있다. 옛말에 이런 격언이 있다.

〈싸움을 하면 이익이 별로 없다. 그러나 양보하면 생각보다 더 큰 이익이 생긴다.〉

그러므로 사람을 설득하는 세 번째 법칙은 잘못을 인정하고 변명하지 않는 것이다.

친절함과 감사하는 마음을가져라

04

한 방울의 꿀이 1갤런의 물보다 파리를 더 많이 잡는다

만일 화가 났을 때 당신 마음대로 욕설을 퍼부어 분풀이를 한다면 기분이 풀어질지도 모른다. 하지만 반대로 욕을 먹은 상대방은 어떨까?

우드로 윌슨 대통령은 말했다.

"만일 상대방이 주먹질을 하고 나에게 덤빈다면 나도 그에게 주먹질을 해서 대해 줄 것이다. 그러나 상대방이 '서로 잘 상의해 봅시다. 만일 의견의 차이가 있으면 왜 그런지 문제를 밝혀 봅시다' 하고 부드럽게 나오면 문제는 잘 풀릴 것이다. 이렇게 하면 의견의 차이는 사소한 것임을 알게 되고, 서로 참고 솔직하게 선의로 대하면 문제는 쉽게 해결될 수 있음도 알게 된다."

150년 전에 링컨은 이렇게 말한 바 있다.

"1갤런의 물을 쓰는 것보다는 한 방울의 꿀을 씀으로써 더 많은 파리를 잡을 수 있다라는 격언은 어느 시대에나 진리이다. 사람에게도 역시 마찬가지 말을 할 수 있다. 만일 여러분이 상대방으로 하여금 여러분의 의견에 따르게 하려면 먼저 여러분이 그의 성실한 친구라는 점을 분명히 알려 주어야 한다. 이것이 바로 상대방의 마음을 잡는 한 방울의 꿀이며, 상대방의 이성에 호소하는 최선의 방법이다."

예수가 탄생하기 600년 전에 이솝이 쓴 이 우화는 2,500년 전의 아테네에서나 현대사회에서나 똑같이 적용되는 진리이다. 해는 바람보다 더 빨리 노인의 코트를 벗길 수 있었다. 친절, 칭찬, 감사하는 마음은 사람의 마음을 움직인다.

동맹파업을 진정시키다

경영자들은 파업하는 사원들과 우호적인 관계를 갖는 것이 효과가 있다는 점을 점점 깨닫고 있다.

화이트 모터 사의 종업원 2천 5백 명이 임금 인상과 유니언숍union shop제를 요구하는 동맹파업을 했을 때, 로버트 블랙 사장은 파업에 참가한 사원들을 비난하지 않았다. 오히려 평화적인 방법으로 파업에 들어갔다며 파업한 종업원들을 칭찬하는 내용을 클리블랜드 신문에 실었다.

동맹파업자들이 심심해하자 야구방망이와 글러브를 사 주면서 공터에서 야구를 하도록 하였고 볼링을 좋아하는 사람들에게는 볼링장을 마련해 주었다. 경영자의 이와 같은 우호적인 방법은 놀라운 효과를 발휘했다. 종업원들은 자발적으로 공장에 돌아와 주위를 깨끗이 청소하기 시작했다.

한편으로 임금 인상과 노동조합을 위해 투쟁하면서 한편으로는 공장 주변을 청소하는 광경을 상상해 보라. 미국 노동쟁의 역사상 찾아보기 힘든 정경이었다. 동맹파업은 불과 1주일여 만에 해결되었다. 양쪽이 아무런 상처도 없이 상생한 것이다.

집세를 인하시키다

여러분 가운데는 노동쟁의를 해결할 필요가 있는 사람은 별로 없겠지만 집세를 싸게 하기를 원하는 사람은 흔히 있을 것이다. 그러한 사람에게는 우호적인 방법이 큰 도움이 된다.

O. L. 스트로브라는 기술자가 집세를 깎고 싶었다. 집주인은 유명한 구두쇠였다. 스트로브는 계약기간이 끝나는 즉시로 아파트를 비우겠다고 집주인에게 편지를 보냈다. 사실 스트로브는 조금도 이사하고 싶은 마음이 없었지만 말이다. 스트로브는 주인이 만일 집세만 내려준다면 그대로 그 집에서 살고 싶어 했다. 하지만 전망은 비관적이었다. 다른 임차인들 중에 여태껏 성공한 사람은 아무도 없었고 모두들 집주인은 다루기 힘든 사람이라고 말했다.

그런데 스트로브의 편지를 받은 집주인은 곧 비서를 데리고 그를 찾아왔다. 스트로브는 친절하게 집주인을 맞이하고 대접했다. 집세가 비싸다는 말을 하지도 않았다. 다만 스트로브는 이 집이 살기에 아주 편하고 관리도 잘되고 있다고 집주인을 칭찬했다. 그래서 한 해 더 살고 싶지만 사정이 여의치 않다고 말했다. 집주인은 임차인들에게 호의적인 대접를 받아 본 적이 없었던지 기분이 아주 좋아졌다. 집주인은 자기의 고충에 대해서 말하기 시작했다. 편지를 14통이나 보낸 임차인도 있었고 그중에는 집주인을 비난하는 편지나 협박조의 내용이 담긴 편지도 있었다고 했다.

"당신 같은 사람들만 살고 있다면 얼마나 좋겠습니까?"

그러면서 집주인은 스트로브가 집세를 내려 달라는 말은 꺼내지 않았음에도, 스스로 내려 주겠다고 했다. 스트로브는 집세를 좀 더 내리고 싶어서 자신이 낼 수 있는 집세를 말하자 집주인은 금방 승낙해 주었다. 게다가 집주인은 방의 장식을 바꾸어 주고 싶다면서 어떤 실내장식을 원하는지도 물어보고 갔다.

바람과 태양

어렸을 때 나는 미주리주의 북서부에 있는 시골 학교에 다녔다. 어느 날 해와 바람이 누가 더 힘이 센가를 다투는 우화를 읽은 적이 있다. 여러분도 다 아는 유명한 이야기이다.

바람이 말했다.

"내가 더 힘이 세다는 것을 보여 주지. 저기 노인이 코트를 입는 것이 보이지? 내가 너보다 빨리 노인의 코트를 벗겨 보이겠어."

해는 구름 뒤로 숨었고 바람은 있는 힘을 다해서 힘차게 불었다. 그러나 바람이 힘차게 불면 불수록 노인은 코트를 더 감싸는 것이었다. 결국 바람은 지쳐 포기했다. 그러자 해가 구름 뒤에서 나타났다.

해가 노인을 보고 다정하게 웃자, 노인은 더위에 땀을 닦으며 코트를 이내 벗었다. 해는 바람에게 온화하고 친절한 것이 노여움과 폭력보다 더 강한 것이라고 타일렀다.

귀하는 딸에게 낙태 수술 광고를 읽히고 싶으십니까?

내가 이 우화를 읽고 있을 무렵 보스턴시의 B 씨는 이 진리를 벌써 실증하고 있었다. 당시 보스턴 신문에는 돌팔이 의사들의 광고가 많이 실리고 있었다. 그들은 낙태 수술을 전문으로 하고 환자의 돈을 긁어 먹는 의사들이었다. 수술이 잘못되어 수많은 희생자가 나왔음에도 처벌받은 의사는 하나도 없었다. 대부분 벌금을 조금 내거나 정치적 청탁으로 무마시키곤 했다.

당시 B는 보스턴 기독교연합회의 회장이었다. 그 연합회가 이 돌팔이 의사와 신문에 대항에 싸웠으나 의사들에 대항하는 싸움은 거의 절망적이었다.

그러다 B 회장은 묘안을 하나 생각해 냈다. 친절, 동정, 감사의 방법으로 신문이 스스로 광고를 중지하게 하는 방법이었다. B 회장은 《보스턴 헤럴드》지 사장에게 신문을 칭찬하는 편지를 보냈다. 신문의 오랜 애독자라고 자기를 소개한 B 회장은 그 신문의 뉴스와 사설이 아주 우수하며 또한 미국 일류의 가정 신문이라고 칭찬했다. 그리고는 다음과 같이 덧붙였다.

〈제 친구 중에 딸을 갖고 있는 사람이 있습니다. 어느 날 밤, 그의 딸이 낙태 전문 의사의 광고를 보고 그에게 그 뜻이 무엇이냐고 물었답니다. 그는 말하기 곤란해서 쩔쩔매다가 우물우물 대답을 흐렸다고 합니다. 귀지는 보스턴의 상류 가정에서 읽히고 있습니다. 그렇다면 이런 상황이 여러 다른 가정에서는 일어나지 않는다고 할 수 없습니다. 만일 귀하에게 딸이 있다면 귀하는 딸에게 그 광고를 읽히고 싶으십니까? 또 딸이 귀하에게 그런 질문을 한다면 어떻게 하시겠습니까? 귀지와 같은 일류 신문에 딸에게 읽히고 싶지 않은 구절이 하나라도 있다면 참으로 유감스러운 일입니다. 수천의 귀지 애독자들도 같은 생각을 하고 있을 것입니다.〉

이틀 후 신문사 사장은 자기도 그 문제로 오랫동안 고민해 왔다면서 이제는 결단을 내려 그런 광고는 싣지 않겠다는 내용의 편지를 B 씨에게 보내 왔다.

사람을 설득하는 네 번째 법칙은 친절하고 감사하는 마음의 자세를 갖는 것이다.

CARNEGIE

긍정화제로 이끄는 법

CHAPTER 5

마흔에 읽는

카네기

Dale Carnegie

상대방이 긍정할 화제의 선택

01

"예"라는 대답을 유도하라

사람들과 이야기를 할 때 의견 차이가 있는 문제를 갖고 이야기를 시작해선 안 된다. 의견이 일치하는 문제부터 시작해서 이야기를 이끌어 나가라. 서로 같은 목적을 갖고 있다는 점을 상대방에게 이해시켜야 한다.

처음에는 상대방에게서 "예, 그렇죠"라는 말이 나올 수 있는 문제로 이야기를 시작하고 "아니요"라는 말은 나오지 않도록 해야 한다. 이에 대해 오버스트리트 교수가 한 말이 있다.

"만일 상대방이 일단 '아니요'라고 말했다면 자존심 때문에 응답을 번복하기는 어려운 일이고 계속해서 부정의 상태만을 유지하려고 한다. '아니요'라고 한 말이 잘못했다는 사실을 알고 후회한다 하더라도 자존심을 손상할 수는 없다. 일단 말을 뱉어 버리면 계속해서 그것을 고집하게 된다. 그러므로 처음부터 긍정적인 대답이 나오도록 유도하는 것이 중요하다."

노련하게 말하는 사람은 언제나 상대방이 "예"라고 대답하도록 한다. "예"라는 대답은 상대방을 긍정적인 방향으로 이끌어 간다. 사람의 심리는 한 방향으로 흐르기 시작하고 난 뒤 그 방향을 바꾸려 하면 힘이 드는 법이다.

뜨거운 물에 손을 넣으면?

웨스팅하우스의 외판원 요셉 아리슨의 이야기를 들어 보자. 아리슨은 자신의 담당 지역에 있는 스미스라는 수석 기사에게 자신의 회사 제품을 꼭 팔아 보려고 했다. 아리슨의 전임자는 스미스를 10년 동안이나 찾아갔지만 판매에 실패했다. 아리슨 역시도 스미스를 3년 동안 찾아갔지만 마찬가지였다. 모터 몇 대를 판 것이 전부였다.

하지만 아리슨은 만일 스미스가 모터의 성능이 좋다는 사실만 알게 된다면 수백 대를 파는 것은 어려운 문제가 아니라고 생각했다. 모터의 성능은 물론 좋았다. 3주일 후쯤, 아리슨은 당당하게 스미스를 찾아갔으나 그의 입에서는 예상치 못했던 말이 나왔다.

"아리슨 씨, 앞으로 당신네 회사 모터는 사지 않겠소."

"왜요? 무엇 때문에?"

"당신네 회사 모터는 너무 쉽게 뜨거워져서 손을 댈 수가 없었어요."

나는 그와 논쟁해 보았자 소용없다는 것을 알고, 스미스가 "예예"라는 대답을 하도록 유도해 보자고 마음먹었다.

"스미스 씨, 당신이 옳습니다. 모터가 쉽게 뜨거워진다면 사서는 안 되지요. 협회의 규정에 맞는 모터를 택해야지요. 그렇지 않아요?"

"네, 물론이죠."

스미스에게서 나온 최초의 긍정적인 말이었다.

"협회 규정에 의하면 모터는 실내 온도보다 화씨 72도 정도 높은 것까지는 인정하지요?"

"네, 그렇습니다. 그렇지만 당신네 모터는 그보다 더 뜨거워요."

"공장 안의 온도는 어느 정도입니까?"

"75도 정도 될 겁니다."

"공장 안의 온도 75도에 72도를 더하면 147도가 됩니다. 147도가 되는 뜨거운 물에 손을 넣으면 데겠지요?'

"그렇지요."

"그러면 모터에 손을 대지 않는 것이 옳은 일 아닙니까?"

스미스는 내 말에 긍정을 하고 한참 동안 이야기를 하다가 드디어 3만 5천 달러 상당액의 물품을 주문했다.

소크라테스 대화법

아테네의 철학자 소크라테스는 사람의 잘못을 지적하는 어리석은 짓은 하지 않았다. 대신 그는 처음부터 끝까지 상대방이 "예"라고 대답할 수밖에 없는 질문을 던졌다. 그렇게 해서 상대방은 처음에 부정했던 것을 어느 사이에 "예"라고 대답하였다.

상대방의 잘못을 지적하고 싶을 때는 상대방으로부터 "예"라는 대답을 얻어낸 소크라테스의 대화법을 기억하라.

사람을 설득하는 다섯 번째 법칙은 "예"라는 대답이 나올 화제를 택하는 것이다.

상대방에게 이야기를 시키는 법

02

일방적으로 말하지 말라

대부분의 사람들은 상대방을 설득하려고 일방적으로 자기 말만 한다. 특히 외판원들이 이런 실수를 많이 저지른다. 상대방이 이야기하도록 만들라. 당신보다 상대방이 자기 일에 대해 더 잘 알고 있다. 상대방의 의견과 다를 때는 말을 가로막고 싶겠지만 참아야 한다. 상대방은 하고 싶은 말이 남아 있을 때는 당신의 말에 주의를 집중하지 않을 것이다. 참을성 있게 성의껏 마음을 열고 상대의 말에 귀를 기울여라. 상대방이 충분히 자기 의견을 발표할 수 있도록 격려하는 것이 우선이다.

스스로 구매하도록 유도하라

이 방법을 사업에 응용해도 효과가 있을까? 이 방법을 사용했던 사람의 이야기를 들어 보자. 필라델피아 전기회사의 요셉 웨브 씨의 이야기다. 웨브가 펜실베이니아의 부유한 농촌 지역을 돌아보다 그를 수행하는 그 지역 담당자에게 물었다.

"여기 사람들은 어째서 전기를 사용하지 않는가?"

"이 마을 주민들은 아주 구두쇠들입니다. 아무리 해도 소용없어요. 게다가 전기회사에 대해서 반감을 갖고 있습니다. 여러 번 권해 봤지만 효과가 없었어요."

웨브는 자신이 한 번 시도해 봐야겠다고 생각하고 한 농가를 찾아 문을 두드렸다. 문이 조금 열리고 브로드 할머니가 얼굴을 살짝 내밀었다. 그러나 그녀는 우리가 전기회사 직원이라는 것을 알자 곧바로 문을 닫아 버렸다. 웨브가 한 번 더 문을 두드리자 불편한 심기로 문을 연 할머니는 전기회사에 대해 욕을 했다.

"할머니, 할머니를 괴롭혀서 죄송하게 생각합니다. 그런데 전기를 사용하라는 말을 하려는 게 아니라, 달걀을 좀 사고 싶어서 왔습니다."

웨브의 말에 브로드 할머니는 문을 조금 더 열고는 믿지 못하겠다는 표정으로 쳐다보았다.

"할머니께서 기르는 도미니크종 닭을 보았습니다. 싱싱한 달걀을 사고 싶습니다."

"내 닭이 도미니크종이라는 걸 어떻게 알았소?"

"저도 닭을 기르고 있는데 할머니네 닭만큼 좋은 도미니크종은 처음 봅니다."

"닭을 기르면서 왜 달걀을 사려고 하는 거요?"

"제가 기르는 레크혼종은 흰 달걀만 낳는데, 할머니께서도 아시다시피 과자를 만들 때는 노란 달걀이 더 좋거든요. 더구나 저희 집사람은 과자를 만드는 게 자랑이거든요."

할머니는 어느 새 현관까지 나와 있었다. 브로드 할머니는 그들을 양계장으로 안내했다. 웨브가 주위를 살펴보니 이 농장에 낙농 시설이 되어 있는 것을 확인할 수 있었다. 할머니가 스스로 만든 여러 작은 시설에는 아낌없는 찬사를 보냈다. 그들은 양계에 관한 서로의 경험을 주고받으며 즐거운 시간을 보냈다.

그 뒤 브로드 할머니는 이웃의 양계장에서 전기 시설을 해서 성과가 좋다고 하는데, 정말 도움이 되는지 솔직하게 의견을 말해 달라는 이야기를 꺼냈다. 2주일 후, 브로드 할머니 집에는 전기 시설이 설치되었다. 웨브는 주문을 받았고 할머니는 더 많은 달걀을 얻게 되어 모두 만족스럽게 되었다. 요셉 웨브는 말했다.

"만일 내가 할머니로 하여금 자기 이야기를 하도록 하지 않았더라면, 나는 전기를 팔지 못했을 겁니다. 그런 사람들에게는 팔려고 해서는 안 되고 스스로 사도록 유도해야 합니다."

면접시험

최근 뉴욕《헤럴드 트리뷴》지에 능력과 경험이 많은 사람을 구한다는 광고가 난 것을 보고 찰스 큐베리스가 응모했다. 며칠 뒤 면접 통지서를 받은 그는 면접을 보기 전, 그 회사의 창설자에 대해 가능한 모든 것을 알아보았다. 면접 때 그가 사장에게 물었다.

"이렇게 훌륭한 회사에서 일하는 것이 소원입니다. 사장님께서는 28년 전에 겨우 책상 하나로 이 회사를 시작하셨다고 하는데 사실입니까?"

사업가들은 대개 초기의 고생을 회상하고 싶어 한다. 이 사람도 예외는 아니었다. 사장은 450달러와 독창적인 아이디어로 사업을 시작했던 때의 일을 장황하게 설명했다. 이야기가 끝나자 사장은 큐베리스의 경력을 간단히 물어보고는 부사장 한 명을 불러 말했다.

"우리가 찾는 사람이 바로 이 사람이라고 생각하오."

큐베리스는 상대방의 업적을 알기 위해서 노력했다. 상대방과 그 사업에 관심을 표한 것이다. 그리고 상대방이 그에 관한 말을 하도록 유도하여 좋은 인상을 주었다.

원수를 만들려면 친구를 이겨라

친구 사이라도 대부분은 상대방의 공적에 대한 이야기를 듣고 싶어 하기보다는 자기들의 업적에 대해 이야기하기를 좋아한다. 프랑스의 철학자 라로슈푸코는 말했다.

"원수를 만들려면 친구를 이겨라. 친구를 원한다면 친구들이 당신을 이기도록 하라!"

왜 이것이 진리인가? 만일 친구가 나보다 뛰어날 때는 자기가 중요하다는 자부심을 갖고, 반대로 내가 친구보다 뛰어나면 친구는 열등감과 질투심을 갖게 된다.

인생은 짧다. 하찮은 업적에 대해 이야기할 시간이 없다. 내가 말하기보다 남이 자기의 업적을 말하도록 유도하라.

사람을 설득하는 여섯 번째 법칙은 상대방이 말을 하도록 만드는 것이다.

03

자기 의견이라고 느끼게 하라

사람은 자기 의견을 소중히 여긴다

인간이란 남이 강요하는 의견보다는 스스로 생각해 낸 의견을 더 소중히 여긴다. 그러므로 자기 의견을 남에게 강요하는 것은 잘못된 생각이다. 암시를 주어 상대방이 결론을 내리게 하는 것이 현명하다.

유진 웨슨의 경우를 예로 들어 보자. 웨슨은 이 진리를 배울 때까지 수많은 돈을 손해 보았다. 직물업자에게 디자인을 공급하는 스튜디오에 스케치를 판매하는 직업을 갖고 있던 웨슨은 3년 동안 뉴욕의 디자이너를 방문했다. 그 시간에 대해 웨슨이 말했다.

"그는 나를 만나기를 거절하지는 않았습니다. 그렇다고 나의 상품을 산 적도 없습니다. 그는 나의 스케치를 주의 깊게 살펴보고는 '이

번 것은 마음에 들지 않습니다'라고 말했습니다."

이렇게 150번이나 실패를 거듭한 끝에 웨슨은 사람을 움직이는 법을 새로 배워야겠다고 마음먹고 새로운 아이디어를 적용해 보기로 했다. 그래서 미완성된 스케치를 들고 그 사무실로 찾아갔다.

"미완성된 스케치를 몇 장 갖고 왔습니다. 어떻게 완성해야 당신에게 필요한 것이 되겠습니까?"

디자이너는 스케치를 아무 말 없이 살펴보고는 말했다.

"이것들을 두고 며칠 뒤에 오시겠어요?"

웨슨은 3일 후 그를 다시 찾아가 그의 의견을 들은 다음 스케치를 완성시켰다. 물론 스케치는 모두 팔렸다. 그 뒤로 디자이너는 웨슨에게 수많은 스케치를 주문했다. 물론 그는 디자이너의 아이디어에 따랐다. 웨슨은 그 결과 1천6백 달러의 돈을 벌었다.

루스벨트의 인간 조종술

시어도어 루스벨트가 뉴욕 주지사로 있는 동안 그는 놀라운 업적을 이룩했다. 정계 지도자들과 친하게 지내면서 그들이 몹시 싫어하는 여러 개혁에 성공한 것이다. 루스벨트가 행한 방법은 이런 것들이었다. 요직에 임명할 사람이 필요할 때는 정계 지도자에게 인물을 추천해 달라고 했다. 루스벨트 자신의 말을 들어 보자.

"그들이 처음에 추천하는 사람은 거의 쓸 만한 인물이 못됩니다. 나는 그런 사람은 시민이 인정하지 않을 것이라고 말합니다. 두 번째도 역시 마찬가지 인물을 추천합니다. 그러면 나는 좀 더 시민이 인정할 만한 인물을 구해 달라고 다시 부탁합니다. 세 번째도 마찬가지지만 역시 같은 방법으로 거절하고 한 번 더 수고해 달라고 부탁합니다.

네 번째로 추천하는 인물은 내가 원하던 적합한 인물이 됩니다. 그들에게 극진한 감사의 뜻을 표하고 그 사람을 요직에 임명합니다. 그리고 나는 그들을 기쁘게 해 주기 위해 임명을 했으니 이번에는 그들이 나를 기쁘게 해 줄 차례라고 말합니다."

사실 그들은 루스벨트를 기쁘게 해 주었다. 그들은 공무원 법안, 프랜차이즈 세법안 등 개혁안을 통과시켜 주었다. 루스벨트는 가능한 한 남들과 상의함으로써 그것이 자기의 아이디어라고 자부심을 갖게 하여 협력을 받았던 것이다.

3백 달러요? 물론입니다

롱아일랜드의 한 자동차 업자가 스코틀랜드인 부부에게 중고차를 팔았다. 이 업자는 그 스코틀랜드인에게 여러 차례 차를 보여 주었으나, 매번 트집을 잡았다. 매번 문제가 되는 것은 가격이었다.

판매원은 스코틀랜드인에게 차를 팔려고 애쓸 것이 아니라 스스로 사고 싶어지도록 만드는 일이 중요하다고 생각했다. 며칠 후 한 손님이 자기 차를 새 차와 바꾸고 싶다고 찾아왔다. 판매원은 이 중고차가 스코틀랜드인의 마음에 들 것이라 생각하고, 그에게 전화를 걸어 충고를 받을 일이 있으니 와 달라고 청했다. 스코틀랜드인이 도착하자 판매원이 말했다.

"당신은 훌륭한 소비자이고 차의 가치를 잘 알고 계십니다. 이 차를 한 번 시험해 보시고 어느 정도 값이면 이 차를 사도 되겠는가를 가르쳐 주십시오."

스코틀랜드인은 만족스럽게 웃었다. 마침내 자기의 실력이 인정받은 것이다. 그는 차를 여기저기 몰고 다니다 오더니 말했다.

"이 차는 3백 달러에 사면 적당합니다."

"내가 그 값으로 산다면, 당신이 이 차를 사 주시겠습니까?"

"3백 달러요? 물론입니다."

왜냐하면 3백 달러는 스코틀랜드인의 생각이며 바로 그가 평가한 것이기 때문이다. 거래는 즉시 성립되었다.

사람을 설득하는 일곱 번째 법칙은 자신의 의견이라고 느끼게 만드는 것이다.

04

입장을 바꿔 생각해보라

사람은 자기가 잘못했다고 생각하지 않는다

자기가 전적으로 잘못했더라도 보통 본인은 그렇다고 생각지 않는 경우가 많다. 그런 사람은 비난해 봐야 아무런 소용이 없다. 직언하며 깨닫게 하려는 자는 바보이다. 이해하려고 노력해야 한다. 현명한 사람은 그렇게 한다.

어떤 생각과 행동을 하는 데는 반드시 원인이 있기 때문이다. 숨은 이유를 알아내야 한다. 그러면 상대의 행동과 성격도 파악할 수 있다. 진정으로 상대방의 입장에 서려고 노력하라. 상대방의 입장에 서서 생각한다면, 시간을 낭비하는 일이나 화를 내는 일은 없어지게 된다. 원인에 흥미를 가지면 결과에도 동정을 갖게 된다.

상대방의 반감을 일으키지 말라

나는 몇 년 동안 집 근처 공원에서 산책과 승마를 해 왔었다. 공원 주변에는 불을 피우면 처벌을 받는다는 표지가 붙어 있는데 그것은 사람의 눈에 잘 띄지 않는 장소에 있기 때문에 아이들이 잘 볼 수 없었다.

처음에 나는 아이들의 입장을 이해하지 못했다. 숲 속에서 아이들이 불을 피우면, 나는 그곳으로 달려가 불을 피우면 처벌을 받으니까 불을 끄라고 소리쳤다. 그래도 말을 듣지 않으면 경찰을 불러 체포하겠다고 협박했다. 나는 아이들의 입장은 생각지도 않고 내 감정대로 행동한 것이다.

결과는? 아이들은 내 말에 따르긴 했다. 그러나 내가 언덕을 넘어가 버리면 다시 불을 피우는 일을 반복했다. 아이들은 속으로는 공원을 몽땅 불태워 버리고 싶었을지도 모른다.

지금은 점점 대인 관계를 이해하고 상대방의 입장에서 생각하게 되었다. 나는 당시 이렇게 말했어야 했다.

"얘들아, 재미있지? 무슨 음식을 만들고 있니? 나도 어렸을 때는 야외에서 음식 만들기를 좋아했단다. 하지만 너희들도 알다시피 불을 피우는 것은 위험하다. 너희들이야 괜찮겠지만 조심성 없는 아이들도 있어서 산불이 나는 수가 있지 않니. 너희들이 불을 피운 것을 보고 그런 아이들이 따라서 불을 피우고 놀다가 잘 끄지도 않고 집에 가 버리면 불이 낙엽에 붙어 공원이 몽땅 타 버릴 수도 있단다.

여기서 불을 피우면 처벌을 받는 건 알고들 있지? 그렇다고 이렇게 즐겁게 시간을 보내고 있는데 간섭하고 싶지는 않다. 너희들이 즐겁게 놀기를 나도 바란다. 불 가까이 있는 낙엽은 멀리 치우고 집에 돌아갈 때는 흙을 많이 덮어서 불을 잘 꺼야 한다. 다음에 불장난을 하고 싶거든 그때는 저쪽에 있는 모래밭에서 하는 게 좋겠다. 그곳은 안전하니까. 재미있게 놀다 가거라. 꼭 조심하고."

당신이 이 책을 읽고 상대방의 입장에 서서 생각할 줄 알게 된다면, 이 책은 당신의 생애에 있어서 획기적인 역할을 할 것이다.

사람을 설득하는 여덟 번째 법칙은 다른 사람의 입장에 서서 생각하는 것이다.

CARNEGIE

경쟁의식을 자극하는 법

CHAPTER 6

마흔에 읽는
카네기

동정심은 표현이 중요하다

01

"저도 당신이라면 그렇게 생각할 겁니다"

언쟁과 불쾌한 감정을 없애고 상대방이 선의로써 당신의 말을 따르도록 하기를 원하는가?

"당신이 그렇게 생각하는 것을 탓하지 않겠습니다. 저도 당신의 입장에 처해 있다면 똑같이 생각했을 것입니다."

이런 말을 들으면 아무리 냉랭한 사람이라도 부드러워질 것이다. 성심으로 그런 말을 해야 한다. 상대방의 입장이 되어 봐야 상대방과 같은 생각을 이해하게 되기 때문이다.

예를 들어 우리가 알 카포네와 같은 정신과 육체를 갖고 태어났다고 생각해 보자. 그렇다면 우리 역시도 카포네와 똑같은 사람이 되어 그 사람처럼 행동했을 것이다.

우리가 뱀이 아닌 것은 우리 부모님이 뱀이 아니기 때문이다. 우리가 소와 키스를 하지 않고 뱀을 거룩하게 생각하지 않는 이유가 무엇이겠는가.

마음에 들지 않는 상대방이라도 그에게는 이유가 있다. 그러므로 그를 동정해 주어야 한다. 우리가 만나는 사람의 4분의 3은 동정을 갈구하고 있다. 상대가 바라는 대로 그들에게 동정심을 주는 것이다. 그러면 그들은 우리에게 호감을 가질 것이다.

예술가를 다루는 법

휴럭은 미국 제일의 음악 매니저였다. 20년 동안 샬리아핀, 이사도라 덩컨, 파블로바와 같은 세계적인 예술가들을 다룬 휴럭의 말에 따르면 유명한 연예인을 다룰 때 중요한 것은 동정심이라고 했다.

그는 샬리아핀의 매니저로 3년 동안을 일했다. 샬리아핀은 특히 말썽을 많이 부렸는데, 출연해야 할 날 정오에야 휴럭에게 전화해서는 이처럼 말하곤 했다.

"휴럭 씨, 오늘은 기분이 좋지 않고 목도 아파서 노래를 부를 수가 없어요."

휴럭은 그와 언쟁을 하지 않았다. 해 보았자 소용이 없다는 것을 잘 알고 있었다. 휴럭은 우선 샬리아핀이 묵은 호텔로 달려가서는 인자하고 동정심이 깃든 말을 꺼냈다.

"정말 안됐어요. 노래를 부를 수가 없겠군요. 당장 출연을 취소해야지요. 인기를 잃는 것보다는 수천 달러 손해 보는 게 낫지요."

그러면 샬리아핀은 한숨을 쉬면서 말했다.

"오후 늦게 한 번 더 와주시겠어요? 그때 가서 결정하지요."

오후 늦게 휴럭이 다시 호텔로 가서 동정을 표하며 출연을 취소하자고 주장하면 샬리아핀은 한숨을 쉬며 말했다.

"조금 후에 다시 오세요. 좀 더 나아질 테니까요."

출연 시간에 임박해서야 샬리아핀은 결국 출연을 승낙하였다.

사람을 설득하는 아홉 번째 법칙은 남의 생각과 희망에 대해 동정심을 표하는 것이다.

02

아름다운 심성에 호소하라

어머니께서 싫어하십니다

나는 미주리주에 있는 제시 제임스의 고향에서 자랐다. 그래서 제시 제임스의 아들이 살고 있는 농장을 방문한 적이 있다.

그때 제임스의 아내는 제시가 어떻게 기차와 은행에서 돈을 강탈해서 그 이웃들에게 나누어 주어 빚을 갚게 했는가에 대해 말해 주었다. 제시 제임스는 쌍권총 크롤리나 알 카포네처럼 자기를 이상가로 생각한 것이다. 사람은 누구나 자신을 훌륭한 인물이라고 생각한다.

모건은 인간의 행위에는 두 가지 이유가 있는데 하나는 그럴듯하게 윤색된 것이고 또 하나는 참된 것이라고 말했다.

사람은 누구나 이상가적인 면이 있고 자신의 행위에 그럴듯한 이유를 붙이기 좋아한다. 그러므로 사람을 설득하려면 이 그럴듯하게 윤색하고 싶은 마음에 호소하면 된다.

고 노스클리프 경이 어떤 신문에 자기 사진이 실린 것을 보고 그 신문 편집자에게 편지를 보냈다.

노스클리프는 〈앞으로 그 사진을 신문에 싣지 마시오〉라고 단정적이고 융통성 없이 쓰지는 않았다. 그는 더 고상한 마음에 호소했다. 그것은 어머니에 대한 존경과 사랑이었다.

〈그 사진을 신문에 싣지 마십시오. 저의 어머니께서 몹시 싫어하십니다.〉

존 록펠러 2세도 아이들 사진이 신문에 실리지 않게 하려고 인간의 고상한 마음에 호소했다. 그는 "나는 우리 아이들의 사진이 실리는 것은 찬성할 수 없소"라고 말하는 대신, 아이들이 피해 입는 것을 원치 않는 인간의 숭고한 심성에 호소했다.

"당신들도 자녀가 있을 테니 아실 것입니다. 세상이 너무 떠들어 대는 것은 아이들에게 좋지 않습니다."

외상값을 받아내다

다음 이야기는 제임스 토머스에 관한 것이다. 토머스가 근무하는 자동차 회사의 고객 여섯 명이 수리비를 지불하지 않으려 했다. 그들은 청구액 전체가 잘못된 것이 아니라 그 일부가 부당하다고 주장하고 있었다. 회사에서는 다음과 같은 방법으로 밀린 요금을 받아 내려

했다. 회사는 성공할 수 있을까?

① 고객을 방문해 청구서를 내놓고 요금 지불을 요구한다.
② 청구서는 잘못되지 않았다. 틀린 것은 고객이다.
③ 자동차에 관해서는 고객보다 회사가 잘 알고 있다.

이런 방법으로 고객에게서 밀린 요금을 받을 수 있을까? 결과적으로 고객과 심한 언쟁이 벌어질 것이다.

신용판매 팀에서 법적인 수단으로 수리비를 받아 내려고 할 때, 이 사실을 지배인이 알게 되었다. 지배인이 조사해 보니 문제의 고객들은 계산을 분명하게 해 온 사람들이었다. 어딘가 잘못이 있는 것이 틀림없었다.

지배인은 토머스에게 이 문제를 해결하라고 지시했다. 토머스는 다음과 같은 방법을 썼다.

① 밀린 요금을 받으러 간 것은 사실이나 회사의 서비스 상태를 조사하러 왔다고 말했다.
② 고객의 이야기를 듣기 전에는 아무 말도 할 수 없으며, 회사도 틀림없는 주장만 한다고는 말할 수 없다고 밝혔다.
③ 그는 고객의 차에 대해서는 고객이 잘 알고 있으며 그 차의 전문가라고 말했다.

④ 고객에게 말하도록 하고 그가 원하는 흥미와 동정심을 표시하며 경청하였다.

⑤ 고객의 마음이 가라앉자 상대의 점잖은 심정에 호소했다.

"우리의 미흡함에 먼저 사과를 드립니다. 직원의 태도에 화가 나셨으리라 생각합니다. 다시 한 번 사과드립니다. 말씀을 듣고 고객님의 관대한 인품에 감탄했습니다. 이건 당신만이 할 수 있는 일이고 가장 잘 아시는 것이니 부탁드립니다. 이 청구서를 우리 회사의 사장이 되었다는 기분으로 정정해 주십시오. 모든 일을 정정하신 대로 처분하겠습니다."

이 방법을 통해 여섯 명 가운데 한 명만이 말썽이 된 요금을 지불하지 않았고 나머지 다섯 명은 모두 전액을 지불했다. 게다가 이 여섯 명 모두 2년 사이에 그 자동차 회사에서 새 차를 주문했다.

제임스 토머스는 말했다.

"경험에 의해서 알게 된 것입니다. 상대방의 신용 상태를 모를 때에는 고객을 믿고 상대하면 틀림없습니다. 사람은 기본적으로 정직하고 자기들이 책임을 완수하려고 합니다. 예외는 비교적 적습니다. 상대방을 진심으로 믿고 공평무사한 인물로 대해 주면, 아무리 거짓말쟁이라도 올바르게 행동합니다."

사람을 설득하는 열 번째 법칙은 상대방의 아름다운 심성에 호소하는 것이다.

03

극적인 상황을 연출해보라

오늘날은 연출의 시대이다

뉴욕 대학의 리처드 보든과 알빈 부세는 1만 5천 건의 상담商談을 분석하여 『설득의 방법』이란 책을 써내고, 같은 원리를 판매의 6가지 원칙이란 강의로 만들었다. 그 후에는 이를 영화로 만들어 수많은 대기업 영업부 사원들에게 보여 주었다. 판매를 성공시키기 위한 올바른 방법과 나쁜 방법을 실례를 보여 가르친 것이다.

오늘날은 연출의 시대이다. 단순히 사실만을 제시해서는 부족하다. 사실에 흥미를 덧붙여 제시해야 한다. 극적인 수법을 써야 할 필요가 있다. 영화, 라디오, 텔레비전 등도 마찬가지다. 사람의 주목을 끌려면 극적인 수법을 쓰면 유용하다.

상점의 쇼윈도 장식 전문가들은 연출 효과의 힘을 잘 안다. 일례로 새로운 쥐약을 생산한 회사가 판매업자의 진열장에 살아 있는 쥐 두 마리를 전시하게 하였더니, 쥐를 전시한 한 주 동안의 매상이 보통 때보다 5배나 올랐다는 보고가 있다.

글자는 줄이고 시각은 강렬하게

《아메리칸 위클리》지의 제임스 보인튼은 마사지 크림과 관련하여 엄청난 시장조사 보고서를 제출해야 했다. 보인튼은 첫 번째 보고서를 제출했을 때는 조사 방법에 대해 토론을 하느라고 원하는 결과 도출에 실패했다. 서로 옳다고 논쟁을 벌였고, 결국 논쟁에서는 보인튼이 이겼으나 아무 소득이 없었다.

보인튼은 조사 자료를 극적으로 연출해 보이는 방법으로 두 번째 보고를 했다. 보인튼이 마사지 크림 회사 사장의 사무실에 갔을 때 사장은 전화를 받고 있었다. 사장이 통화하는 동안 보인튼은 가방 속에 있던 32병의 크림을 그의 책상 위에 놓았다.

모두 사장이 알고 있는 경쟁사의 제품들에는 각각 조사의 결과를 간단하게 적어 놓았다. 그 효과는 대단했다. 논쟁은 없었다. 사장은 크림 병을 하나씩 들고는 쪽지의 내용을 읽었다. 대화가 오가고 그 사장이 나에게 몇 마디 질문을 했다. 흥미를 느낀 것 같았다. 약속했던 10분이 지나고 20분, 40분이 지나고 1시간이 지나도 대화는 계속됐다.

이전과 같은 사실을 제시한 것은 같았다. 단지 극적인 연출을 한 것만이 달랐을 뿐이다. 사람을 설득하는 열한 번째 법칙은 극적인 연출이다.

경쟁의식을 자극하라

04

남을 초월하려는 욕망을 심어 주라

찰스 슈바프가 관리하는 공장 가운데 실적이 부진한 공장이 있었다. 슈바프는 공장장을 불러 말했다.

"당신 같은 유능한 사람이 어째서 공장을 제대로 운영하지 못합니까?"

"저도 잘 모르겠습니다. 구슬리기도 하고 억눌러 보기도 하고 해고하겠다고 협박도 해 보았지만 공원들이 따라 주지를 않습니다."

저녁 교대가 시작될 무렵, 슈바프는 분필 하나를 집더니 주간 근무 공원에게 물었다.

"오늘 주물 주조는 몇 번 했나?"

"여섯 번입니다."

슈바프는 아무 말 없이 바닥에 숫자 '6'을 크게 써놓더니 가 버렸다. 야간 근무조가 들어와 바닥에 쓰인 6이라는 숫자를 보고 주간 근무조에게 무슨 뜻인가를 물었다.

"슈바프 씨가 왔었는데 나보고 오늘 주조를 몇 번이나 했느냐고 묻기에 여섯 번이라고 대답했더니 6자를 써 놓고 갔어."

다음 날 아침 슈바프가 다시 공장으로 가 6을 써 놓은 바닥을 보니 야간 근무조가 그 숫자를 지우고 7자를 써 놓은 것이었다. 주간 근무조는 이를 보더니 경쟁의식이 발동하여 일을 열심히 했고, 그들이 퇴근 때 써 놓은 숫자는 10이 되었다. 실적이 부진했던 이 공장이 결국은 다른 공장보다 생산율에서 앞서게 되었다. 슈바프는 말했다.

"일을 하는 데는 경쟁심이 중요하다. 남을 초월하려는 욕망을 심어주라."

남을 초월하려는 욕망, 경쟁의식을 가져라.

웬만큼 용감해서는 할 수 없다

알 스미스가 뉴욕 주지사였을 때 곤란한 일이 생겼다. 유명한 싱싱 형무소의 소장 자리가 비게 되었고 나쁜 소문이 형무소 주위에 돌았다. 이 형무소를 잘 관리할 강력한 사람이 필요했다. 스미스는 생각 끝에 뉴 햄프턴의 루이스 로즈를 불렀다.

"싱싱의 소장이 되어 볼 생각 없나? 경력이 상당하지 않으면 힘들거든."

로즈는 당황했다. 싱싱의 소장은 정계의 압력을 크게 받는 곳이었다. 그만큼 소장이 자주 바뀌는 형무소였다. 로즈는 모험할 가치가 있는가를 생각하며 망설였다. 그것을 본 스미스가 몸을 뒤로 젖히고 웃으면서 말했다.

"어려운 자리니까 자네가 꺼려하는 것도 당연하지. 웬만큼 용감한 사람이 아니면 해낼 수 없는 자리니까."

스미스는 지기 싫어하는 사람의 마음을 자극했다. 로즈는 곧 부임하여 결국 유명한 소장이 되었다. 죄수의 대우를 개선하여 형무소에 기적을 가져왔던 것이다. 그가 쓴 『싱싱 형무소의 2만 년』은 수십만 부가 팔렸다. 라디오 방송으로도 나갔고 영화로도 제작되었다.

성공한 사람은 승부를 좋아한다

"봉급만 준다고 인재가 모여드는 것은 아니다. 승부의 정신을 받아들여야 한다."

파이어스톤 사의 창립자 하비 파이어스톤의 말이다.

성공한 사람은 누구나 승부를 좋아한다. 자기표현의 기회이기 때문이다. 자기의 능력을 최대한으로 발휘해 상대방을 초월하고 이겨 내는 좋은 기회인 것이다. 남을 초월하려는 욕망, 자신이 중요한 존재로 여겨진다는 감정을 느끼고 싶은 욕망이 행동을 자극하게 된다.

그러므로 사람을 설득하는 열두 번째 법칙은 경쟁의식을 자극하는 것이다.

SUMMARY 사람을 설득하는 방법

① 언쟁을 처리하는 최선의 방법은 언쟁을 피하는 것이다.

② 다른 사람의 견해에 존경심을 표하라. 상대방의 잘못을 지적하지 말라.

③ 자기의 잘못을 즉시 인정하라.

④ 친절하고 감사하는 마음의 자세를 가져라.

⑤ "예"라는 대답이 나올 화제를 택하라.

⑥ 상대방이 말을 하도록 만들어라.

⑦ 의견이 자신의 것이라고 느끼게 만들어라.

⑧ 다른 사람의 입장에 서서 생각하라.

⑨ 남의 생각과 희망에 대해 동정심을 표하라.

⑩ 상대방의 아름다운 심성에 호소하라.

⑪ 극적인 연출을 하라.

⑫ 경쟁의식을 자극하라.

CARNEGIE

아낌없이 칭찬하는 법

CHAPTER 7

마흔에 읽는
카네기

Dale Carnegie

산대를 비난하지 말라

01

도둑도 자기 잘못을 인정하지 않는다

1931년 5월 7일 뉴욕시에서는 살인자 쌍권총 크롤리를 수색하느라 소동이 일었다. 그는 웨스트엔드 거리에 사는 애인 집에 숨어 있었다. 150명의 경찰들이 아파트를 포위하고 그를 체포하려고 했다. 경찰들은 천장에 구멍을 뚫어 최루탄을 사용하고 기관총을 주위에 있는 건물에 배치했다. 약 1시간 이상 동안 뉴욕의 거리는 총소리로 요란했다. 크롤리는 의자 뒤에 숨어서 경찰과 싸웠다. 약 1만 명의 시민이 이 격전을 목격하였다. 크롤리가 체포되었을 때 경찰 국장은 쌍권총 크롤리에 대해 뉴욕 역사상 가장 흉악한 범인의 하나였다고 말했다.

그런데 쌍권총 크롤리는 자신을 어떻게 생각했을까? 경찰이 아파트에 사격을 가하는 동안에도 그는 이런 편지를 썼다.

〈나에게는 누구도 해치고 싶은 마음이 없다.〉

크롤리는 사형선고를 받았다. 그가 복역하던 싱싱 형무소의 사형장에서 어떻게 말했을 거라고 생각하는가? "사람을 죽였으니 벌을 받는구나"가 아니다.

"나 자신을 보호하려고 했는데 이런 벌을 받게 되다니."

지금 이야기의 요점은 이것이다. 쌍권총 크롤리는 조금도 자기가 잘못했다고 생각하지 않았다. 쌍권총 크롤리, 알 카포네, 더치 슐츠와 그 외 악명 높은 범죄자들은 자기들의 행동이 잘못이라고 생각지 않는다. 다른 사람들은 어떨까? 나 자신은?

존 와나메이커는 달랐다.

"나는 30년 전, 남을 꾸짖는 것은 어리석은 일임을 깨달았다. 신이 아닌 이상 어느 누구도 완전할 수 없기 때문이다."

비난은 되돌아온다

비난은 무용하다. 비난은 그 사람이 방어하도록 만들고 그 스스로 합리화하도록 해 주기 때문이다. 비난은 위험한 것이다. 비난은 사람의 자존심을 상하게 하고, 감정을 해치고, 분개심을 일으키기 때문이다.

악을 행하는 사람은 자기 자신을 제외한 다른 모든 사람에게 책임을 돌린다. 그것이 일반적인 인간의 본성이다. 우리도 이와 같은 성질을 가지고 있다. 비난이란 언제나 집으로 돌아오는 비둘기와 같다는 사실을 명심하라. 우리가 비난을 하거나 잘못된 점을 수정해 주려고 재단하면 상대방도 우리를 그렇게 대한다는 사실을 명심하라.

링컨의 뼈아픈 경험

링컨이 사람들을 성공적으로 다룰 수 있었던 비결은 무엇일까? 그도 남을 비난했던 사람이었을까?

그렇다. 인디애나주 피전 밸리에 살던 청년 시절에 그는 사람들을 말로만 비난한 것이 아니라 편지와 시를 써서까지 비난하곤 했다. 심지어 링컨은 이러한 편지를 일부러 길에 떨어뜨려 사람들이 그 내용을 보도록 만들었다. 이 편지들 가운데 하나는 어떤 사람이 평생 동안 그에 대해 적개심을 품도록 만들기도 했다.

심지어 링컨은 일리노이주 스프링필드에서 변호사 일을 할 때도 자신의 정적을 신문지상에서 공개적으로 공격했었다. 1842년 가을의 일로, 허세를 잘 부리는 아일랜드 출신 정치가 제임스 실드를 비난했던 것이다. 링컨이 《스프링필드 저널》에 공개한 익명의 편지에서 실드를 조롱하였고, 이를 읽은 마을 사람들은 깔깔거리며 재미있어 했다.

눈치가 빠르고 자존심이 강한 실드는 화가 머리끝까지 치밀었다. 그 편지를 쓴 사람이 링컨이라는 사실도 바로 알아차렸다. 곧장 말을 타고 링컨을 찾아간 실드는 단 둘이서 결투를 하자고 도전했다. 링컨은 단 둘이서 싸우는 것을 반대했지만 결국 회피할 수가 없게 되었다.

실드는 무기는 각자 원하는 대로 선택하자고 했다. 팔이 길었던 링컨은 큰 칼을 선택하고 육사 출신의 한 장교로부터 칼싸움에 대한 훈련까지 받으며 싸움에서 이기기 위한 준비에 긴장하였다. 약속된 날에 미시시피강 모래벌판에서 만난 둘은 죽음을 각오한 결판을 내기 위해 싸울 차비를 했다. 다행히도 최종적인 순간에 그들 곁에서 지켜보고 있던 입회자들이 말린 덕분에 결투는 중단될 수 있었다.

링컨은 그 사건을 평생을 두고 잊지 못하였다. 그로 인해 사람을 다루는 문제에 대해서 많은 걸 깨달았던 것이다. 이후부터는 남을 비난하는 내용의 편지는 일절 보내지 않았고 절대로 남을 비난하지도 않았다. 그 사건을 계기로 링컨은 결코 어떠한 일도 남에게 잘못을 돌리지 않았다.

비난받지 않으려거든

링컨은 자기 아내나 다른 사람들이 남부 사람들을 비난할 때면 이런 말을 했다.

"그들을 비난하지 말라. 남부인들도 우리와 별로 차이가 없는 사람들이다."

그 역시도 비난을 하고 싶을 때가 많았지만 비난이 무익하다는 사실을 사무치는 체험으로써 깨달았기 때문에 삼갔던 것이다. 링컨의 성숙된 인품이 드러나는 일례가 있다.

1863년 7월의 첫 3일에 걸쳐 게티즈버그에서 격전이 일어났다. 7월 4일 밤, 남부의 리 장군이 이끄는 군대는 폭풍우가 휘몰아치는 속에서 남쪽으로 후퇴하기 시작했다. 리가 패배한 군대를 이끌고 포토맥에 도착했을 때 그의 앞에는 범람한 강이 흐르고 있는 것을 발견했고 그의 뒤에는 승전을 거듭하는 연합군의 기세가 등등하였다. 리는 함정에 걸려든 신세였다. 그는 도망칠 길이 없었다.

이러한 상황을 알게 된 링컨은 리가 이끄는 남부의 군대를 포로로 잡아 전쟁을 끝낼 수 있으리라는 희망을 품었다. 링컨은 메데 장군에게 특사를 보내 전투 회의를 소집하지 말고 리를 계속 공격하라는 전투명령을 내렸다.

그런데 메데 장군은 즉시 전투태세를 갖추라는 링컨의 명령을 무시한 채 정반대의 행동을 했다. 전투 회의를 소집하고 계속해 주저하며 꾸물거린 것이다. 메데 장군은 여러 이유를 들어 전보로 알리면서 리를 공격하라는 명령을 거역했다. 그러는 동안 결국 강물이 줄어 리는 포토맥 강을 건너서 도망하고 말았다.

링컨은 격분했다. 링컨은 그의 아들 로버트에게 소리쳤다.

"도대체 이게 웬일인가? 맙소사! 도대체 이게 웬일이란 말인가? 우리가 그들에게 손을 조금만 썼어도 우리 손아귀에 들어왔을 텐데. 명령을 따르지 않다니. 이번에는 어떤 장군이라도 리를 물리칠 수 있었다. 만일 내가 그곳에 갔더라도 그를 물리쳤을 것이다."

큰 실망에 빠진 링컨은 메데를 비난하고 꾸짖는 편지를 썼다. 하지만 링컨은 과거의 쓰라린 교훈을 잊지 않고 있었다. 메데는 그 편지를 보지 못했다. 링컨이 편지를 보내지 않았기 때문이다. 그 격분한 편지는 링컨이 사망한 뒤에 그의 문서함 속에서 발견되었다.

메데가 그 편지를 받아 읽었더라면 어떻게 되었을까? 명백히 상대가 잘못한 경우에도 링컨이 심사숙고 했다는 사실을 기억하라. 앞에서 언급한 바와 같이 링컨은 비평이나 비난이 무익하다는 사실을 과거의 경험으로 깨달았기 때문에 그 편지를 보내지 않았던 것이다.

자기 집 마당부터 쓸어라

당신은 어떠한 사람을 보면서 그가 변모되고 조직적이 되고 개선되기를 바란 적이 있는가? 좋다. 정말 훌륭한 생각이다. 나도 대환영이다. 그러나 왜 당신 자신부터 개선하지는 않는가? 솔직히 말해서 다른 사람을 개선시키려고 노력하는 것보다 자신을 개선시키는 편이 훨씬 더 유익하며 위험 부담도 적다.

우리는 남을 변화시키려고 애를 쓰기 전에 먼저 자기 자신을 완성시켜야 한다. 공자는 말했다.

"당신의 집 문 앞이 깨끗하지 못하면서 이웃집 지붕 위에 눈이 있다고 탓하지 말라."

작은 비난이라도 상대방은 죽는 순간까지 그 말을 잊지 못한다는 사실을 명심하라. 아무리 정당한 비난이라도 부정적인 영향력을 줄 것이다. 사람을 다스릴 경우 논리의 피조물로 상대하는 것이 아님을 알아야 한다. 우리는 감정의 피조물이라서, 자만심과 허영심의 자극을 받아 행동한다는 것을 명심해야 한다. 비난하고 증오하고 불평하는 사람은 바보이다.

그러나 이해하고 관용을 베푸는 일은 실제로는 쉽지 않다. 이해와 관용을 아는 사람이 되려면 뛰어난 인격과 자제력을 갖추어야 한다. 칼라일의 말을 곱씹어 보라.

"소인을 다루는 솜씨를 보면 위대한 사람의 인품을 생각할 수 있다."

사람들을 저주하지 말고 그들을 이해하려고 노력하라. 왜 그들이 그런 행동을 저지르게 되었는지 알아보도록 하자. 무조건 비난만 할 것이 아니라 동기를 이해하게 되면 동정심, 관용, 친절을 베풀 수 있게 된다. 다음의 말들도 모두 자기 성찰에 해당된다.

"모든 것을 아는 것은 모든 것을 용서하는 것이다."

"하느님 자신도 세상의 종말 이전에는 사람을 판단하지 않습니다."

그런데 어떻게 허물 많은 여러분과 나에게 남을 섣불리 재단할 자격이 있겠는가?

02

상대를 아낌없는 칭찬하라

욕망을 채워 주라

인간은 누구나가 VIP, 즉 Very Important Person(귀빈)이 되기를 소망한다. 사람이 무슨 일을 하도록 이끄는 방법은 딱 한 가지가 있다. 그것에 대해서 생각해 본 적이 있는가? 그렇다. 딱 한 가지 방법밖에 없다.

다른 사람이 어떠한 것을 '원하도록' 이끄는 것이다. 그 외에 다른 방법은 생각할 수 없다.

물론 어떤 사람의 가슴에 권총을 내밀어 그의 시계를 당신에게 주도록 할 수도 있고, 종업원을 해고시키겠다고 위협하여 상대가 당신에게 협력하도록 할 수도 있다. 또 아이에게 매질이나 협박을 가하여 당신의 뜻대로 강요할 수도 있다. 하지만 이런 잔인한 방법은 바람직하지 않다. 진정으로 원하여 행동하는 것이 아니기 때문이다. 강요로 행동하는 사람의 속마음에는 상처와 원한, 분노 따위로 채워지게 마련이다.

상대가 어떤 일을 나의 뜻대로 하도록 만드는 유일한 길은 내가 상대의 뜻대로 해 주는 것이다.

20세기의 저명한 심리학자 가운데 한 사람인 지그문트 프로이트 박사는 인간의 행동에는 두 가지 동기가 있는데 하나는 섹스의 욕망이고 또 하나는 위대한 사람이 되고자 하는 욕망이라고 말했다. 미국의 유명한 철학자 존 듀이 교수는 인간의 소원은 중요한 사람이 되고자 하는 욕망이라고 했다. 인간은 누구든지 중요한 사람이 되려는 욕망을 가지고 싶어 한다는 사실을 기억하라.

당신의 소원은 무엇인가

인간에게는 누구나 많든 적든 바라는 소원이 있게 마련이다. 대체로 정상인의 소원은 다음과 같다.

① 건강한 생명의 보존

② 식량

③ 수면

④ 돈과 물질적 요소

⑤ 죽은 뒤에 영원한 복락을 누리는 것

⑥ 육체적인 만족

⑦ 자녀의 행복

⑧ 사회적으로 중요한 인물이 되는 것

다시 말해서 인간은 누구든지 하나의 공통적인 소원이 있는데 그것을 프로이트는 위대한 사람이 되고자 하는 욕망이라고 말했고, 듀이는 사회적으로 중요한 인물이 되고자 하는 욕망이라고 말했다.

링컨은 어떤 편지의 서문에서 〈인간은 누구든지 칭찬받기를 좋아한다〉고 말했고 윌리엄 제임스는 "인간은 누구나 인정을 갈구한다. 단순한 소원이 아니라 남에게 인정받도록 갈구한다"고 말했다.

VIP가 되는 길도 두 가지이다

당신이 사회적으로 중요한 인물이 되기 위해 어떠한 처신을 하고 있는지를 생각해 보라. 그 생각에 따라 당신의 인간됨이 어떠한가를 알 수 있다. 그 생각이 당신의 인품을 좌우하는 요소이다. 그 생각은 당신에게 매우 중요한 것일 테니 말이다.

실례로 존 D. 록펠러의 사회적으로 중요한 인물이 되고자 하는 욕망은 중국의 북경에 최신식 병원을 설립할 수 있는 자금을 기부하여, 한 번도 본 적이 없는 가난한 시민들을 돌보게 만들었다.

다른 한편으로 존 딜린저는 은행 강도와 살인자가 되어 사회적으로 중요한 인물이 되고자 했다. 경찰이 딜린저를 쫓아 추격했을 때 그는 미네소타의 어느 농가로 침범하여 소리쳤다.

"나는 딜린저라는 사람이다!"

그는 대중의 제일가는 적이라는 사실을 자랑스럽게 생각했던 것이다. 그는 또다시 이렇게 외쳤다.

"나는 당신들을 해칠 마음은 없다. 그러나 나는 딜린저다."

딜린저와 록펠러의 큰 차이점은 사회적으로 중요한 인물에 대한 시각차이다. 전문가에 의하면 사회적으로 중요한 인물이 되려다, 정신이상의 공상계에서 떠돌아 미친 사람이 되는 수가 있다고 한다.

미국에서는 다른 어떠한 환자보다도 현실을 도피하는 정신병 환자가 더 많다. 만약 당신의 나이가 15세 이상으로 뉴욕에 거주하고 있다면 20명 중 한 명은 일생 중 7년 동안을 정신병원에서 격리된 신세로 지낼 수 있다는 뜻이다.

VIP에의 좌절 : 정신이상

근래에 나는 유명한 정신병원 의사에게 정신이상에 관해서 물어본 적이 있다. 이 의사는 솔직히 말해 사람이 왜 미치게 되는지 자신은 모른다고 답했다.

확실히 아는 사람은 한 명도 없을 테지만, 미친 사람의 사회적으로 중요한 인물이 되고자 하는 현실에서 실현시킬 수 없는(실현시키지 못한) 욕망을 그들의 정신 이상 속에서 발견하게 된다고 그 의사는 확실하게 말했다. 이어 그 전문의는 자신이 치료하는 환자에 관한 이야기를 해 주었다.

의사는 결혼에 실패한 한 부인을 치료하고 있는 중이었다. 그녀는 사랑, 성욕, 자녀, 만족, 사회적인 자유를 바랐다. 그러나 그녀는 자기의 희망을 실현시키지 못했다. 남편은 그녀를 사랑하지 않았고 부인과 함께 식사하는 것을 꺼렸음은 물론 2층에 있는 아내의 방에 가서 식사하라고 강요했다. 그녀에게는 그토록 원하던 자식도 없었다.

그녀는 결국에는 미치광이가 되었다. 그녀는 공상 속에서 남편과 이혼하고 결혼 전 이름을 되찾았다. 지금 그녀는 자신이 영국 귀족과 결혼했다고 믿으면서 남들이 스미스 부인이라고 불러 주기를 바라고 있었다. 그러다 자녀 문제에 관해서 말을 꺼내면 그녀는 매일 밤 자신이 아이를 가지고 있다고 착각하곤 했다. 의사가 찾을 때마다 그녀는 말했다.

"선생님, 지난밤에 아기와 함께 지냈어요."

그녀는 현실 속에서 사회적으로 중요한 인물이 되고 싶었던 소원을 실현시키지 못해 미치광이가 된 것이다. 불행? 자신의 정신을 놓아 버릴 만큼의 극도의 고통을 나는 모른다. 그녀의 주치의는 나에게 이런 말을 해 주었다.

"만일 내가 성의껏 치료를 한다면 그녀가 정상적으로 돌아올 수 있을 것입니다. 그러나 나는 그럴 수가 없었습니다. 그녀는 현 상태 속에서 행복감을 맛보고 있기 때문입니다."

비난보다 중요한 것

인간이 사회적으로 VIP가 되려고 노력하다가 정신이상이 되기도 한다면 진정한 칭찬의 가치가 어떠한지 짐작할 만하다.

찰스 슈바프는 1년에 봉급을 1백만 달러씩 받았다. 왜 강철왕 앤드루 카네기가 찰스 슈바프에게 해마다 1백만 달러의 봉급을 주었겠는가? 슈바프가 천재였기 때문에? 아니다. 다른 사람보다 강철 제조에 관해서 더 많은 지식이 있어서? 아니다.

찰스 슈바프는 말하기를 자기보다 강철 제조에 관한 지식이 더 많은 사람들이 자기를 위해 일해 주었기 때문이라고 했다.

"사람들의 열성을 북돋는 수단은 나의 소중한 재산이다. 사람들에게 최선을 다하도록 북돋는 방법은 아낌없는 칭찬과 격려이다. 윗사람의 비난은 상대방을 깎아내리는 것이다. 나는 아무에게도 비난을 가하지 않는다. 나는 일에 대한 정당한 대가를 지불해야 한다고 생각한다. 나는 칭찬해 주기를 무척 좋아한다. 그러나 약점을 이용해서 비난하기는 싫어한다. 나는 성의를 다해서 추켜세우고 칭찬하며 무슨 일이든지 전심전력을 기울인다."

그러나 보통 사람들은 평소에 어떻게 하는가? 정반대일 것이다.

"비난보다 더 중요한 것은 칭찬이다."

슈바프의 말을 항상 각인하고 있어야 한다. 그렇게 그는 앤드루 카네기를 대성시킬 수 있었다.

허풍 떨지 말고 진심으로

지금까지 책을 읽어 온 독자 여러분 중 이런 생각을 하는 경우도 있을 것이다.

"어리석은 소리만 늘어놓고 있군. 거짓말! 나도 그렇게 해 봤지만 실패했어. 이 따위 단순한 충고를 하려 들다니!"

물론 실패할 수도 있다. 허세를 부린다면. 허세는 가짜와 같아서 허세를 좋아하는 사람은 결국에는 고민에 빠지게 된다.

칭찬과 허세의 차이점이 무엇인지 아는가? 간단하다. 하나는 성실한 말이고 하나는 성실치 못한 말이다. 하나는 진심으로 우러나오는 것이고 하나는 입으로만 까부는 것이다. 하나는 이기심을 초월한 것이고, 다른 하나는 이기적인 것이다. 하나는 누구나 원하는 것이고 다른 하나는 누구나 증오하는 것이다.

랄프 왈도 에머슨은 말했다.

"마음속에 간직한 말을 하라. 그렇게 되면 당신답지 못한 허튼 소리는 하지 않을 것이다."

우리가 구체적으로 문제 해결에 도달하지 못하는 경우를 보면, 우리의 시간 중 95%를 우리 자신에 대해서 몰두하고 있는 때이다. 이제 잠깐 우리 자신에 대해서 생각하는 것을 중지하고 상대방의 좋은 점에 대해서 생각해 보도록 하자. 그러면 에머슨의 말처럼 우리는 허세를 부릴 필요가 없어질 것이다.

"내가 만나는 모든 사람은 어떠한 점에서는 나보다 훨씬 월등하다.

그때마다 나는 상대방으로부터 깨우치는 것이다."

우리도 그렇게 깨우쳐야 당연하지 않겠는가? 우리의 소원 성취는 남용하지 말고 남의 장점을 생각하자. 그리고 허세 부리지 말고 진심으로 성실한 칭찬을 해 주자. 진심으로 아낌없이 칭찬해 주면 상대는 남은 평생 동안 당신의 말을 떠올리며 힘을 얻게 된다. 당신은 그 일을 잊는다고 해도 상대방은 당신과 당신이 한 칭찬의 말을 결코 잊지 못한다.

03

상대가 원하는 것을 알아보라

물고기가 좋아하는 미끼는 무엇인가

나는 여름철에는 메인주로 가서 낚시를 즐긴다. 나는 딸기와 크림을 좋아하지만 물고기는 지렁이를 좋아한다. 그러므로 나는 낚시질을 갈 때마다 내가 좋아하는 딸기와 크림보다는 물고기가 좋아하는 지렁이에 대해서만 생각한다. 나는 딸기와 크림을 먹이로 이용하지 않고 지렁이나 메뚜기로 대신해 낚싯바늘에 끼운다. 그 바늘을 고기 앞에 달아 놓고는 이렇게 말한다.

"자, 어떠니?"

너무도 당연한 일이지 않은가? 사람을 낚을 때 이와 같은 방법을 이용하면 어떨까? 영국의 정치가 로이드조지도 이 방법을 이용했다. 월슨, 올랜도, 클레망소와 같은 전쟁 지도자는 별로 인기를 얻지 못하고 사라졌지만 로이드조지는 자신 있는 처신으로 성공할 수 있었다. 훗날 누군가가 그에게 성공 비결을 묻자 조지가 대답했다.

"그때 정상을 지켜 낸 비결은 고기가 좋아하는 미끼를 주는 방법을 배웠기 때문입니다."

왜 우리 자신이 좋아하는 것에 관해서만 문제를 삼는가? 그것은 어리석은 짓이며 무의미한 일이다. 물론 당신은 당신이 좋아하는 것에 대해서 흥미를 놓지 않고 영원히 당신의 소망에 관해서 흥미를 가질 것이다. 우리는 누구나 우리 자신이 원하는 것에 대해서 흥미를 가진다. 그러므로 이 세상에서 상대방에게 영향력을 끼치는 유일한 방법은 상대방의 문제에 관해서 이야기하는 것이고 동시에 그것을 어떻게 실현시킬 수 있는가를 보여 주는 것이다.

내일부터 당신이 상대방에게 어떠한 일을 부탁할 때는 상대방의 문제부터 관심을 기울여라. 만약 당신의 아들이 담배를 피우지 않기를 바란다면 그에게 설교를 하지 말고 당신이 바라는 것이 무엇인지도 말하지 말라. 대신 아들의 관심사를 이용해 담배를 피우면 어떠한 모임에 참가하지 못하게 될 거라거나 또는 달리기에서 우승할 수 없다는 점을 일깨워 주라.

인간의 행동은 욕망에서 나온다

해리 A. 오버스트리트 교수는 자신의 저서 『인간의 행위를 지배하는 힘』에서 이렇게 기술하였다.

〈행동은 욕망의 소산이다. 그리고 가정, 학교, 사업, 정계에 몸담고 있는 사람들에게 또는 모든 사람들에게 주어야 할 충고는 이것이다. 상대방에게 필요를 깨우쳐 주거나 창조해 주고 그것을 충족시킬 줄 아는 사람은 이 세상 어디를 가든 여유 있는 생활을 할 수 있고, 필요를 충족시키지 못하는 사람은 불행하게 살게 된다.〉

앤드루 카네기는 가난에 쪼들리던 스코틀랜드 태생으로 시간당 2센트의 수당밖에 받지 못했다. 하지만 인생 후반기에는 각 방면에 3억 6천5백만 달러를 기부하기에 이르렀다. 그는 인생 초기에 남에게 영향력을 주는 유일한 방법은 상대방이 원하는 것에 관해서 이야기하는 것임을 깨달았다. 그는 겨우 4년밖에 학교를 다닐 수 없었지만 사람을 다루는 방법은 일찍 터득했던 것이다.

이러한 일화가 있다. 카네기의 형수는 예일 대학에 다니는 두 아들 때문에 번민에 싸여 있었다. 두 아들은 공부하는 시간에 쫓겨선지 어머니가 집에서 보내는 편지에 대해서 전혀 답장이 없었다.

그때 카네기는 답장을 보내라고 요구하지 않아도 답장을 받을 수 있다면서 1백 달러를 걸고 내기를 하자고 제안했다. 카네기는 조카들에게 재미있는 편지를 띄우고, 추신으로 편지를 쓸 때마다 5달러씩 보내겠다고 약속했다. 그러나 그는 돈을 보내는 일을 소홀히 했다. 얼마 뒤 드디어 조카들로부터 답장이 왔다. '존경하는 앤드루 카네기 삼촌 귀하'로 시작하는 매우 친절한 편지였다. 그 다음 내용은 당신의 상상에 맡기겠다.

내일 당신이 누군가에게 무엇을 권하도록 부탁할 일이 있다면 말하기 전에 잠깐 시간을 내어 이렇게 자문해 보라.

'어떻게 하면 그가 바라는 대로 할 수 있을까?'

이런 질문을 해 보면 우리가 쓸데없이 자신의 욕구만을 충족시키는 일은 없을 것이다. 대인 관계를 원활히 할 수 있는 좋은 예가 또 하나 있다. 헨리 포드가 한 말이다.

"성공의 비결이 하나 있다면 그것은 상대방의 입장에 서서 이해할 줄 알며 당신 자신의 입장처럼 상대방을 이해하려 들면 된다. 그러면 모든 일에 있어서 대인 관계는 원활하게 될 것이다."

당신이 이해한 바와 같이 사람을 다루는 기술은 이처럼 하찮은 것이지만 이 지구상에 사는 90%의 사람들이 이 도리를 모르고 또 실행하지 않고 있다.

물건을 팔려면 손님의 입장이 되라

요즈음 수많은 판매원들은 피곤과 실망에 지쳐 저소득 상태에서 방황하고 있다. 평소에 자신들이 원하는 것만을 생각하고 필요한 것만을 생각하기 때문이다. 그들은 우리가 정말 진정으로 원한다면 무엇이든지 산다는 사실을 모르는 것이다.

우리는 누구나 원하는 것이 있으며 오로지 우리의 문제에만 흥미가 있다. 만일 판매원이 자기가 취급하는 서비스와 상품이 우리의 문제를 해결하는데 도움이 된다는 사실을 보여 준다면 그들은 고객들에게 강매할 필요가 없어질 것이다. 우리 스스로가 판매원의 서비스와 상품을 사고 싶어졌기 때문이다. 고객은 남에 의해서 사는 것이 아니라 스스로 원하고 선택하여 사는 것을 좋아한다. 그리고 그렇게 느끼기를 좋아한다. 그런데도 수많은 판매원들은 고객의 입장에 서서 사물을 보지 못하고 세월을 낭비하고 만다.

몇 년 전에 나는 뉴욕의 폴리스트 힐스에 살았다. 어느 날 나는 역으로 가다가 우연히 롱아일랜드에서 여러 해 동안 부동산을 사고팔던 투기업자를 만났다. 그는 폴리스트 힐스에 대해서 잘 아는 사람이어서 그에게 나의 집 구조에 관해서 이야기해 보았다. 그때 그는 잘 모른다고 하면서 내가 벌써 아는 사실에 대해서만 말했다. 그런 것은 폴리스트 힐스 가든 협회에 문의하면 정확히 알 수 있었다. 그 다음 날 아침에 나는 그에게서 연락을 받았다.

그가 내가 원하던 정보를 알려 주었던가? 그는 전화 통화를 1분간만 했어도 정보를 알 수 있었을 텐데도 하지 않고, 내가 직접 연락하면 된다는 말만 했다. 그러더니 그는 나에게 보험에 가입할 것을 권했다. 그는 나를 돕는 데 별로 흥미가 없었다. 그는 오로지 자기 자신의 문제에만 관심이 있었다.

전문가들 역시 이와 똑같은 실수를 범할 수도 있다. 몇 년 전에 필라델피아에서 유명한 이비인후과 전문의를 찾아간 적이 있다. 그는 나의 편도선을 진찰하기도 전에 내가 하는 사업이 무엇이냐고 물었다.

그는 내 편도선을 진찰하는 데는 흥미가 없고 오로지 나의 재산에만 흥미를 보였다. 그는 전문의로서 환자에게 본연의 도움을 주려는 마음은 없고 나에게서 치료비를 얼마나 많이 받아 낼 수 있는가에 관심이 있었다. 하지만 결국은 나에게서 한 푼도 받아 내지 못했다. 왜냐하면 그 전문의의 태도에서 비인간적인 면을 보고 그냥 병원 문을 나서 버렸기 때문이다. 난 환자의 병을 치료하는 데 진정한 관심을 두는 병원을 찾아갔다.

이 세상에는 자신의 이익만을 추구하는 사람이 많다. 그러므로 자신의 이익을 버리고 모든 사람을 위하여 서비스하는 사람은 큰 이익을 얻을 수 있으며 그런 사람에게는 경쟁이 있을 수 없다. 사람의 진심은 이내 드러나기 마련이다. 오언 D. 영은 말했다.

"남의 입장을 이해할 줄 아는 사람은, 그리고 상대방이 무엇을 원하는가를 아는 사람은 자기의 미래를 걱정할 필요가 없다."

만일 당신이 이 책 속에서 다른 사람의 입장을 이해할 줄 알고 다른 사람의 입장에서 매사를 볼 줄 알아야 한다는 점을 깨달았다면 당신의 인생은 성공적인 것이다.

아이가 밥을 잘 먹게 하려면

오버스트리트 교수의 충고를 다시 한 번 살펴보도록 하자.

"무엇보다도 상대방에게 필요를 알려 주거나 창조시켜 주고 그것을 만족시킬 줄 아는 사람은 이 세상 어디를 가든지 여유 있는 생활을 할 수 있을 것이다. 그러나 필요를 충족시키지 못하는 사람은 불행하게 살게 된다."

내가 실시하던 훈련소에서 교육을 받던 어떤 사람은 자기의 어린 아들에 대해서 걱정을 했다. 그 아이는 잘 먹지를 않아 체중 미달 상태였다. 그 부모는 주변에서 흔히 볼 수 있는 방법을 이용했다. 꾸짖고 잔소리하는 것 말이다.

"엄마는 네가 이것저것을 먹기를 바라고 아버지는 네가 건강한 사람으로 크기를 바란다."

그 아이는 이러한 부모님의 말에 관심을 기울였을까? 상식이 있는 사람이라면 아무리 어린아이라 하더라도 아버지의 의견 그대로 따르리라고 생각하지는 않을 것이다. 그것은 어리석은 발상이다. 결국 아이의 아버지는 자기의 방법이 그르다는 것을 깨닫고 자기 자신에게 묻기 시작했다.

'이 아이가 바라는 것이 무엇인가? 아이의 바람과 나의 바람을 동시에 성취시키려면 어떻게 하면 될까?'

그가 그것에 대해서 생각하기 시작하자 해결책은 간단히 찾아낼 수 있었다. 그들은 아들에게 세발자전거를 사 주었는데 아들은 브루클린의 집 앞에 있는 길가에서 타고 싶어 했다. 길가를 따라 조금 내려가면 큰 소년이 있었는데, 그 소년은 어린아이가 세발자전거를 타고 오면 밀쳐 버리고 자기가 그것을 탔던 것이다. 그러면 어린아이는 울면서 어머니를 찾아 집으로 왔고, 밖으로 쫓아간 엄마는 큰 소년에게서 세발자전거를 빼앗아 자신의 아이에게 돌려주었다. 이런 일이 거의 매일 반복되었다.

어린 소년은 무엇을 바라고 있었을까? 그는 자존심을 다쳤고 큰 소년에게 앙갚음을 하고 싶었던 것이다. 이것을 알아차린 아이의 아버지가 말했다.

"엄마가 먹으라는 음식을 다 먹기만 하면 큰 소년을 이길 수 있어! 네가 그 아이보다 더 튼튼해질 테니까."

그러자 소년은 아무런 반감 없이 음식을 잘 먹게 되었다. 부모가 강요하거나 잔소리하지 않고도 말이다.

또 다른 아버지는 전화 기술자였는데 그도 4살 난 자기의 딸에게 아침을 먹도록 할 수가 없었다. 꾸짖고 타이르고 호소를 해도 소용이 없었다. 그래서 부부는 어떻게 하면 딸에게 아침을 먹일 수 있을까에 대해 고민했다.

작은 소녀는 자기 어머니를 모방하기를 좋아했다. 자기도 엄마처럼 어른이라고 느꼈던 것이다. 그러던 어느 날 그들은 아이를 의자에 앉히고 아이가 아침을 만들도록 했다. 아이가 아침을 만들고 있는 동안 아버지가 부엌에 있자 딸이 말했다.

"아빠, 오늘 아침 요리는 제가 만들고 있어요."

그날 아침은 딸아이에게 권하지 않았음에도 아이는 많이 먹었다. 자기가 만든 음식에 흥미가 있었기 때문이다. 아이는 자기도 사회적으로 중요한 인물이라는 확신을 갖게 됐다. 그 꼬마 숙녀는 아침 요리를 만드는 과정에서 자기표현을 과시했던 것이다.

윌리엄 발터는 이렇게 말한 적이 있다.

"자신의 솔직한 표현은 인간의 필수 조건이다. 이러한 원리를 왜 사업에 응용하지 않는가? 상대방의 소원이 무엇인지를 알아서 그것을 달성시키도록 도와주면 당신의 소원도 달성시킬 수 있을 것이다."

이 말을 항상 명심하여 살아가기 바란다. 무엇보다도 필요를 깨우쳐 주거나 창조시켜 주고 충족시킬 줄 아는 사람은 이 세상 어디를 가든지 여유 있는 생활을 할 수 있다. 필요를 충족시키지 못하는 사람은 불행하게 살게 된다.

CARNEGIE

호감을 사는 법

CHAPTER 8

마음에 읽는
카네기

Dale Carnegie

진심어린 행동이 우선이다

01

먼저 관심을 가져라

당신은 개가 살아가는 데 있어서 일하지 않아도 되는 유일한 동물이라고 생각해 본 적이 있는가? 암탉은 알을 낳고 젖소는 우유를 생산해야 하며 카나리아는 노래를 불러야 하지만, 개는 오로지 당신에게 사랑을 줌으로 해서 자기의 삶을 누리고 있다.

내가 다섯 살 되던 해 나의 아버지는 50센트를 들여 작은 강아지 한 마리를 사오셨다. 그는 귀여웠고 어린 나에게 즐거움을 안겨 주었다. 날마다 오후 4시 반경이 되면 그는 마당 앞에 쭈그리고 있다가 내 목소리가 들릴 때면 기쁨과 환희로 짖어 댔다. 개의 이름은 티피로 5년 동안 나와 친한 친구로 지내왔다. 그러던 어느 날 밤 나와 매일을 함께하던 티피가 바로 내 눈앞에서 벼락을 맞아 죽었다. 티피의 죽음으로 인한 어린 시절의 비극은 평생 잊을 수가 없었다.

티피는 심리학에 관한 책을 읽을 필요도 없고 그렇게 할 필요성도 없었다. 티피는 본능적으로 인간이 자기에게 관심을 갖도록 2년 동안 노력하는 것보다, 자기 스스로가 2개월 동안 인간에게 진심으로 관심을 갖는다면 더 많은 애정을 얻을 수 있다는 사실을 알고 있었다.

다른 사람이 자기에게 관심을 갖도록 하기 위해서 2년 동안 노력하는 것보다 자기 스스로가 2개월 동안 상대방에게 진심으로 관심을 갖고 표현한다면 더 많은 애정을 얻을 수 있는 것이다.

그러나 우리가 잘 아는 바와 같이 수많은 사람들은 다른 사람들이 그들에게 먼저 관심을 가져 주기를 바란다. 당신이 다른 사람에게 먼저 관심을 기울이지 않으면서 왜 다른 사람이 먼저 당신에게 관심을 가져 줄 것을 바라는가?

만일 우리가 사람들에게 단순한 감명을 주고 다른 사람으로 하여금 흥미를 느끼도록 노력한다면 우리는 성실한 친구들을 얻을 수 없다. 진정한 친구들은 그런 식으로는 얻을 수가 없는 것이다. 나폴레옹은 그렇게 노력했다. 그는 조세핀과 마지막 만난 자리에서 말했다.

"조세핀, 나는 세상에서 남부럽지 않는 행운아라고 생각하오. 하지만 지금 이 순간만큼은 내가 세상에서 믿을 수 있는 유일한 사람은 당신뿐이오."

역사가들은 그가 그녀를 진심으로 믿었는지에 대해서 궁금하게 생각한다.

나는 나를 만나러 온 관중을 사랑한다

나는 최고의 마술사 하워드 더스틴에게 그의 성공 비결을 물은 적이 있다. 더스틴은 어린 소년 시절에 집을 나와 떠돌이 생활을 했기 때문에 학벌은 그의 성공에 별 도움이 되지 못했다. 그는 구걸을 했으며 유개 화물차를 타고 다니면서 철로 변에 있는 안내판을 보고 겨우 글자를 깨우쳤다.

그가 어떤 마력적인 탁월한 지식을 지닌 사람이었던가? 아니다. 마술에 관한 서적들은 많기 때문에 많은 사람들이 그와 같이 마술에 대해서 잘 알고 있다고 생각했다. 그러나 그가 다른 사람들과 달랐던 점이 두 가지 있었다.

첫째, 그는 뛰어난 쇼맨이었다. 그는 인간의 본능을 잘 알았던 것이다. 둘째, 더스틴은 진심으로 사람들에게 흥미를 느꼈다. 그는 수많은 마술사들이 관중들을 보며 이런 생각을 한다고 말했다.

'자, 여기에 많은 바보들이 모였다. 나는 그들을 마음대로 속일 수 있지.'

하지만 더스틴의 태도는 판이하게 달랐다. 그는 무대에 나설 때마다 다음의 생각을 했다.

'나는 이 사람들이 나를 보러 왔다는 점에 대해서 고마움을 느낀다. 그들 때문에 나는 삶을 누릴 수가 있다. 그들을 위해서 최선을 다하도록 하자.'

그는 이런 말을 여러 번 되풀이하지 않고는 무대로 나가지 않았다고 한다.

"나는 나를 보러 온 관중을 사랑한다."

우스꽝스러운가? 어리석다고 생각하는가? 생각은 자유이다. 나는 오직 유명한 마술사의 성공 비결을 그대로 전달하는 것뿐이다.

인기 있는 교수

하버드 대학 총장 찰스 W. 엘리엇 박사도 학생들의 문제에 관심을 강하게 가졌기 때문에 유명해질 수 있었다. 어느 날 대학 1학년생인 L. R. G. 크랜든은 학생 대부 기금에서 50달러를 융자 받는 데 필요한 허락을 받기 위해 총장실로 갔다.

허락을 받은 크랜든이 고맙다는 인사를 드린 후 나오려고 하자 엘리엇 총장은 '잠깐 앉지' 하고는 놀랍게도 이런 말을 했다.

"나는 자네가 음식을 잘 만들어서 배불리 먹는다면 자취 생활이 불행이라고 생각지 않아. 나도 대학 시절에 고학을 했거든. 쇠고기 빵을 만들어 본 적 있나? 그것을 잘 요리만 하면 훌륭한 양식이 될 걸세. 낭비가 없는 음식이기 때문이지."

엘리엇 총장은 그 다음 쇠고기를 구입하는 방법도 자세히 설명해 주었다.

유명한 사람을 초청하는 비결

나는 체험을 통해서, 사람들에게 흥미를 가진다면 다른 사람의 주목과 협조를 얻을 수 있다는 점을 깨우치게 되었다.

수년 전에 나는 브루클린 예술 과학원에서 소설 작법에 대한 강의를 담당한 일이 있었다. 우리는 캐서린 노리스, 패니 허스트, 아이다 타벨, 앨버트 패이슨 터훈, 루퍼트 휴즈, 그 외 다른 유명한 작가들이 브루클린에 와서 그들의 체험담을 들려주기를 원했다.

그래서 우리는 그들의 작품을 높이 평가하고 있으며 때문에 그들의 충고와 성공 비결을 듣고 싶다는 내용의 편지를 띄웠다.

각 편지마다 약 50명의 학생들이 서명했다. 우리는 그들이 너무나 바빠서 강의 준비를 하기가 어려울 것이라는 사실도 잘 알고 있다는 글도 덧붙였다. 우리들이 알고자 하는 바는 그들 자신의 일 처리 방법에 관해서라 말하고 질문지를 함께 보냈다.

그들은 그 방법을 좋아했다. 누가 좋아하지 않겠는가? 그들은 일부러 시간을 내 브루클린까지 와서 기꺼이 우리에게 강의를 해 주었다.

친구의 생일을 잊지 말라

수년 동안 나는 나의 친구들의 생일을 알아내 축하해 주었다. 비록 나는 점성술 따위는 전혀 믿지 않지만, 다른 사람들에게 별자리가 그들의 인품과 태도에 어떠한 영향을 끼치는지에 대해 물었다. 그런 다음 나는 그의 생일이 며칠인지를 물었다. 만일 그의 생일이 11월 24

일이라 말하면 나는 날짜를 잊지 않도록 되뇌었다.

"11월 24일, 11월 24일."

그리고 그와 헤어지면 바로 그의 이름과 생일을 메모했다가 그것을 다시 생일 수첩에 옮겨 적었다. 해가 바뀔 때면 나는 이러한 생일들을 달력에 적어 내가 스스로 확인할 수 있도록 했다. 나는 사람들의 생일날에 편지나 축전이 곧바로 도착되도록 했던 것이다. 이 일은 굉장히 효과적이었다. 세상에서 자기의 생일을 기억해 준 사람이 가끔은 나밖에 없었던 경우도 있다.

만일 우리가 친구를 얻기를 바란다면 우리는 사람들에게 활기와 열의를 가지고 인사를 해야 할 것이다. 어떤 사람이 당신에게 전화를 하면 전화를 걸어 주어서 진심으로 반갑다는 마음을 담아 "여보세요"라는 말을 하라. 뉴욕 전화 회사에서는 교환수들을 훈련시키는 학교를 운영하고 있는데 그 학교에서는 그들에게 "상쾌한 아침입니다. 나는 당신을 위해 서비스를 하게 되어서 기쁩니다"라는 뜻을 담아 "전화번호를 말씀해 주시겠어요"라고 말하도록 가르친다. 우리도 전화를 할 때 이 점을 기억하자.

상대방의 아이에게 관심을 표하라

상대방이 결혼하여 자식이 있는 경우 그 아이에게 관심을 표하는 것이 사업에 도움이 되는 것인가? 정말로 효과가 있는 것인가? 나는 그렇다는 것을 수많은 실례를 통해서 설명할 수가 있다. 그중 한 가지 예를 들려고 한다.

뉴욕에 있는 큰 은행에 근무하는 찰스 K. 월터스는 한 회사에 관한 기밀을 조사하라는 임무를 부탁받았다. 그는 자기가 바라는 정보에 밝은 사람을 꼭 한 사람 알고 있었다. 그 사람은 어느 큰 회사의 사장이었다. 월터스가 그 사람을 만나러 사장실로 안내되었을 때, 젊은 여비서가 방을 나가기 전 사장에게 말했다.

"오늘은 드릴 우표가 하나도 없어요."

사장은 고개를 끄덕이고는 월터스에게 설명했다.

"12살 난 아들놈이 우표를 수집하고 있습니다."

월터스는 자기의 방문 목적을 말하고 자신이 찾아온 일에 관한 질문을 하기 시작했다. 사장은 막연한 말만 늘어놓을 뿐 그 문제에 대해서는 흥미가 없었다. 사장을 설득시키기는 어려웠다. 이야기는 간단히 끝났고 가치 없는 내용에 불과했다. 월터스는 어떻게 해야 좋을지 당황스러웠다.

그러다가 문득 여비서가 사장에게 했던 말을 생각해냈다. 우표와 그의 12살 난 아들에 관한 이야기 말이다. 월터스는 우리 은행의 외국계 담당 부서에 세계 각국에서 보내온 편지에 우표가 많다는 점을 떠올렸다.

뒷날 오후에 그 사장을 한 번 더 방문했을 때 월터스는 그의 아들을 위해서 우표를 좀 가지고 왔다고 말했다. 그 사장이 관심을 보이며 월터스를 반가이 맞이했을까? 물론이다. 그 사장은 월터스를 맞아 웃음과 호의로 환영해 주었다. 사장은 우표를 만지면서 말했다.

"내 아들 조지는 이 우표들을 아주 좋아할 겁니다. 이것을 좀 보세요. 이 우표는 보물과 같은 것입니다."

둘은 우표에 관한 이야기로 반 시간을 보내고 사장의 아들에 관한 이야기도 나누었다. 그런 다음 그 사장은 한 시간 남짓 자신이 알고 있는 모든 정보들을 월터스에게 말해 주었다. 이번에는 부탁을 꺼내지도 않았는데 그가 먼저 상대가 알고자 하는 모든 정보에 관해서 말해 주었던 것이다. 그가 아는 것은 물론, 자신의 부하들에게도 물어 유익한 자료들을 알려 주었다.

상대방이 당신을 좋아하도록 하는 첫 번째 법칙은 다른 사람에게 진심으로 관심을 갖는 사람이 되어라 이다.

상대에게 따뜻한 미소를 보내라

02

밝은 웃음이 화려한 옷보다 중요하다

나는 최근 뉴욕에서 열린 오찬 파티에 참석한 일이 있다. 그 파티에서 많은 재산을 물려받은 한 여자가 모든 사람들에게 좋은 인상을 주기 위해 열심히 노력하고 있는 장면을 보았다. 그녀는 검은담비의 털가죽으로 만든 값비싼 옷을 입고 다이아몬드와 진주를 지니고 있었다.

장식품들은 화려한 것이었지만 그녀의 얼굴은 생기가 없고 우울함과 시기심으로 가득 찬 표정이었다. 그녀는 사람들의 마음을 잘 파악하지 못했다. 사람의 밝은 표정이 옷이나 장식품보다도 더 중요하다는 점을 몰랐던 것이다.

찰스 슈바프는 자신의 미소가 백만 달러의 가치가 있다고 생각했다. 그는 미소의 가치를 알고 있었다. 찰스 슈바프는 인격과 매력을 사람들이 자기에게 반하도록 만드는 수단으로 삼아 엄청난 성공을 했다. 다시 말해서 그는 상대방의 마음을 휘어잡는 매혹적인 미소를 갖춘 인격자였다.

행동은 말보다 강하다. 미소가 지닌 뜻은 이러하다.

"나는 당신을 좋아한다. 당신은 나를 행복하게 해 준다. 나는 당신을 만나게 되어 기쁘다."

개의 인기도 바로 그것 때문이다. 개는 주인을 보면 반가워서 어찌할 줄 모른다. 그래서 우리는 개를 순수한 마음으로 좋아하며 귀여워한다.

꾸밈이 있는 미소? 아니다. 그런 미소는 아무런 가치가 없다. 우리는 기계적인 미소에 대해서는 반감을 갖는다. 나는 진실한 미소, 마음을 온화하게 만드는 미소, 마음속 깊은 곳에서 우러나오는 미소, 실제로 시장에서 고가의 값어치를 지닌 성실한 미소를 말하고 있다.

미소가 수입을 늘게 한다

나는 수많은 사업가들에게 일주일간 매일 시간이 날 때마다 만나는 사람들에게 미소를 띠어 보라고 제안했다. 그리고 미소가 어떠한 효과가 있었는지에 대한 결과를 발표하도록 요청했다. 미소가 어떠한 효과가 있었는지 살펴보자.

여기에 뉴욕 장외 증권거래소의 회원 윌리엄 B. 스테인하르트가 발표한 대표적인 경우를 소개하고자 한다.

스테인하르트는 결혼 생활 18년 동안 자기 아내에게 미소를 띠어 본 적이 거의 없었고 잠자리에서 일어나 직장으로 출근할 때까지 겨우 몇 마디의 말을 주고받는 것이 전부였다. 스테인하르트는 마을에서 제일 불만이 많은 사람 중의 한 명에 포함될 정도였으니 그의 태도는 당연한 것이었다.

미소를 띠어 보고 그 결과를 말해 달라는 요청을 받은 스테인하르트는 일주일간 미소를 띠면서 살아 봐야겠다는 다짐을 했다. 그 이튿날 아침 스테인하르트는 머리를 빗으면서 거울 속에 비친 자신의 모습을 보고 말했다.

"빌, 오늘은 당장 너의 우울한 표정을 버리고 미소를 띠어야 해. 곧바로 미소를 보여 줘, 알았지!"

스테인하르트는 아침 식사 준비를 하는 아내에게 미소를 띠면서 말했다.

"여보 잘 잤소."

그렇게 하면 상대방이 놀랄 거라는 내 말대로 스테인하르트의 아내는 당황하며 충격을 받을 정도였다고 한다. 그는 아내에게 앞으로 매일 웃음을 짓겠다고 말했다. 그날로부터 2개월 뒤 스테인하르트는 나에게 편지를 보내면서 이런 말을 덧붙였다.

〈이렇게 나의 태도가 변하자 우리 가정은 과거 어느 때보다 더 많은

행복감을 2개월 동안에 즐길 수 있게 되었습니다.〉

스테인하르트는 내 요청을 가정에서뿐만 아니라 자신의 직장인 장외 증권거래소에서도 적용하였다. 모든 사람들에게 미소를 띠었던 것이다. 최근에는 미소를 짓는 일이 거의 없었던 그가 말이다.

스테인하르트가 먼저 미소를 짓자 모든 사람들도 그에게 미소를 띤다는 사실을 알게 되었다. 불평하면서 그를 대하던 사람들도 명랑한 태도로 맞이하기 시작했다. 그가 사람들의 말에 관심을 기울이면서 동시에 미소를 띠면 문제는 더 쉽게 해결되었다. 미소는 매일 수입을 늘려 준다는 사실도 알게 되었다.

그는 이제 비난보다는 칭찬을 아끼지 않는 사람이 되었다. 스테인하르트는 이제까지 자신의 소원을 중심으로 말하던 습관에서 남의 입장에 서서 이해하려고 노력하는 자세로 바뀌었다. 그 결과 스테인하르트의 인생은 변모했고 완전히 다른 사람이 되었다. 그는 자기가 더 행복하고 부유한 사람이 되었다고 밝혔다.

여러분은 이 내용이 뉴욕 장외 증권거래소에서 고객들을 대상으로 증권을 사고팔던 수단 좋은 장외 증권거래 중매인의 말임을 명심하라. 이 업무는 100명 중 99명이 실패할 정도로 힘든 분야이다.

의식적으로 미소를 지어라

미소를 짓고 싶지 않다면 어떻게 해야 할까? 두 가지 방법이 있다. 첫째, 의식적으로 미소를 띠면 된다. 만일 당신 혼자라면 휘파람, 콧노래, 혹은 실제로 노래를 불러라. 원래부터 당신이 행복한 사람처럼 행동하라. 그렇게 하면 당신은 행복한 사람이 될 것이다. 하버드 대학 교수였던 고 윌리엄 제임스는 말했다.

"행동은 감정에 따라 일어나는 것처럼 보인다. 그러나 실제로 행동과 감정은 동시에 일어나는 것이다. 의지의 직접적인 지배를 받는 행동을 조종하면, 우리는 의지에 직접적으로 지배를 받지 않는 감정을 간접적으로 조종하게 된다. 고로 명랑한 사람이 되려면 먼저 명랑한 사람처럼 행동하면 될 것이다."

사람은 누구나 행복을 원한다. 그리고 행복을 찾는 유일한 길은 생각을 조종하는 것이다. 행복은 외부에서 일어나는 조건이 좌우하는 것이 아니라, 내부의 조건이 좌우한다.

과거에 세인트루이스 카디널스 야구팀에서 활약하다가 미국에서 손꼽히는 보험인의 일원이 된 프랑크 베트거는 나에게 수년 전에 미소를 짓는 사람은 언제나 환영을 받는다는 사실을 알았다고 말했다. 그는 보험 판매를 위해 사무실에 들어가거나 사람들을 만나기 전에는 항상 고마운 사람들을 회상함으로써 미소를 되찾을 수 있었다고 한다. 그는 미소 가득한 얼굴로 사람들을 대했다. 이 간편한 방법을 이용한 결과 그는 보험 업계에서 큰 성공을 했다고 믿고 있다.

중국 속담에 있는 이 말을 우리는 항상 기억하고 살아야 할 것이다.

〈미소를 띠는 사람이 아니라면 상점을 경영하지 말아야 한다.〉

미소의 가치와 크리스마스

미소의 중요성은 프랑크 어빙 플레처가 오펜하임 콜린스 사를 위해서 낸 광고문 속에서도 짐작할 수 있다.

〈미소는 돈을 요구하지 않지만 많은 일을 해냅니다.

미소는 주고받는 자를 부유하게 만듭니다.

미소는 번개처럼 스쳐가지만 그 기억은 언제까지나 영원합니다.

미소가 없는 자는 부유하지 못하고 미소를 가진 자는 가난뱅이가 아닙니다.

미소는 가정의 행복을 창조하고 사업에서는 선의가 넘치게 합니다.

미소는 친구 간의 우정입니다.

피로에 지친 자에게 안식을, 실망에 빠진 자에게 희망을, 슬픔에 잠긴 자에게 기쁨을 줍니다.

그리고 미소는 고민에 빠진 자에게 가장 좋은 약이 됩니다.

그렇지만 미소는 돈을 주고 살 수도, 구걸할 수도, 빌릴 수도, 훔칠 수도 없습니다.

미소는 주기 전까지는 지상의 물건이 아니기 때문입니다.

그리고 만일 우리 회사의 판매원들 중 일부가 크리스마스 때 상품을 사들이기 위해서 몰려드는 사람에게 서비스를 하느라 너무나 지쳐서 당신에게 미소를 띠지 못했다면, 당신이 미소를 띠어 주실 수 있겠습니까?

줄 미소가 없는 자에게는 미소가 꼭 필요하기 때문입니다.〉

남이 당신에게 반하도록 하는 두 번째 법칙은 미소를 띠는 것임을 잊지 말라.

03

상대의 이름을 기억하라

짐 파울리의 성공 비결

1898년도에 뉴욕의 록랜드 지방에서 비참한 일이 발생했다. 한 아이의 죽음으로 인해 이웃 사람들이 장례식에 갈 차비를 하고 있었다. 짐 파울리 또한 장례식장에 가기 위해 자기의 말이 있는 헛간으로 갔다. 땅은 눈으로 덮여 있었고 날씨는 매우 추웠다. 그 바람에 말 역시 며칠 동안을 아무런 활동을 하지 못하였다.

파울리가 말을 바깥으로 끌어내려 하는데 갑자기 말이 발광하는 통에 짐 파울리는 말에 짓밟혀 죽고 말았다. 그 마을에서는 한 주에 연달아 두 번의 장례식을 겪어야만 했다. 짐 파울리는 부인과 아들 그리고 몇 백 달러의 보험금만 남기고 죽게 되었다.

파울리의 장남 짐은 10살의 어린 나이로 벽돌 공장에서 일을 해야만 했다. 소년 짐은 당연히 교육을 제대로 받을 수가 없었다. 하지만 그는 사람들이 자기에게 관심을 갖도록 호감을 사는 아이였다. 짐은 성장해서 정치계에서 활약하게 되었고, 세월이 흐르는 동안 사람들의 이름을 기억하는 놀라운 수단가가 되었다.

그는 고등학교에는 가 보지도 못했지만 46살이 되기 전에 4개 대학으로부터 명예 학위를 수여받았고 민주당의 당수가 되었으며 미국의 체신부 장관이 되었다. 한번은 내가 짐 파울리와 회담을 하던 도중에 그에게 성공 비결을 물은 적이 있다. 그가 대답했다.

"나의 성공 비결은 열심히 일하는 것입니다."

파울리는 오히려 나에게 자신의 성공 비결이 무엇인 것 같으냐고 반문했다.

"나는 당신이 1만 명에 가까운 사람들의 이름을 기억하고 계신 걸로 봅니다만."

내 대답을 그가 정정했다.

"아니요. 5만 명 정도의 사람들의 이름을 기억하고 있습니다."

짐 파울리는 판매원으로 일하거나 서기로 일하는 동안 사람들의 이름을 기억하는 방법을 알아냈다.

처음에는 아주 간단했다. 새 친구를 사귈 때마다 짐 파울리는 상대의 가족 이름과 사업, 그의 정치관에 대해서 물었다. 그리고 이러한 것들을 마음속으로 간직하고 있다가 다음에 그 사람을 만나게 되면 1년 후라 할지라도 상대의 등을 가볍게 두드리면서 그의 아내와 아이들에 관해서 물었던 것이다. 짐 파울리는 사람들이 다른 사람의 이름보다 자기 자신의 이름에 관심을 갖는다는 사실을 알았다. 이처럼 남의 이름을 기억했다가 자연스럽게 불러 준다면 아주 효과적이다.

반대로 남의 이름을 잊는다거나 잘못 쓴다면 매우 불리한 입장에 놓이게 된다. 나는 파리에서 대중 연설 강습회를 열어 파리에 살고 있는 미국인들에게 인쇄된 안내장을 보낸 적이 있었는데, 영어 실력이 부족한 프랑스 타이피스트들이 이름과 주소를 타자기로 쳤기 때문에 실수가 생겼다. 미국 은행 파리 지점에 근무하는 간부는 자기 이름을 틀리게 표기했다며 나에게 비난이 담긴 편지를 보내기도 했다.

카네기의 성공 비결

앤드루 카네기가 성공하게 된 비결은 무엇일까?

그는 강철왕이라고 불리고 있으나 그는 강철에 관해서 거의 아는 것이 없었다. 자기보다 강철에 관해서 더 잘 알고 있는 사람들을 고용했을 뿐이다. 두 번째로 카네기는 사람들을 다룰 줄 알았다. 그는 조직의 명수였으며 지도력이 뛰어났다. 그는 이미 10살 때 사람은 자기 이름에 매우 관심이 높다는 사실을 알았다.

카네기는 스코틀랜드에서 소년 시절을 보낼 때 토끼를 한 마리 키웠다. 그 토끼가 새끼를 배어서 즉시 새끼 토끼가 많이 생기게 되었다. 그런데 먹이가 없자 소년 카네기는 멋진 아이디어를 생각해 냈다. 이웃 소년들에게 토끼 먹이를 구해 오는 소년의 이름을 토끼에게 붙여 주겠다고 했던 것이다. 이 계획은 굉장히 효과가 컸다. 카네기는 커서도 그 경험을 절대로 잊지 않았다.

후에 카네기는 이 비결을 사업계에서 활용하여 수백만 달러를 벌어들였다. 그는 펜실베이니아 철도 회사에 강철 레일을 팔고 싶어 했다. 그 당시 펜실베이니아 철도 회사 사장은 J. 에드거 톰슨이었다. 그래서 앤드루 카네기는 피츠버그에 대규모의 제강 공장을 세우고 '에드거 톰슨 제강 공장'이라고 부르기 시작했다.

펜실베이니아 철도 회사에 쓰는 강철 레일을 에드거 톰슨은 어디서 샀을까?

루스벨트의 성공 비결

사람들은 대부분 단순한 이유로 남의 이름을 잘 기억하지 못한다. 남의 이름을 기억하기 위해서 신경을 쓰지 않기 때문이다. 시간과 정력이 필요한 일에 대해서도 사람들은 너무 바쁘다며 핑계를 댄다. 하지만 아마도 프랭클린 D. 루스벨트보다는 바쁘지 않을 것이다.

루스벨트는 자기가 만났던 기술자들의 이름까지도 기억했다. 크라이슬러에서는 루스벨트를 위해서 특수한 차를 만들어 주었는데 회사의 W. H. 체임벌린이라는 기술자가 말했다.

"나는 루스벨트 대통령에게 차를 다루는 여러 가지 방법을 가르쳐 주었는데 그는 나에게 사람을 다루는 비결을 많이 가르쳐 주었다."

루스벨트는 여러 사람들이 차를 보고 칭찬을 하고 있을 때 그들 앞에서 이런 말을 했다.

"체임벌린 씨, 이 차를 만드느라고 다른 때보다 더 고생하셨겠습니다."

그는 라디에이터, 방향 지시등, 커버, 운전석, 차내 장식 등을 칭찬했다. 시범 운전이 끝난 뒤에도 루스벨트 대통령은 체임벌린에게 말했다.

"자 체임벌린 씨, 나는 연방준비은행 임원들을 30분 동안 기다리게 했습니다. 이제 가 봐야겠습니다."

뉴욕으로 돌아온 후에 체임벌린은 자필로 서명이 되어 있는 루스벨트 대통령의 사진과 함께 감사하다는 내용의 편지를 받았다. 바쁜 가운데서도 대통령이 그렇게 자신에게 친절을 보인 그때의 일을 체임벌린은 오래도록 신비스럽게 생각하였다.

프랭클린 D. 루스벨트는 호감을 사는 간단한 비결은 남의 이름을 기억하고 남이 스스로 사회적으로 중요한 인물이라고 느끼도록 하는 것임을 알고 있었다.

이름을 기억하는 비법

우리는 어떻게 하고 있는가? 사람을 처음 소개받고 몇 분 동안 이야기하다가 헤어질 때가 되어 인사를 한 후에는 이름조차 기억하지 못하는 경우가 허다하다.

특별히 정치가가 배워야 할 첫 교훈은 투표자의 이름을 기억하는 것이 바로 정치적 수완이라는 점이다. 그 사실을 잊는 것은 정치가에게 몰락을 의미한다.

남의 이름을 기억하는 일은 정치계뿐만 아니라 사업계와 사교계 속에서도 똑같이 필요하다.

나폴레옹 대제의 조카인 프랑스의 황제 나폴레옹 3세는 일이 무척이나 바쁨에도 불구하고 만나는 사람들의 이름을 모두 기억하고 있다가 자랑했다. 나폴레옹 3세의 기술은 간단하다. 만일 그가 상대방의 이름을 분명하게 알아듣지 못했을 때는 이렇게 말했다.

"미안합니다. 선생님의 이름을 잘 알아듣지 못했는데 한 번 더 말씀해 주시겠습니까?"

그리고 특이한 이름일 때면 다음과 같이 말했다.

"선생님의 이름은 이렇게 표기합니까?"

대화 시에 나폴레옹 3세는 여러 번 상대방의 이름을 되풀이해서 외우고 상대방의 특징, 표정 그리고 외모를 마음에 새겼다. 만일 상대방이 중요한 인물 같으면 나폴레옹은 좀 더 노력하여 그의 이름을 반드시 기억하였다.

그 후 혼자 남으면 곧바로 종이에다 만난 사람의 이름을 적어 그것을 보면서 완전히 기억하고는 그 종이를 찢어 버렸다. 나폴레옹 3세는 눈과 귀 양쪽을 이용해 남의 이름을 기억했다. 일을 하려면 시간이 걸린다.

그러나 이름을 기억하는 데 대해 에머슨은 말했다.

"좋은 태도를 가지려면 약간의 희생이 필요하다."

남이 당신에게 호감을 사게 하는 세 번째 법칙은 사람에게는 무엇보다도 자기의 이름이 가장 중요하다는 사실을 분명히 아는 것이다.

CARNEGIE

관심을 갖는 법

CHAPTER 9

마흔에 읽는

카네기

Dale Carnegie

상대방의 말에 귀를 기울여라

01

상담의 비결

상담商談의 비결에 대해 찰스 W. 엘리엇은 말했다.

"상담에는 별다른 비결이 없다. 상대방이 이야기하고 있는 바에 주의를 기울이는 것이 가장 중요하다. 어떤 찬사라도 이보다 더 효과적인 방법은 없다."

이 말은 너무나 쉽고도 상식적이다. 학력과도 무관한 말이다. 비싼 임대료를 내서 좋은 상품을 들여놓고, 눈을 끌도록 진열장을 꾸미고, 많은 돈을 들여 광고를 하면서도 손님의 말을 귀담아듣지 않거나 센스 있는 점원을 고용하지 않는 고용주들이 많다. 오히려 손님의 말을 가로채고 손님의 말에 반박하여 손님을 쫓아 버리는 점원을 그대로 놔두는 것이다.

훌륭한 세일즈맨의 조건

J. C. 우튼의 경험을 소개하고자 한다. 그는 뉴욕의 한 백화점에서 양복 한 벌을 샀다. 그런데 얼마 되지도 않아 새로 산 양복의 물감이 빠지며 셔츠의 깃을 더럽혔다. 양복을 들고 백화점을 찾아간 우튼은 먼저 이 사실을 해당 점원에게 말했다. 아니 말하려고 했다.

"우리는 이런 양복을 몇천 벌이나 팔아 왔습니다."

그 순간 점원이 역습을 해 왔다.

"이렇게 트집을 잡는 사람은 당신이 처음입니다."

점원의 말투에는 마치 '내가 너한테 넘어갈 것 같으냐' 하는 빈정댐이 묻어 나왔다. 우튼과 점원이 한참을 다투고 있을 때, 다른 점원 하나가 참견을 했다.

"검은 양복이란 모두 처음에는 조금 물이 빠지게 됩니다. 그 값으로는 이 정도밖에 살 수 없지 않겠어요. 물감이 좋지 않은 건 당연하다고 생각해야죠."

이쯤 되니 우튼도 더 이상 참을 수가 없었다. 첫 번째 점원은 그의 정직성을 의심했고 두 번째 점원은 그가 산 물건이 이류라고 말한 셈이었다. 우튼은 화를 참을 길이 없었다. 그가 막 자신이 산 양복을 점원들에게 내동댕이치려는데 마침 백화점 지배인이 옆으로 다가왔다.

그 지배인은 장사하는 요령을 잘 알고 있어서, 화난 우튼의 마음을 완전히 바꿔 놓았다. 그 지배인이 화가 치밀어 오른 사람을 짧은 시간에 만족해하는 단골손님으로 만들어 놓은 것이다. 지배인이 사용한 방법은 다음 세 가지였다.

첫째, 고객의 이야기를 처음부터 끝까지 그대로 들어 주었다. 둘째, 고객의 이야기가 끝나고 점원들이 다시 자기들의 의견을 말하려고 하자 지배인은 점원을 상대로 고객의 입장에 서서 말해 주었다. 우튼의 옷깃에 묻은 검은 색깔은 양복에서 묻은 것이 틀림없다고 지적했을 뿐 아니라, 이 가게에서는 손님이 완전히 만족하지 못하는 물건은 결코 팔아서는 안 된다고까지 이야기했다. 셋째, 옷에 결점이 있는 사실을 몰랐다며 매장 측의 잘못을 인정하고 "양복을 어떻게 해드리면 되는지를 말씀해 주십시오. 손님이 원하시는 대로 따르겠습니다"라고 말하였다.

몇 분 전까지만 해도 그 양복을 환불해 버릴 생각이었던 우튼이었지만, 그의 입에서는 이런 대답이 나왔다.

"이렇게 물감이 빠지는 것이 일시적일까요? 만약 물 빠짐을 막을 방법이 있다면 일러 주십시오."

지배인은 우튼에게 1주일만 더 입어 보면 어떻겠느냐고 권하면서 이어 말하였다.

"그래도 마음에 드시지 않는다면 돌려주십시오. 마음에 드시는 것으로 바꿔 드리겠습니다. 정말 죄송합니다."

우튼은 조금 전과 달리 기분이 좋아져서 백화점을 나왔다. 1주일이

지나자 양복에서는 더 이상 색 빠짐 현상이 없어졌고 그 백화점에 대한 불신감도 완전히 사라졌다.

그 지배인은 참으로 지배인 감이었다. 반대로 처음 우튼을 상대했던 점원들이 계속해 당시와 같은 처신을 한다면 그들은 평생을 두고 점원 노릇밖에는 못할 것이다. 아니 어쩌면 손님들과의 접촉이 없는 부서로 돌려지거나 일을 그만두게 될지도 모를 일이다.

외상값 15달러를 받다

세계에서 제일가는 모직물 회사로 성장한 데트마가 창립한 지 얼마 되지 않았을 때의 일이다. 초대 사장 줄리안 F. 데트마의 사무실에 성난 고객 하나가 뛰어 들어왔다.

그 고객은 지불해야 할 15달러의 외상값이 남아 있었는데, 본인은 그렇지 않다고 딱 잡아떼었다. 하지만 절대적으로 틀림없는 사실이었으므로 또다시 독촉장을 띄웠다. 그러자 그 고객이 성난 얼굴로 시카고에 있는 사장의 사무실까지 찾아와 지불은 생각지도 않고 앞으로 데트마 사와는 일체 거래를 중단하겠다고 한 것이다.

사장은 상대가 하고 싶어 하는 말을 들으며 참을성 있게 기다렸다. 말을 가로막고 싶은 충동을 느끼면서도 그것이 좋지 않은 방법임을 알고 있었기에, 상대가 하고 싶은 말을 다 할 때까지 듣고만 있었다. 마음껏 지껄이고 난 고객의 흥분이 가라앉아, 이제 맞은편의 이야기도 알아들을 것 같자 데트마 사장이 조용히 입을 열었다.

"선생께서 이 말씀을 하시기 위해 일부러 시카고까지 오신 데 대해 고맙게 생각합니다. 담당자가 그런 실례를 선생께 저질렀다면 다른 고객들에게도 역시 그런 실례를 범하고 있을지도 모르겠습니다. 그렇다면 이건 보통 일이 아니지요. 선생께서 일부러 와 주시지 않았더라면 제가 찾아뵈었어야 할 문제입니다."

회사 사장을 단단히 혼내 주려고 일부러 시카고까지 찾아온 고객은 설마 이런 말을 들으리라고는 꿈에도 생각지 않았다. 그 고객은 사장에게서 오히려 고맙다는 말을 들으니 자기 기대에 어긋나, 화난 마음은 순식간에 잊고 말았다. 사장은 계속해서 말했다.

"우리 직원들은 수천여 거래처의 계산서를 취급해야 합니다. 그러나 선생께서는 정확하신데다 우리가 보내는 계산서 하나만을 보면 되니까 아무래도 잘못은 우리 쪽에 있는 것 같습니다. 15달러 건은 취소하겠습니다."

다트마 사장은 자신은 그의 기분을 이해할 수 있으며, 자신이 그 입장이었다면 역시 꼭 같은 기분이었을 것이라고 말해 주었다. 거기서 끝내지 않고, 고객이 앞으로는 다트마 사에서는 물건을 사지 않겠다고 했으므로 사장은 그에게 다른 가게를 소개해 주기로 했다.

전부터 그 고객이 시카고에 올 때면 다트마 사장은 그와 함께 점심 식사를 해 왔기에 그날도 다트마 사장은 점심을 같이 하자고 말했다. 그 고객은 달갑지 않아 하면서도 차마 거절하지 못하고 다트마 사장을 따라 나갔다. 그 고객은 점심 식사를 마치고 함께 사무실로 돌아오자, 전에 없이 많은 물건을 주문하였다. 기분 좋게 돌아간 그 고객은 다시 한 번 자신의 청구서를 조사하여 잘못 안 15달러짜리 청구서 한 장을 찾아내서는 사과와 더불어 수표로 송금해 주었다.

그 뒤 그 고객이 아들을 가지게 되자 데트마라는 이름을 지어 주었고, 세상을 떠날 때까지 25년 동안 다트마 사장의 친구이자 회사의 고객으로 오래오래 관계를 유지하였다.

누구나 자기의 말을 들어 줄 사람이 필요하다

남북전쟁의 암흑 시기에 있었던 일이다. 링컨 대통령은 일리노이주 스프링필드에 사는 한 친구에게 편지를 띄워 그와 의논할 문젯거리가 생겼다고 전하며, 워싱턴에 오도록 부탁했다. 그 친구가 백악관에 들어서자 링컨은 몇 시간 동안에 걸쳐 〈노예해방선언〉을 발표하는 일이 과연 잘한 짓인가를 그에게 의논했다.

자기 의견을 모두 이야기한 링컨은 이번에는 투서와 신문 기사를 읽어 주었다. 어떤 사람은 해방에 반대하고 어떤 사람은 찬성하고 있었다. 몇 시간에 걸쳐 이런 이야기를 한 링컨은 그 친구의 의견은 물어보지도 않고 그와 작별 인사를 하고는 일리노이주로 곧장 돌려보냈다.

뒷날 그 친구가 말했다.

"그는 이야기를 마음껏 하고 나더니 마음이 무척 편해진 것처럼 보였습니다."

링컨은 상대방의 의견을 물을 필요는 없었다. 오직 그는 자신의 짐을 내려 줄 만한 사람, 다시 말해서 내 일처럼 열심히 들어 줄 사람이 필요했다. 이는 마음이 고통스러울 때면 누구나 원하는 일이다. 성난 고객, 불만스러운 고용인, 마음이 괴로운 사람들은 따듯하고 차분히 내 편이 되어 경청해 줄 대상을 바라는 것이다.

사람을 멀리하는 법

사람들이 당신을 미워하고 등 뒤에서 비웃고, 당신을 멀리 하도록 하려면 다음 사항만 지키면 된다.

- 처음부터 끝까지 당신만 계속 지껄여라.
- 다른 사람의 말은 절대로 오랫동안 듣지 않는다.
- 다른 친구와 말하고 있는 동안 어떤 생각이 떠오르면 그의 말이 끝나기 전에 가로채 말하라.
- 그는 당신처럼 예리하지 못하다. 무엇 때문에 그런 친구의 하찮은 잔소리를 들으려고 하는가?

당신은 이런 종류의 사람을 본 적이 있을 것이다. 나 또한 불행하게도 이런 사람들을 알고 있다. 더욱 놀라운 사실은 그들 중에 몇몇의 유명한 사람도 들어 있다는 사실이다. 이러한 인간은 정말 골치 아픈 상대이다. 자만에 빠져서 자기만이 제일이라고 생각하고 있는 사람들이다.

자기 말만 앞세우는 사람은 자기만 생각하는 사람이다.

몸의 종기가 아프리카 지진보다 더 중요하다

훌륭한 언론인이 되려면 남의 이야기를 잘 듣는 사람이 되어야 한다. 찰스 N. 리 부인은 이에 대해 다음과 같이 말했다.

"자신에게 흥미를 갖게 하려면 먼저 이쪽에서 흥미를 가져야 한다. 상대방이 즐겁게 대답할 수 있는 질문을 해야 한다. 상대방의 일을 자랑거리로 알아주고 의욕을 북돋아 주어라."

당신이 말하고 있는 상대는 당신과 당신의 문제에 대한 관심보다 자기 자신의 소원과 문제에 대하여 더 많은 관심을 가지고 있다는 점을 명심하라. 그의 치통은 1백만 명을 죽게 한 중국의 기근보다 그에게 더 큰 뜻을 품고 있으며 몸의 종기는 아프리카에서 일어난 40번의 지진보다도 그에게는 더 큰 관심이다.

언제나 내 이야기는 다음이라는 것을 명심하기 바란다. 사람의 호감을 사는 네 번째 법칙은 귀 기울이는 자가 되는 것이다.

관심을 가질 수 있는 소재

02

상대방의 관심은 무엇인가

오이스터 베이 저택으로 시어도어 루스벨트를 방문한 사람은 누구나 그의 박학함에 놀라움을 금하지 못했다.

"루스벨트는 상대방이 카우보이든 의용대원 또는 기병대원이든 정치가 혹은 외교관이든, 그 밖의 어떤 사람이든 그 사람에게 적절한 화제를 풍부하게 지니고 있다."

가말리엘 브래드퍼드의 말이다. 그렇다면 루스벨트는 어떻게 그처럼 많은 재간을 가지고 있었는가?

따지고 보면 대답은 간단하다. 루스벨트는 어느 누구든 찾아오는 사람들이 있으면 그 사람이 관심을 가질 만한 문제에 대하여 그 전날 밤 늦게까지 책을 찾아 연구하였다. 루스벨트는 다른 지도자들처럼 사람의 마음을 사로잡는 빠른 방법은 상대방이 가장 관심을 갖고 있는 문제로 화제를 삼는 것이라는 점을 알고 있었던 것이다.

보트를 좋아하면 보트에 관해 이야기하라

예일 대학 전문 학부 교수 윌리엄 라이언 펠프스는 어릴 적부터 상대가 관심을 갖는 화제의 중요성을 알고 있었다. 이에 대해 그는 「인간 형성에 관하여」라는 제목의 논문에서 밝히고 있다.

펠프스가 8살이던 어느 주말에 스트랫퍼드의 린제이 아주머니 댁을 방문한 적이 있다. 저녁 무렵이 되자 한 중년 남자가 찾아와서 아주머니와 한참 동안 이야기를 하다가 펠프스를 발견하고는 그를 상대로 다시 열심히 이야기를 하기 시작했다.

그 무렵 펠프스는 보트에 정신을 쏟고 있었는데 남자의 이야기는 그의 마음에 꼭 들었다. 남자가 돌아간 뒤에 펠프스는 아낌없이 그 사람을 칭찬했다.

"참 멋있는 분이에요. 보트를 그처럼 좋아하는 사람도 드물 거예요."

그러자 린제이 아주머니는 그분은 뉴욕의 변호사로 보트에 대해서는 별로 잘 알지도 못하고 보트 이야기를 좋아할 리도 없다고 말하는 것이었다.

"그렇다면 왜 보트 이야기만 하였을까?"

펠프스의 물음에 아주머니가 대답했다.

"그건 그분이 신사이기 때문이야. 네가 보트에 마음을 쏟고 있는 것을 알아차리고 네가 좋아할 만한 이야기를 일부러 해 주신 거야. 기분 좋게 말동무가 되어 주려고 하셨을 뿐이란다."

4년 동안 못한 일을 한번에 해결하다

몇 년 동안 미루기만 한 일을 한번에 해치우는 방법이 과연 사업에 있어서도 실제로 응용이 되는지 여부를 한 예로써 설명하고자 한다. 뉴욕에서 제일가는 제과 회사인 듀이노비 상회의 헨리 G. 듀이노비 씨의 경우를 들어 보려고 한다.

듀이노비는 그전부터 뉴욕의 어느 호텔에 자기 제과 회사의 빵을 팔아 보고자 애쓰고 있었다. 그래서 4년 동안이나 그 지배인을 찾아다니며 졸라도 보고 지배인이 참석하는 회합에도 동석해 보았다. 또 그 호텔 손님으로까지 투숙해 보기까지 했지만 모두 헛수고였다.

듀이노비는 드디어 궁여지책으로 인간관계를 연구하기 시작했다. 그리고 전술을 바꾸기로 했다. 그 지배인이 무엇에 관심을 기울이고 있는가, 어떠한 일에 몰두하고 있는가를 조사한 것이다.

노력의 결과 그 지배인이 아메리카 호텔 협회의 회원인 것을 알아냈다. 그것도 단순한 일반 회원이 아니라 그 열성과 활동력 때문에 협회의 회장이자 국제 호텔 협회 회장까지 겸임하고 있었다. 지배인은 협회의 대회가 어디에서 열리든 비행기를 타고 바다를 건너서라도 참석하고야 마는 열성적인 인물이었다.

듀이노비는 그 다음 날 지배인을 만나러 간 자리에서 협회 이야기를 꺼냈다. 그의 반응은 과연 놀라울 정도였다. 지배인은 눈을 반짝거리면서 30여 분 동안이나 협회 이야기로 열을 올렸다. 협회를 육성시키는 것이 그에게는 말할 수 없는 기쁨이며 정열의 근원으로 느껴질 정도였다.

지배인이 말하는 동안 듀이노비는 빵에 대한 이야기는 전혀 하지 않았다. 그로부터 며칠 뒤 호텔의 구매 팀에서 듀이노비에게 빵의 견본과 가격표를 가지고 오라는 연락이 왔다. 호텔에 들어서자 구매 팀에서 듀이노비에게 속삭였다.

"당신이 무슨 방법을 이용했는지는 모르지만 지배인이 당신을 몹시 마음에 흡족해하는 것 같아요."

사람의 호감을 사는 다섯 번째 법칙은 상대방의 관심의 소재를 파악하여 그것을 화제로 삼는 것이다.

진심으로 칭찬해 주어라

03

아름다운 머리카락이 참 부럽습니다

나는 뉴욕의 8번가에 있는 우체국에서 등기우편을 부치려고 줄을 서서 차례를 기다리고 있었다. 담당 직원은 날마다 우편물의 무게를 달고 우표와 거스름돈을 내 주고 영수증을 발행해 주는 똑같은 일을 되풀이하는 데 아주 지친 모습이었다. 나는 잠시 생각해 보았다.

'한번 이 사람이 나에게 호감을 갖도록 해 보자. 그렇게 하기 위해서는 내 일이 아니라 그의 일에 관하여 무엇인가 호의적인 이야기를 해 줘야겠는데, 이 사람에 대해서 내가 정말 감탄할 만한 것은 무엇일까?'

이것은 아주 어려운 문제이고 특히 상대방이 초면인 경우에는 더욱 쉽지가 않다. 그런데 이번에는 우연히 그 일이 쉽게 해결되었다. 그에게서 정말 훌륭한 것을 이내 찾을 수 있었던 것이다. 그 직원이 내 우편 봉투의 무게를 달고 있을 때 나는 진심으로 말했다.

"당신의 아름다운 머리카락, 참 부럽습니다."

약간 놀라는 표정으로 나를 쳐다본 그의 얼굴에 미소가 번지고 있었다.

"뭘요, 요즈음은 아주 볼품이 없어졌어요."

직원은 겸손하게 대답했다. 전에는 어떠했는지 알 수 없으나 하여튼 나는 그의 머리칼을 바라보며 멋있다는 감탄의 눈빛을 보냈다. 이런 나의 눈치를 알아차린 그도 상당히 기쁜 모양이었다. 우리는 몇 마디 더 유쾌한 말을 주고받았다. 볼일을 마치고 내가 인사를 하려는데 그가 끝으로 실토를 했다.

"사실, 여러 사람이 그렇게 칭찬해 주십니다."

그날 그 직원은 즐거운 기분으로 점심 식사를 하러 나갔을 것이다. 저녁에 집에 돌아가서는 아내에게도 이야기했을 것이다.

"과연 멋지군."

거울을 들여다보면서도 중얼거렸을지 모른다. 이 이야기를 내가 어느 공개석상에서 하자 내 이야기를 듣고 난 한 청중이 물었다.

"그래, 당신은 그 사람에게 무엇을 바랐습니까?"

내가 무엇을 바라고 있었느냐고? 이 얼마나 바보 같은 질문인가? 남을 기쁘게 하고 칭찬을 했으니까 무엇을 바라야 한다는 인색하고 좁은 소견을 가진 사람들은 결국 실패하고 말 것이다.

아니 실은 나도 대가를 바라고 있었다. 내가 바랐던 것은 돈으로는 살 수 없는 것이었다. 그리고 확실히 나는 그것을 얻었다. 상대가 기분 좋은 말을 해 주고 그러면서도 그에게 아무런 부담도 주지 않았다는 후련한 기분이 바로 그것이다. 이러한 기분은 언제까지나 즐거운 추억으로 남게 된다.

인류가 가진 행복 총량의 증가

인간의 행위에 관한 한 가지 중요한 법칙이 있다. 이 법칙에 따르면 대개의 분쟁은 피할 수가 있다. 이것을 지키기만 하면 친구는 점점 늘어나고 항상 행복감을 느낄 수 있다. 그러나 이 법칙을 깨뜨리면 곧 분쟁 속으로 휘말려 들어가고 말 것이다.

항상 상대방 자신이 중요한 존재라는 느낌을 갖도록 하는 것이 이 법칙이다. 이미 설명한 바와 같이 존 듀이 교수는 중요한 인물이 되고 싶다는 욕망은 인간에게 가장 뿌리 깊은 욕구라고 말하고 있다. 또 윌리엄 제임스 교수는 인간성의 근원을 이루는 것은 남의 인정을 받고자 하는 바람이라고 단언했다. 이 욕망이 인간과 동물을 구별한다는 점은 이미 말하였다.

인류의 문명도 이러한 인간의 바람에 의하여 발전되어 온 것이다. 인간관계의 법칙에 대하여 철학자들은 수천 년에 걸쳐 사색을 계속해 왔다. 그리고 그 사색 가운데서 단 한 가지 중요한 교훈이 나왔다. 그것은 결코 새로운 교훈이 아니라 인간의 역사만큼이나 오래된 교훈이었다. 3,000년 전의 페르시아에서는 조로아스터가 그 교훈을 배화교도에게 전해 주었다. 2,400년 전의 중국에서는 공자가 설파했고 도교의 노자도 그 교훈을 제자들에게 가르쳤다. 예수보다 500년이나 앞선 석가는 갠지스 강기슭에서 이를 가르쳤다. 이보다 천 년 전 힌두교의 성전에도 이 가르침이 설명되어 있다. 예수는 1,900년 전에 유대의 돌산에서 이 교훈을 설파했다. 예수는 이를 다음과 같은 말로 이야기했다.

"남이 자기에게 해 주기를 원하는 것처럼 남에게 행하라."

이것은 세상에서 가장 중요한 법칙이라고도 할 수 있다. 인간은 누구나 주위 사람들에게서 인정받기를 바라고 있다. 자기의 가치를 인정받고 싶은 것이다. 작으나마 자신의 세계에서는 자기가 중요한 존재라고 느끼는 것이다.

사람들은 아첨을 하는 겉치레 말은 듣고 싶지 않지만 진정한 칭찬에는 굶주리고 있는 것이다. 찰스 슈바프의 말대로 자기 주위 사람들에게서 '마음속으로부터 인정받고 아낌없는 칭찬을 받고 싶은 것'이 모두에게 공통된 생각이다.

그러므로 앞서 말한 황금률에 따라 남이 나에게 해 주기를 원하는 바를 내가 남에게 해주면 된다.

그러면 그것을 어떻게, 언제, 어디서 할 것인가? 언제든지 어디에서나 해 볼 일이다.

어느 날 나는 뉴욕의 록펠러 센터에 있는 세계적인 관광의 중심 지구인 라디오시티의 안내원에게 헨리 수벤의 사무실 번호를 물어보았다. 단정한 제복 차림의 안내원이 자랑스러운 듯이 그의 번호를 가르쳐 주었다.

"헨리 수벤…… 18층…… 1816호실입니다."

분명하게 말 사이에 간격을 두고 안내원은 대답하였다. 나는 급히 승강기가 있는 곳으로 가다가 돌아와서 안내원에게 말했다.

"지금 그 가르쳐 주는 방법이 아주 훌륭합니다. 명료하고 정확하고 일종의 예술이라 할 정도입니다. 감히 흉내도 내기 힘들겠어요."

이 말에 안내원은 기뻐하는 얼굴로 왜 그런 식으로 발음을 했는지, 말마디 사이에 간격을 둔 까닭은 왜인지를 나에게 설명해 주었다. 나의 몇 마디 말에 그 안내원은 가슴이 부풀 만큼 기뻤던 것이다. 18층까지 올라가면서 나는 인류의 행복의 총량을 조금이나마 증가시킬 수 있었다는 사실의 즐거운 여운을 맛보았다.

이 칭찬의 철학은 외교관이나 자선단체의 회장에게만 응용될 수 있는 사치품이 아니다. 매일 응용하여 크게 마술적 효과를 거둘 수 있는 관심이다.

예컨대 음식점에서 종업원이 주문한 것과 다른 요리를 가지고 왔을 때 다음처럼 정중히 말하면 종업원은 기꺼운 마음으로 바꿔다 줄 것이다.

"미안하지만, 나는 커피보다 홍차가 좋은데."

상대방에게 경의를 표하며 배려하여 말했기 때문이다. 공손하고 정중한 말씨는 단조로운 일상의 톱니바퀴에 치는 윤활유 역할을 하며 동시에 교양의 수준을 증명해 주기도 한다.

훌륭한 인물임에 틀림없다

『그리스교도』『만 섬의 재판관』『섬사람』 등의 소설을 쓴 유명한 작가 홀 케인은 대장장이의 아들이었다. 학교는 8년 정도밖에 다니지 않았지만 그는 세계에서도 손꼽히는 부자 작가가 되었다.

홀 케인은 14행 시나 민요를 좋아해서 영국의 시인 로세티의 작품에 심취해 있었다. 그 결과 그는 로세티의 예술적 공적을 찬양하는 논문을 써서 그 사본을 로세티에게 보냈다. 로세티는 기뻐했다.

"나의 능력을 이처럼 높이 평가해 주는 청년은 훌륭한 인물임에 틀림이 없다."

로세티는 자기를 중요한 존재라고 생각하고 있었다. 당연한 일이다. 이 일로 인해 케인은 로세티의 눈에 띄어 이름을 알릴 발판을 마련하게 되었다.

인간은 거의 예외 없이 자신이 우수하다는 생각을 갖고 있다. 이 지구상의 인간은 누구나 다 그렇게 생각하고 있다. 미국인 가운데는 일본인에 대해 우월감을 느끼고 있는 사람이 있다. 그러나 일본인 역시 자신들이 미국인보다 훨씬 우월하다고 생각하고 있다. 백인이 일본 여인과 춤을 추는 것을 보면 분개하는 보수적인 일본인도 있는 것이다. 힌두교도에 대하여 우월감을 느끼든 안 느끼든 그것은 외국인의 자유이지만, 하여간 힌두교도들은 외국인에 대하여 한없는 우월감을 느끼고 있다. 에스키모에 대해 우월감을 갖든 안 갖든 그것은 개인의 자유겠지만 에스키모 자신은 백인에 대하여 어떻게 생각하고 있는가를 한 번 살펴보기로 하자. 에스키모 사회에도 부랑자가 있는데, 게으르고 쓸모없는 인간을 에스키모들은 백인 같은 놈이라고 욕하는 것이다. 이 말보다 더 심하게 경멸을 뜻하는 말은 달리 없다고 한다.

어느 민족이라도 스스로는 타민족보다 우수하다고 생각하고 있다. 그것이 애국심을 낳고 때로는 전쟁까지도 일으킨다.

사람은 누구나 모두 남보다 어느 점에서는 우수하다고 생각하고 있다. 따라서 상대방의 마음을 손에 꼭 휘어잡으려면 상대방이 상대방 나름의 세계에서 중요한 인물임을 사실대로 인정해 주고 그것을 상대방에게 잘 깨닫게 해 줘야 한다.

에머슨이 한 말을 기억해 주기 바란다.

"누구나 사람은 나보다 어떤 점에서는 우수하고 또 배울 점을 갖추고 있다."

그런데 보기 딱한 것은 남에게 자랑할 만한 장점이 아무것도 없으면서 거기에서 오는 열등감을 터무니없는 자만이나 자기선전으로 얼버무리려고 하는 사람들의 모습이다.

셰익스피어는 이러한 모습을 다음의 말로 표현하였다.

"오만불손한 인간들! 보잘것없는 것을 내세워 천사까지도 통곡할 만한 거짓말을 태연히 거침없이 하는 자들."

고급 패커드를 선물받다

칭찬의 원칙을 응용하여 성공을 거둔 사람의 일화를 소개해 보겠다. 먼저 코네티컷주에 있는 변호사 이야기를 하겠는데, 본인이 친척에 대해 난처한 점이 있으니 이름을 숨겨 달라고 부탁하여 그저 R 씨라고만 해 두겠다.

R은 아내와 더불어 롱아일랜드에 있는 처가네 친척집에 다니러 갔다. 나이가 많이 든 숙모님 댁에 도착하자 아내는 R을 숙모와 함께 있도록 남겨 놓고 자기는 다른 친척 집으로 가 버렸다. R은 칭찬의 법칙을 이 늙은 숙모님에게 시험해 보고자 했다. 그래서 그는 집 안을 두루 살펴보면서 진심으로 칭찬해 줄 만한 일을 찾아내려고 애썼다.

"이 집은 1890년 무렵에 지은 것 같은데요."

그가 묻자, 숙모에게서 바로 1890년에 지었다는 대답이 돌아왔다.

"제가 태어난 집도 이런 집이었습니다. 참 훌륭한 집입니다. 여러 가지로 아주 좋은 집입니다. 널찍하고…… 요즈음은 이런 집을 잘 짓지를 않더군요."

"정말 그래요. 요즈음 젊은 사람들은 주택의 미관 같은 데에는 별로 관심이 없는 것 같아. 좁은 아파트에 전기냉장고와 여기저기 놀러 다니기 위한 자가용 따위가 요즈음 젊은 사람들의 이상인 모양이야."

숙모는 과연 그렇다는 듯이 고개를 끄덕이며 말했다.

"이 집은 나에게는 꿈이 담긴 집이야. 이 집에는 사랑이 깃들어 있지. 이 집을 다 지었을 때, 남편과 나와의 오랜 꿈이 실현되었다고나 할까? 설계도 건축가에게 의뢰하지 않고 직접 우리 손으로 했어요."

즐거웠던 옛 추억을 회상하는 듯이 그녀의 목소리에는 아련한 감정이 담겨 있었다.

그러고 나서 그녀는 R을 안내하여 집 안을 두루 구경시켜 주었다. 그녀가 여행 기념으로 수집한 아름다운 귀중품을 본 R은 마음속으로부터 찬탄을 금할 수가 없었다. 스코틀랜드의 페이즐리 숄, 오래 된 영국의 찻잔, 웨지우드의 도자기, 프랑스제 침대와 의자, 이탈리아의 회화, 프랑스 귀족의 저택에 장식되어 있었다고 하는 비단 장식 등이 있었다.

구경이 끝나자 숙모는 R을 차고로 데리고 갔다. 거기에는 신품이나 다름없는 패커드 한 대가 얌전히 주차되어 있었다. 그 자동차를 가리키며 숙모는 조용히 말했다.

"남편이 세상을 떠나기 직전에 이 차를 샀는데 나는 아직 이 차를 한 번도 타 보지 않았어. 자네는 물건의 값어치를 알아볼 만한 사람이니 이 차를 주기로 하겠어요."

"숙모님, 그것은 곤란합니다. 물론 대단히 고맙습니다만 이 차를 받을 수는 없습니다. 저는 숙모님과 무슨 핏줄이 닿은 것도 아니고, 저도 산 지 얼마 안 된 새 자동차를 가지고 있으니까요. 이 패커드를 가지고 싶어 할 가까운 친척도 여러분 계실 텐데요."

R이 간곡히 사양하자 숙모는 펄쩍 뛰었다.

"가까운 친척이라고? 물론 있지. 이 차가 탐이 나서 내가 어서 죽기를 기다리는 가까운 친척들이 말이야. 그러나 그런 사람들에게 이 차를 줄 수는 없어."

"그렇다면 중고 자동차 거래상에 팔면 될 것 아닙니까?"

"판다고? 내가 이 차를 팔 것 같아? 어디 사는지도 모르는 사람이 이 차를 사서 타고 다니는 꼴을 생각하면 내 속이 편할 것 같나? 이 차는 남편이 나를 위해 사 준 것인데 이걸 팔다니, 생각조차 할 수 없어. 그저 자네한테 선사하고 싶군. 자네는 좋은 물건의 진가를 알아보는 사람이니까."

R은 어떻게든지 그녀의 기분을 상하지 않고 거절하려고 했지만 도저히 그렇게 할 수가 없었다. 넓은 집에서 그저 홀로 추억을 회상하며 살아온 노부인은 지금은 늙고 고독한 과부의 몸이 되어, 누가 조그만 칭찬이나 위로의 말을 해 주기만 해도 그것에서 큰 감동을 받게 된 것이다.

그런데 아무도 그 위안을 주려고 하지 않았던 것이다. 따라서 그녀는 R의 이해심 깊은 태도를 보자 사막에서 오아시스를 만난 듯이 기뻐하며, 패커드를 선물하지 않고는 못 배길 정도가 되었다.

혈통 있는 강아지를 얻다

도널드 M. 맥마혼의 이야기다. 그는 뉴욕에 있는 루이스 앤드 발렌

타인 조경 회사의 정원 책임자로, 어느 유명한 법률가의 집에서 정원 공사를 맡아 일하고 있었다. 그 집주인이 정원에 내려와 맥마흔에게 석류와 진달래 심을 자리를 지시해 주었다. 잠시 뒤 맥마흔이 말했다.

"선생님 참 흐뭇하시겠습니다. 저렇게 훌륭한 개를 여러 마리나 기르고 계시니 말이에요. 매디슨 스퀘어 가든 품평회에서 선생님 댁의 개들이 많은 상을 받았다면서요?"

그는 이러한 찬사에 신이 나서 한 시간가량이나 자기의 자랑거리인 개와 상패를 차례차례 보여 주었다. 그는 개들의 혈통서까지 끄집어내서는 개의 우열을 좌우하는 혈통에 관해서 열심히 설명했다. 마지막으로 그가 맥마흔에게 물었다.

"집에 아들이 있나요?"

맥마흔이 있다고 대답하자 그가 또다시 물었다.

"그 아이가 강아지를 좋아하나요?"

"그럼요, 아주 좋아합니다."

내 대답에 그가 말했다.

"좋아요, 그럼 강아지 한 마리를 내가 그 아이에게 선사하기로 하지."

그는 강아지 키우는 법을 설명하다가 잠깐 생각하더니 불쑥 말하였다.

"말로만 하면 잊어버리기 쉬우니까 종이에 써 주도록 하겠소."

집 안으로 들어간 집주인은 잠시 뒤 혈통서와 개 사육법을 타이핑

한 것과 함께, 돈을 주고 사려면 1백 달러는 될 만한 강아지를 건네주었다. 그는 자신의 귀중한 시간을 한 시간 반이나 할애하고 있었다. 이것이 모두 그의 취미와 그 성과에 대하여 내가 솔직하게 찬사를 보낸 데 대한 선물이었다.

여성의 사랑을 얻으려면

우리는 이 훌륭하고 즉각적인 효과를 가진 칭찬의 법칙을, 먼저 자기 가정에서부터 시험해 보아야 할 것이다. 가정만큼 이러한 칭찬이 필요한 곳도 없으며, 가정만큼 이러한 관심이 등한시되는 곳도 없다. 어떠한 배우자에게든 반드시 장점이 있다. 적어도 그 점을 인정했으므로 결혼을 하게 되었을 것이다. 여러분은 자신의 아내 또는 남편의 매력에 대하여 찬사를 보내지 않은 지 벌써 몇 년이나 지났는가를 한 번 반문해 보아야 할 것이다.

특히 여성의 사랑을 획득하는 방법을 알려고 한다면 그 비결을 하나 가르쳐 주겠다. 대단히 효과가 있는 방법으로, 사실은 내가 발견한 것이 아니라 도로시 딕스 여사로부터 배운 것이다. 딕스는 스물세 명의 여자들 마음과 저금통장을 차례차례 손아귀에 넣은 유명한 결혼 사기꾼과 면담을 한 일이 있었다. 여성의 사랑을 얻는 방법에 대하여 질문했더니 그가 이렇게 대답하더라고 한다.

"별로 어려운 일이라고는 없지요. 상대방의 이야기만 하고 있으면 다 됩니다."

사람의 호감을 사는 여섯 번째 법칙은 상대방이 중요한 존재라는 느낌을 갖도록 하는 것이다. 그것도 성의 있게 진심으로 행하여야 한다.

여기까지 읽었으면 한 번 책을 덮고 그 칭찬의 철학을 여러분 주변에 있는 사람들에게 응용해 보기 바란다. 그 효과는 놀라울 것이다.

SUMMARY 사람의 호감을 사는 법

① 다른 사람에게 진심으로 관심을 갖는 사람이 되라.

② 미소를 선사하라.

③ 사람에게는 무엇보다도 자기의 이름이 가장 반갑고 가장 중요하다는 사실을 기억하라.

④ 귀를 기울이는 자가 되어라. 남이 자기 자신에 관해서 말하도록 격려하라.

⑤ 상대의 관심을 중심으로 대화를 하라.

⑥ 상대방이 중요한 인물이라고 느끼도록 하라.

CARNEGIE

40대가 마음을 지키는 법

CHAPTER 10

마흔에 읽는
카네기
Dale Carnegie

지치기 전에 쉬어라

01

피로를 예방하면 고민이 예방된다

피로는 가끔 고민을 불러일으킨다. 적어도 고민은 감염되기 쉽다. 또한 피로는 흔히 감기를 비롯한 다른 모든 질병에 대한 육체적 저항력을 약하게 한다. 정신과 의사는 피로가 공포나 근심 등의 감정에 대한 저항력을 저하시킨다고도 말한다.

에드먼드 야콥슨 박사는 휴양에 관한 두 권의 저서 『적극적 휴양』과 『휴양의 필요』를 내놓았다. 시카고 대학의 임상 생리학 연구 소장으로서 그는 수년 동안 의료의 한 방법으로 휴양에 대한 연구를 지도하여 왔다.

그는 어떠한 신경질적 또는 감정적 상태도 '완전한 휴양이 있는 곳에는 존재할 수 없다'고 단언하고 있다. 이것은 '당신이 휴양하고 있는 상태에 있다면 계속 고민할 수는 없다'라는 말이 된다. 따라서 피로와 고민을 예방하는 제1 법칙은 가끔 휴식할 것. 피로하기 전에 휴식하라는 뜻이다.

심장도 하루 9시간밖에 활동하지 않는다

어째서 휴식이 그토록 중요한가? 피로는 놀라운 속도로 쌓이는 것이기 때문이다. 미 육군은 여러 번 시험한 결과 장기간의 군사훈련으로 단련되어 있는 병사들도 1시간에 10분가량 배낭을 내려놓고 휴식하는 편이, 행군도 더 잘 되고 지구력도 강해진다는 사실을 알았다. 그래서 미국 육군에서는 휴식을 강조하고 있다.

인간의 심장은 매일 급수차를 채울 수 있는 양의 혈액을 온몸에 순환시키기 위해 활동하고 있다. 심장은 24시간에 20톤의 석탄을 3피트 높이로 충분히 퍼 올릴 수 있는 에너지를 소비하고 있다. 이 믿기 어려운 중노동을 50년, 70년, 90년이나 하는 것이다.

어떻게 해서 그와 같은 노동을 견디어 낼 수 있을까? 하버드 의과대학 월터 캐넌 박사의 설명을 듣기로 하자.

"사람들은 대부분 심장이 항상 활동하고 있다고 생각하지만, 실제로는 수축할 때마다 일정한 휴식기가 있다. 매분 70이라는 알맞은 속도로 고동칠 때 심장은 실제로는 24시간 중에서 겨우 9시간밖에 활동하고 있지 않은 것이다. 전체적으로 휴식 시간은 하루에 15시간 정도가 된다."

낮잠

제2차 세계대전 때 윈스턴 처칠은 60대 후반에서 70대 초기의 나이였지만, 전쟁 중 하루에 19시간을 일하면서 영국 육해군의 활동을 지휘할 수 있었다. 그 비결은 무엇일까?

그는 아침 11시까지는 침대에 누운 채 보고서를 읽고 명령서는 구두로 전달하며, 전화를 걸어 중대한 회의를 열기도 했다. 그는 식사 후에는 도로 침대로 되돌아가 한 시간 낮잠을 잤다. 저녁때가 되면 또다시 침대에 누워 8시의 저녁 식사 때까지 두 시간 동안을 잤다. 그는 피로를 회복한 것이 아니다. 회복할 필요가 없었다. 처칠은 피로를 예방했다. 여러 번이나 휴식하여 발랄하고 기운차게 깊은 밤까지 일할 수가 있었던 것이다.

존 록펠러 1세는 특출한 기록을 두 가지 세웠다. 록펠러는 당대에 있어서 그 유례를 찾아 볼 수 없을 정도의 거부가 되었고 게다가 98세까지 장수했다. 어떻게 그처럼 하였을까?

주요한 이유는 그가 장수할 소질을 선천적으로 이어받았기 때문이지만 또 하나의 이유는 매일 오후 사무실에서 반 시간 정도 낮잠을 자는 습관이 있었기 때문이다. 그는 매일 사무실의 소파에 눕고는 하였다. 록펠러가 코를 고는 동안은 미국의 대통령이라 할지라도 그를 전화통 앞에 불러낼 수는 없었다.

유명한 저서 『왜 피로한가』 속에서 다니엘 W. 조셀린은 〈휴식이란 전혀 아무것도 하지 않는 것이 아니다. 휴식은 수선이다!〉라고 말하고 있다. 짧은 시간 동안의 휴식일지라도 그 수선의 힘은 매우 크다. 5분간의 낮잠이라도 피로를 막는 효과가 있다.

야구계의 대원로 코니 맥은 시합 전에 낮잠을 자지 않으면 5회에 가서는 아주 피곤하게 된다고 나에게 이야기한 적이 있다. 그러나 5분간이라도 낮잠을 자면 거뜬히 더블헤더라도 해치울 수가 있었다.

앉을 수 있을 때는 앉아라

엘리너 루스벨트는 백악관에서의 12년 동안 그렇게 힘든 일을 어떻게 해낼 수 있었느냐는 질문에, 사람들과 회견한다든가 연설을 한다든가 하기 전에는 의자나 소파에 앉아 눈을 감고 20분 동안 휴식하였다고 대답했다.

나는 최근 매디슨 스퀘어 가든의 휴게실에서 딘 오틀리와 회견했는데, 거기에는 간이침대가 놓여 있었다.

"나는 매일 휴식 시간에는 거기에 누워 한 시간가량 잠을 잡니다. 할리우드에서 영화를 제작하고 있을 때는 아주 큼직한 안락의자에서 20~30분 동안 휴식합니다. 그렇게 하면 완전히 기운이 되살아납니다."

그의 이야기이다. 에디슨은 그의 놀라운 정력과 내구력은 자고 싶을 때 자는 습관 덕분이라고 말했다.

나는 헨리 포드가 80세의 생일을 맞기 직전에 그와 회견했는데, 여전히 매우 젊고 정정한 데 놀랐다. 그에게 비결을 물었더니 그가 대답했다.

"나는 앉을 수 있을 때는 절대로 서 있지 않으며 누울 수 있을 때는 결코 앉아 있지 않습니다."

근대 교육의 아버지인 호레이스 만도 나이가 들어감에 따라 이와 같이 하였다. 그는 안티오크 대학의 학장 시절에 언제나 안락의자에 누운 채 학생들을 면접했다.

나는 할리우드의 한 영화감독에게도 그처럼 휴식을 취해 보라고 권했다. 그러자 그는 기적이 일어났다고 고백했다. 수년 전에 나를 만나러 왔을 때는 메트로 골드윈 마이어MGM 영화사의 단편 담당 부장이었는데 몹시 피로해 있었다. 그는 여러 방법을 다해 보았다. 강장제며 비타민제를 비롯하여 갖가지 약을 복용했지만 아무런 효과도 없었다.

그 무렵 내가 그에게 날마다 휴식을 가져 보라고 권했던 것이다. 어떻게? 나는 작가들과 회의를 할 때도 사무실이라면 안락의자에 누워 있으라고 권하였었다. 2년 뒤, 다시 그를 만났을 때 그가 말했다.

"기적이 일어났습니다. 주치의가 그렇게 말했습니다. 전에는 단편의 구상을 의논할 때 몸이 굳도록 앉아 있었는데 지금은 누워서 하고 있습니다. 요사이 20년 이래 이토록 기분이 좋았던 적이 없습니다. 요즈음은 전보다 두 시간이나 더 일을 많이 하지만 피로하지 않습니다."

보약보다 휴식이 좋다

어떻게 하면 업무 중 취하는 휴식의 방법을 당신에게 적용시킬 수 있겠는가? 만약 당신이 일반 직원이라면 에디슨이 했듯이 사무실에서 낮잠을 잘 수는 없을 것이고, 회계원이라면 누운 채 부장에게 회계 보고를 할 수도 없을 것이다. 하지만 그렇더라도 당신은 점심시간의 일부를 분명 이용할 수 있을 것이다. 점심 식사를 마친 후에 10분가량의 여유 시간을 만드는 일은 가능하다고 생각한다.

조지 C. 마셜 장군도 그렇게 했다. 그는 전시 중 군을 지휘하느라 너무 바빠서 정오에는 반드시 쉴 필요가 있었다. 만약 당신이 50세가 지났는데도 그럴 틈이 없다면 재빨리 가능한 한 큰 생명보험에 들어야 한다. 요즘은 장례식 비용도 싸지 않고 갑자기 죽는 일도 많기 때문이다. 당신의 배우자는 당신의 보험금을 타서 젊은 상대와 결혼하기를 원하고 있는지도 모른다.

만약 당신이 점심 식사 후 낮잠을 잘 수 없다면 저녁 식사 전에 한 시간을 자는 것도 좋은 일이다. 그것은 하이볼 한 잔보다도 싸고 장거리경주보다도 효과가 있다. 만약 5시에서 6시 또는 7시에 한 시간가량 잘 수가 있다면 당신은 깨어 있는 동안의 생활에 한 시간을 더한 것이다. 저녁 식사를 하기 전 잠을 잔 시간에 야간 6시간을 합한 7시간의 잠은 연속 8시간의 잠보다도 훨씬 당신에게 이익을 가져다주기 때문이다.

피곤하기 전에 쉬면 4배의 일을 한다

육체노동자가 휴식 시간을 늘린다면 보다 많이 일할 수 있다. 프레데릭 테일러가 과학적 경영의 전문가로서 베들레헴 강철 회사에서 공동으로 연구하고 있을 때, 이 사실을 입증하였다.

그는 노동자 한 사람이 하루에 12톤 반의 선철을 화차에 싣는 작업을 하면 정오에는 피로에 지쳐 버린다는 사실을 알았다. 그는 피로의 요소를 모두 과학적으로 연구한 결과, 노동자들은 하루에 12톤 반이 아니라 47톤의 선철을 싣는 작업을 해야 한다고 단언하였다. 그에 따르면 이제까지보다 약 4배의 작업을 시켜도 피로하여 지치는 일은 없다는 것이었다.

테일러는 이 사실을 증명하기 위해 슈미트라는 사나이를 골라 스톱워치에 따라 일하도록 했다. 슈미트는 스톱워치를 들고 있는 사나이의 명령대로 일했다. "자아, 선철을 들어 올리고 걸어라. …… 이제 앉아서 쉬어라. …… 이제, 걸어라. …… 이제 쉬어라" 하는 식이다.

그 결과 어떻게 되었는지 아는가?

다른 사람들은 한 사람당 12톤 반밖에 운반하지 못했지만 슈미트는 매일 47톤의 선철을 운반하였다. 그리고 그는 테일러가 베들레헴사에 있는 3년 동안 이 속도로 일을 계속했다. 슈미트가 이렇게 일할 수 있었던 것은 피로하기 전에 쉬었기 때문이다. 슈미트는 한 시간 동안에 약 26분 일하고 34분을 쉬었다. 그는 일하는 시간보다도 쉬는 시간이 많았지만 그래도 다른 사람들보다 4배에 가까운 일을 했다.

이것이 단순한 우연일까? 아니다. 의심나는 사람은 프레데릭 윈슬로 테일러의 『과학적 관리법』을 한 번 읽어 보라. 다시 한 번 되풀이한다. 군대에서 하는 방법을 실행하라.

가끔 휴식하라. 당신의 심장과 똑같이 일하라. 피곤해지기 전에 쉬어라. 그렇게 하면 당신이 깨어 있는 인생에 하루 한 시간을 덧붙이게 되는 것이다.

어떻게 몸을 편하게 하는가

02

두뇌는 피로를 전혀 모른다

여기에 놀랍고도 의미 깊은 사실이 있다. 정신적 작업만으로 사람은 피로해지지 않는다는 사실이다. 바보 같은 소리로 들릴지도 모른다. 하지만 수년 전에 과학자들은 사람의 두뇌가 피로하지 않고 얼마나 오래 일할 수 있는가를 발견하고자 시험해 보았다.

놀랍게도 과학자들은 두뇌를 통과하는 혈액이 활동하는 동안에는, 전혀 피로함을 보이지 않는다는 것을 발견했다. 품팔이 노동자에게서 채취한 혈액에서는 피로 독소와 피로 생성물이 가득 차 있지만, 앨버트 아인슈타인의 두뇌에서 뽑아낸 한 방울의 피에는 그것이 하루의 끝일지라도 피로 독소는 볼 수 없다는 것이다.

두뇌에 관한 한 8시간 혹은 12시간 동안을 활동한 뒤라도 처음과 마찬가지 정도로 활발하게 일할 수가 있다는 뜻이다. 두뇌는 전혀 피로를 모른다. 그럼 무엇이 사람을 피로하게 하는가?

감정적 태도가 원인이다

정신의학자는 피로의 대부분은 우리들의 정신적 감정적 태도에 원인이 있다고 단언하고 있다. 영국의 유명한 정신병 학자 J. A. 하드필드는 그의 저서 『힘의 심리』 속에서 말하였다.

〈우리를 괴롭히는 피로의 대부분은 정신적 원인에서 오고 있다. 순수하게 육체적 원인에서 오는 피로는 극히 드물다.〉

또 미국의 가장 뛰어난 정신의학자 가운데 한 사람인 A. A. 부릴 박사는 한 걸음 더 나아가 판단하고 있다.

〈건강한 정신노동자의 피로의 원인은 100%가 심리적 요소 즉, 감정적 요소이다.〉

그렇다면 어떤 종류의 감정적 요소가 노동자를 피로하게 하는 것일까? 기쁨인가 만족인가? 아니, 결코 아니다. 지루함, 원한, 정당하게 평가되어 있지 않다는 기분, 초조, 불안, 번뇌—이러한 감정적 요소가 정신노동자를 피로하게 하고 면역력을 낮춰 감기를 일으키고 신경성을 띤 두통을 느끼게 하고 생산을 감퇴시킨 채 집으로 돌아가게 하는 것이다. 우리의 감정이 신체 내에 신경적 긴장을 낳게 하기 때문에 피로하게 되는 것이다.

메트로폴리탄 생명보험회사는 피로에 관한 작은 책자 속에서 이 사실을 지적하였다.

〈심한 일 그 자체에서 오는 피로는 대개의 경우 충분히 자거나 휴식하면 회복된다. …… 고민, 긴장, 감정의 혼란이 피로의 대원인이다. 가끔 육체적 정신적인 것 때문에 생긴다고 여겨지는 피로도 고민, 감정의 혼란이 원인이 되는 경우가 많다. …… 긴장한 근육은 일하고 있는 근육이라는 것을 잊어서는 안 된다. 편히 쉬라! 중요한 일을 위해 정력을 축적하라.〉

나 자신은?

지금 곧 하던 일을 멈추고 자기 자신을 점검해 보라. 이 부분을 읽어갈 때 당신은 책을 노려보고 있지 않은가, 눈과 눈 사이에 어떤 긴장감이 느껴지지 않는가, 느긋하고 편안하게 의자에 앉아 있는가, 어깨에 힘이 들어가 있지 않은가, 얼굴이 굳어 있지는 않은가.

만약 당신의 온몸이 낡은 헝겊으로 만든 인형처럼 축 늘어져 있지 않다면, 당신은 이 순간 신경의 긴장과 근육의 긴장을 일으키고 있는 것이다. 어째서 우리는 정신적 노동을 함으로써 이런 불필요한 긴장을 생기게 하는가? 조셀린은 말하였다.

"곤란한 일은 노력의 감정을 필요로 하고 감정적 소비가 없으면 잘 되지 않는다고 일반적으로 믿어 버리는 것이 크나큰 장해가 된다."

그래서 우리는 정신을 집중할 때에 얼굴을 찡그리거나 어깨에 힘을 주고 노력의 동작을 일으키기 위해 근육에 힘을 주지만, 이는 우리의 두뇌 활동에 도움을 주지 않는다.

긴장도 습관이고 휴식도 습관이다

여기에 놀랍고 슬픈 진리가 있다. 돈을 낭비하려는 생각 같은 것은 꿈에도 하지 않는 수많은 사람들이 술 취한 선원처럼 엉망진창으로 그들의 정력을 낭비한다는 점이다.

이 신경 피로에 대한 대책은 무엇인가. 휴식, 휴식, 휴식이다. 일을 하면서 휴식하는 방법을 배워야 한다.

쉬운 일은 아니다. 아마 당신 일생의 습관을 바꾸어야만 할 것이기 때문이다. 그러나 그것은 노력할 만한 가치가 있다. 그 때문에 당신의 생애에 일대 혁명을 가져오게 될지도 모르니까. 윌리엄 제임스는 그의 『휴양의 복음』이라는 수필집에서 말했다.

〈미국인의 과도한 긴장, 변덕스런 기분, 급박함, 강렬함, 격동의 표정…… 이것들은 참으로 나쁜 습관이며 전혀 가질 필요가 없는 것들이다.〉

긴장은 습관이다. 휴식도 습관이다. 나쁜 습관은 깨 버릴 수가 있고 좋은 습관은 만들 수가 있다.

눈의 피로를 먼저 풀어라

이제 어떻게 하여 편안히 할 수 있는지 그 방법을 소개하려 한다. 언제나 근육을 풀어 주는 것에서부터 시작하는 것이다!

어떻게 하는지 한 번 해 보자. 먼저 눈부터 시작하자. 이 문장을 끝까지 다 읽고 나면 눈을 감는다. 그리고 조용히 눈을 향해 이렇게 말하는 것이다.

"쉬어라, 쉬어. 긴장을 풀어라. 찡그린 얼굴을 펴라. 쉬어라, 쉬어."

1분 동안 조용히 몇 번이고 계속해 말한다. 2, 3초가 지나면 당신은 눈의 근육이 이 말에 따르기 시작한 것을 느끼게 될 것이다. 누군가의 손이 긴장을 씻어 가 버린 것처럼 느껴지지 않았는가.

믿어지지 않을지 모르지만 당신은 이 1분 동안에 휴식 기술의 모든 열쇠와 비결을 터득하였다. 턱, 얼굴의 근육, 목, 어깨, 온몸에 대해서도 똑같은 방법이 들어맞는다.

그중에서 가장 중요한 기관은 눈이다. 시카고 대학의 에드먼드 야콥슨 박사는 만약 인간이 눈의 근육을 완전히 편안하게 할 수가 있다면 모든 고민을 잊을 것이라고까지 말하였다.

어째서 시각신경의 긴장을 제거하는 일이 그토록 중요할까? 눈은 신체가 소비하고 있는 모든 신경 에너지의 4분의 1을 소비하고 있기 때문이다. 시력이 완전한 수많은 사람들이 눈의 피로 때문에 괴로워하는 이유도 바로 여기에 있다. 그들은 눈을 긴장시키고 있는 것이다.

축 늘어진 낡은 양말이 되라

유명한 소설가 비키 봄은 어렸을 때, 한 노인에게서 참으로 귀중한 교훈을 배웠다. 넘어져 무릎과 손목을 다친 비키에게 한 노인이 다가왔다. 그녀를 도와 일으키고 흙을 털어 준 노인이 말했다.

"네가 다친 것은 몸을 편하게 할 줄 모르기 때문이다. 낡아서 늘어진 양말처럼 부드럽게 하고 있어야 한다. 이리 오너라, 할아버지가 그걸 보여 줄 테니까."

그 노인은 전에 서커스단의 광대로서 그녀와 다른 아이들에게 넘어지는 방법, 물구나무 서는 방법, 공중에서 한 바퀴 도는 방법 등을 해 보였다. 그리고 이어 타이르듯 말했다.

"자신을 축 늘어진 낡은 양말이라고 말하는 거다. 그리고 언제나 몸을 편하게 하고 있는 거야."

의식적으로 노력하지 말라

당신은 언제 어디에 있든 몸을 편안히 할 수가 있다. 그러나 의식적으로 편안히 하려고 노력해서는 안 된다. 편안히 한다는 것은 긴장과 노력이 모두 없다는 뜻이다. 우선 눈과 얼굴의 근육을 쉬게 하는 것에서 시작하여 몇 번이든 자신을 타이르도록 한다.

'쉬어라, 쉬어. 몸을 편안하게 해라.'

그렇게 하면 에너지가 얼굴의 구석에서 신체의 중심부로 흘러가는 것을 알 수 있다. 그리고 갓난아이처럼 긴장에서 해방될 것이 틀림없다.

유명한 소프라노 가수 갈리쿠르치도 그랬다. 헬렌 제퍼슨은 공연이 시작되기 전에 자주 갈리쿠르치를 만났는데, 그녀는 의자에 힘을 빼고 앉아 아랫입술을 축 늘어뜨리고 있었다고 한다.

몸을 편하게 하는 방법

몸을 편안하게 하는 방법을 배우는 데 도움이 되는 방법을 제시한다.

① 항상 몸을 편하게 하라. 신체를 헌 양말처럼 축 늘어지게 한다. 나는 이 점을 잊지 않기 위해 낡은 양말 한 짝을 책상 위에 놓아둔다. 언제나 축 늘어져 있는 일의 중요성을 잊지 않기 위해서다.

양말이 없다면 고양이라도 좋다. 양지바른 곳에서 자고 있는 새끼 고양이를 집어 올린 적이 있는 사람들은 알 것이다. 그러면 앞뒤의 다리가 물에 젖은 종이처럼 축 늘어진다. 당신이 고양이처럼 몸을 편안하게 할 줄 안다면 틀림없이 긴장에서 기인하는 불행을 면할 수가 있을 것이다.

② 될 수 있는 대로 편안한 자세로 일하라. 신체가 긴장하면 어깨가 뻐근해지고 신경이 피로해진다는 것을 잊지 말라.

③ 하루에 네다섯 번 자신을 검토해 보라.

'나는 일을 실제 이상으로 곤란하게 만들고 있지는 않은가? 나는 이 일에 관계없는 근육을 쓰고 있지는 않은가?'

이렇게 하면 틀림없이 몸을 편안하게 하는 습관에 도움이 될 것이다.

④ 하루 일이 끝났을 때 다시 자신에게 물어본다.

'나는 얼마나 피로한가? 만약 피로해 있다면 그것은 내가 정신적 노동을 하였기 때문이 아니라, 그 방법 때문에 그렇다.'

다니엘 조셀린은 말하였다.

"나는 하루 일이 끝났을 때 일의 결과를 얼마나 피로해 있는가로 계산하지 않고, 얼마나 피로해 있지 않은가로 계산한다. 하루 일이 끝나고 몹시 피로할 때는 일한 양과 질에 관하여 전혀 효과가 없었던 날이었음을 알게 된다."

만일에 모든 사업가가 이 같은 교훈을 배운다면 지나친 긴장으로 인한 사망률은 훨씬 줄어들 것이다. 그리고 피로나 고민으로 지친 사람들로 요양소나 정신병원이 만원이 되는 일도 없어질 것이다.

상대에게 털어놓고 말하라

03

보스턴 의료 교실

어느 해 가을날, 내가 잘 아는 어떤 사람이 세계에서 가장 귀한 의료 교실의 하나에 출석하기 위해 보스턴으로 갔다. 그렇다. 의료 교실이다. 그 교실은 보스턴 의료원에서 일주일에 한 번씩 열리는 것으로, 그곳에 참석하기 위해서는 미리 정기적으로 철저한 건강진단을 받아야만 한다.

이 교실은 정식으로는 응용 심리학 교실이라고 불리지만, 실제 목적은 고민으로 병이 든 사람들을 다루는 데 있다. 실제로는 심리학 진료소인 것이다. 환자들 대부분은 감정적으로 이상이 있는 주부들이다.

어떻게 해서 이 교실이 발족한 것일까? 1930년 윌리엄 오슬러 경에게서 배운 조셉 프라트 박사는, 보스턴 의료원에 오는 많은 환자들이 겉으로는 아무런 이상이 없는 것처럼 보이나 실제로는 여러 질병의 증상을 나타내고 있음을 깨달았다. 어떤 부인의 손은 관절염으로 몹시 굽어 있어 아주 부자유스러웠고 또 다른 부인은 위암의 증세가 있어 고민하고 있었다. 다른 사람들은 등이 아프거나 머리가 아파 만성적으로 피로해 있으며 혹은 그저 막연히 아프다고 하였다.

그들은 실제로 이러한 고통을 느끼고 있었다. 그런데 철저하게 건강진단을 해 본 결과 육체적으로는 아무 이상도 발견하지 못하였다. 구식 의사들이었다면 틀림없이 기분 탓이다 상상이다 하고 처리해 버렸을 것이다.

하지만 프라트 박사는 이러한 환자들에게 "집에 가서 그것을 잊어버리세요"라고 말하는 일이 쓸데없다는 것을 알고 있었다. 이런 부인들은 대부분 병에 걸리고 싶지 않은 것이다. 간단하게 병을 잊어버릴 수 있었다면 벌써 자기가 실행하고 있어 상담받으러 오는 일은 생기지도 않았을 것이다.

그럼 어떻게 하면 좋은가? 프라트 박사는 일부 의사나 관계자들의 반대를 물리치고 이 교실을 열었다. 그리고 이 의료 교실은 훌륭한 업적을 올렸다. 개설된 이래 18년 동안 수천 명의 환자가 의료 교실에 출석하여 완쾌되었다. 환자 가운데는 교회에 출석하듯이 종교적인 열성으로 해마다 출석하는 사람도 있었다.

나의 조수는 9년 동안이나 계속해서 출석한 한 부인과 이야기를 나누었다. 그녀가 처음으로 진료소에 갔을 때, 자신은 신장과 심장에 병을 앓고 있다고 확신했었다고 한다. 그녀는 너무나 근심하고 긴장한 때문에 때때로 눈앞이 캄캄해지기도 하고 보이지 않게 된 적도 있었다. 그러던 그녀가 지금은 마음이 차분해져서 쾌활하고 건강하다. 그녀는 마흔 살을 조금 넘은 나이로밖에 보이지 않았으나 손자를 안고 있었다. 그녀가 말했다.

"나는 가정불화로 너무도 괴로워서 차라리 죽어 버리려고 했을 정도였습니다. 그러나 이 진료소에서 아무리 고민해 보았자 소용이 없다는 것을 깨달았습니다. 저는 고민하지 않는 방법을 알았습니다. 지금의 생활은 정말로 평온하다고 할 수 있습니다."

믿고 말할 사람을 찾으라

이 교실의 의학 고문인 로즈 힐퍼딩 박사는 고민을 줄이기 위한 가장 좋은 방법에 대하여 말했다.

"누군가 신뢰하는 사람에게 괴로움을 털어놓는 것이다. 우리는 이것을 '배설'이라고 부른다. 환자들은 여기에 와서 자세하게 자기들의 고민을 털어놓음으로써 그것을 마음속에서 몰아 낼 수가 있다. 혼자 걱정하고 자기의 가슴속에만 품고 있는 한, 크나큰 신경의 긴장을 불러일으킨다. 우리는 모두 자기의 고민을 서로 나누어야만 한다. 고생도 서로 나누어야만 한다. 이 세상에 자기의 고민을 들어주고 이해해 주는 사람이 있다고 느껴야만 한다."

나의 조수는 한 부인이 자신의 고민을 털어놓음으로써 마음이 깨끗해진 것을 실제로 보았다. 그녀의 고민은 가정 문제였다. 처음에 그녀가 이야기하기 시작했을 때는 긴장으로 굳어 있었으나, 이야기가 진행됨에 따라 침착해져 갔다. 이야기가 끝나 갈 무렵에는 미소까지 띠고 있었다.

문제는 해결되었을까. 아니다. 문제의 근원적 해결은 그렇게 간단하게는 되지 않았다. 그녀의 마음을 바꾸게 한 것은 누구에겐가 털어놓았다는 사실, 충고와 동정을 조금 받았다는 사실이다. 그녀의 심경을 변화하게 한 치료의 큰 효과는 말 속에 포함되어 있었던 것이다.

정신분석은 어느 정도까지는 이 '말'의 치유력을 바탕으로 하고 있다. 프로이트 이래로 정신분석자는 만약 환자가 이야기만 할 수 있다면, 그의 내부에 있는 불안으로부터 안심을 찾아 낼 수 있다는 것을 알고 있다.

어째서인가? 아마도 그것은 이야기함으로써 우리 자신의 고민을 어느 정도 분명하게 할 수가 있으며 사물의 경중을 판단할 수가 있기 때문일 것이다. 정확하게는 아무도 대답할 수 없다. 그러나 우리는 모두 다른 사람에게 '털어놓는 것' '가슴의 덩어리를 토해 내는 것'이 곧 안정감을 준다는 것을 알고 있다.

앞으로 우리에게 무언가 고민거리가 생기면 그것을 털어놓고 말할 사람을 찾아내야만 할 것이다. 물론 나는 아무나 붙잡고 하소연을 늘어놓거나 불평을 늘어놓거나 하여 모든 사람에게 따돌림을 받는 사람이 되라는 것이 아니다. 믿을 만한 사람을 골라 의논이 가능하도록 하라는 뜻이다. 친척, 의사, 변호사, 목사, 모두 좋다. 그리고 신뢰할 만한 그 사람들에게 말하는 것이다.

"나는 당신이 조언해 주기를 바라고 있습니다. 문제가 있는데 저의 이야기를 들어주십시오. 조언을 해 주실 수 있으리라고 생각합니다. 당신은 나 자신이 깨닫지 못하는 다른 각도에서 볼 수 있을 겁니다. 비록 당신에게 보이지 않는다 해도 당신이 내 이야기를 처음부터 끝까지 들어주시는 것만으로 나에게는 정말 고마운 일입니다."

만약 이야기를 들어줄 만한 사람이 정말 한 사람도 없다면 도움을 얻을 수 있는 단체 등을 알아보도록 한다. 하지만 나는 누군가 개인적으로 이야기를 들어주는 사람에게 찾아가기를 권하고 싶다. 그 편이 당신에게 보다 큰 안도감을 줄 것이기 때문이다.

가정에서의 실천 방향

고민을 남김없이 다 이야기해 버릴 것, 이것이 보스턴 의료 교실에서 쓰는 중요한 방법인데 그 외에도 몇 가지 방법이 더 있다. 이것은 당신이 가정에서도 실행할 수 있는 방법이다.

① 감명을 주는 책을 위하여 공책이나 스크랩북을 준비할 것.

그 속에 당신을 감동시키고 향상시키는 시, 짤막한 기도문, 인용문을 쓰거나 붙인다. 그렇게 하면 음산하게 비 오는 날 오후나 공연히 마음이 울적할 때, 이 공책 가운데서 마음이 활짝 개게 해 주는 시나 기도문이 발견될 것이다. 앞서 말한 의료원 환자 중에는 오랫동안 이러한 공책을 만들어 활용하는 사람이 많다.

② 다른 사람의 결점에 언제까지나 구애되지 말 것.

확실히 당신의 배우자에게도 결점은 있다. 그가 성자였다면 당신과 결혼하지 않았을 것이다. 의료 교실 참가자 중에는 잔소리가 많고 바가지를 자꾸 긁는데다가 바짝 마른 마누라가 되어 가는 자신을 깨닫게 된 한 부인이 있었다. 그 부인은 "주인 양반이 돌아가시면 어떻게 하겠습니까?"라는 질문을 받고 금방 눈이 번쩍 뜨였다. 그녀는 깜짝 놀라 남편의 장점을 종이에 쭉 써 보기 시작했다. 그랬더니 퍽 많았다. 전제적인 폭군과 결혼했다는 후회가 들기 시작하거든 당신도 이런 방법을 한번 써 보는 게 좋을 것이다. 배우자의 좋은 점을 전부 써 본다면 그야말로 자신에게 이상적인 사람이었다고 깨달을 테니까.

③ 이웃 사람들에게 관심을 가질 것.

당신과 같은 동네에서 인생을 함께 살고 있는 사람들에 대하여 우호적이고도 건전한 관심을 깊게 해 갈 것. 아주 배타적이어서 자신에게는 한 사람의 친구도 없다고 믿고 있는 어느 부인이, 다음에 만날 사람에 대하여 이야깃거리를 만들어 보라는 지시를 받았다. 그래서 그녀는 시내 전철 안에서 만난 사람들의 배경과 생활을 상상해 보았다.

그리고 가는 곳마다 만나는 사람에게 이야기를 걸어 보았다. 그 결과, 고민은 사라지고 행복해졌으며 남과 사귀기를 좋아하는 사람이 될 수 있었다.

④ 오늘 밤 잠자리에 들기 전에 내일 할 일의 계획을 세울 것.

의료 교실에서는 많은 주부들이 해야 할 일에 끊임없이 쫓기는 것처럼 느끼고 있음을 발견했다. 일을 다했다고 생각한 경우가 없는 것이다. 담당의는 언제나 시간에 쫓기고 있는 주부들의 기분과 고민을 고치기 위해서 매일 밤 다음의 계획을 세우라는 지시를 내렸다. 그래서 어떻게 되었는지 아는가? 그녀들은 보다 많은 일을 마쳤고 피로는 줄었으며 보람과 성취감을 느껴 쉬는 시간도 화장하는 시간도 생겼다. 주부들은 매일 자신을 가꾸는 시간을 가져야 한다. 자신이 아름답다고 인식하는 주부들은 신경쇠약 같은 것에는 걸리지 않는 법이다.

⑤ 마지막으로 긴장과 피로를 피하여 몸을 편하게 할 것.

긴장과 피로만큼 당신을 빨리 늙게 하는 요소는 없다. 이것처럼 당신의 싱싱한 아름다움을 해치는 요소는 없다. 나의 조수는 보스턴의 정신 제어 교실에서 볼 E. 존슨 박사의 지도 아래 유연체조를 했는데 10분 뒤 그녀는 의자에 바른 자세로 앉은 채 잠이 들었더라고 한다. 고민을 몰아내기 위해서는 몸을 편하게 하는 일이 무엇보다도 중요하다.

주부들의 운동 방법

당신이 주부라면 몸을 편하게 하고 있어야만 한다. 당신에게 다행스러운 것이 있다. 당신은 언제라도 누울 수 있다는 사실이다. 마룻바닥에도 누울 수 있다. 딱딱한 마루는 탄력이 있는 침대보다 몸을 편히 쉬기에 적합하다. 저항이 강하기 때문에 척추에 좋은 것이다.

그럼 가정에서 할 수 있는 몇 가지 운동법을 들어 보겠다. 일주일 동안 계속해 보고, 당신의 용모나 성질에 대하여 어떠한 효과가 나타났는가를 알아보기로 하자.

① 피로하다고 느낄 때는 마룻바닥에 누워 될 수 있는 대로 몸을 쭉 뻗는다. 뒹굴어도 좋다. 하루에 두 번 한다.

② 눈을 감는다. 그리고 다음과 같이 말해 보는 것도 좋다.

"햇빛이 머리 위에서 비추고 있다. 하늘도 파랗고 맑다. 자연은 평온하지만 세계를 지배하고 있다. 나는 자연의 아들로서 우주와 조화하고 있다."

그보다는 기도하는 편이 한층 더 좋을지도 모른다.

③ 만약 해야 할 집안일이 많아 시간이 없다면 눕지 않고 의자에 앉아서도 거의 같은 효과를 올릴 수가 있다. 몸을 편하게 하는 데는 딱딱하고 똑바른 의자가 가장 적합하다.

- 이집트의 좌상처럼 똑바로 의자에 앉아 손바닥을 아래로 하여 무릎 위에 올려놓는다.
- 천천히 손톱 끝을 긴장시켰다가 힘을 뺀다. 다리의 근육을 긴장시켰다가 힘을 뺀다. 온몸의 모든 근육을 푸는 운동을 아래에서 위로 되풀이한다. 그렇게 목까지 이른다. 머리를 공처럼 힘 있게 돌린다. 그러는 동안 내내 "쉬어라……쉬어" 하고 계속 말한다.
- 천천히 안정된 호흡으로 신경을 안정시킨다. 심호흡을 한다. 인도의 고행자가 하는 방법은 올바른 것이었다. 리드미컬한 호흡은 신경을 안정시키기에 무엇보다도 좋은 방법이다.

④ 당신 얼굴의 주름살과 보기 싫은 표정에 마음을 두고 그것을 없애라. 이마에 그려진 주름살이나 입가의 주름을 펼 것. 하루에 두 번 그렇게 하면, 미용실에 가서 마사지를 부탁할 필요가 없어질 것이다. 주름살이 깨끗이 없어져 버릴 테니까.

CARNEGIE

일에 정열을 쏟는 법

CHAPTER 11

마흔에 읽는

카네기

Dale Carnegie

능률적으로 일하는 방법

01

당면한 문제에 관계있는 서류 이외는 치워라

시카고 노스웨스턴 철도회사 사장 롤런드 L. 윌리엄스는 말하였다.

"여러 가지 잡다한 서류를 책상 위에 산더미처럼 올려놓는 사람이 있는데, 당장 필요하지 않은 것을 치우면 좀 더 쉽고 정확하게 일할 수 있다는 사실을 알게 될 것이다. 이렇게 하는 것이야말로 능률을 올리는 첫 단계이다."

워싱턴의 국회 도서관 천정에는 〈교황의 질서는 하늘의 첫째 법칙이다〉라는 글귀가 씌어 있다.

질서는 일의 첫째 법칙이다. 그러나 대개 사업가의 책상 위에는, 몇 주일 동안이나 보지도 않은 것 같은 서류로 어지럽혀져 있다. 뉴올리

언스의 한 신문사 발행인이 나에게 한 말인데, 비서가 그의 책상 하나를 정리했더니 2년 전에 잃어버렸던 타자기가 나왔다고 한다.

답장을 하지 않은 편지, 보고, 메모로 어질러져 있는 책상은 보기만 해도 혼란, 긴장, 번민을 일으키기에 충분하다.

그런데 그 이상으로 좋지 않은 것이 있다. '꼭 해야만 하는 일을 할 시간이 없는 것'으로 이는 사람을 긴장과 피로로 몰아넣을 뿐만 아니라 고혈압, 심장병, 위암으로 발전시키기도 한다.

펜실베이니아 의과대학 교수인 존 H. 슈토크 박사는 미국의학협회에서 「장 질환으로써의 기능적 노이로제」라는 제목의 연구 보고를 했는데, 그 가운데 '환자의 정신 상태에서 찾아내야 하는 것'으로써 11가지 항목을 들고 있다. 그 첫째 항목은 다음과 같다.

〈해야만 한다는 관념 또는 의무감, 해야만 하는 일의 끊임없는 긴장〉

하지만 책상 위를 정돈하는 간단한 방법으로 고혈압, 의무감, 해야만 하는 일이 끊임없는 데서 오는 긴장 따위를 방지할 수 있을 것인가? 유명한 정신의학자 윌리엄 새들러 박사는 이 간단한 방법을 사용하여 신경쇠약을 방지할 수 있었던 한 환자의 이야기를 들려주었다.

그 남자는 시카고의 큰 회사 이사로 새들러 박사에게 왔을 때는 긴장과 초조, 번민으로 쓰러지기 직전 상태에 있었다. 그래도 일을 떠날 수는 없었기에 의사에게 도움을 청했던 것이다.

새들러 박사가 그 남자와 이야기하고 있는데 전화벨이 울렸다. 병원에서 온 급한 전화였다. 새들러 박사는 그 일을 그 자리에서 처리했다. 그것이 새들러 박사의 방침이었다. 그 일이 끝나자 곧 또 다른 전화가 걸려 왔다. 역시 긴급한 문제였으므로 그는 잠시 이야기를 나누었다. 세 번째의 방해는 새들러 박사의 동료가 찾아온 것이었다. 그 일이 끝난 뒤, 새들러 박사는 환자 쪽을 보고 오래 기다리게 하여서 미안하다고 사과했다. 그런데 그 남자가 밝은 표정을 짓고서는 말했다.

"천만의 말씀입니다, 선생님! 지금 이 10분 동안에 저는 제가 잘못하고 있었던 일을 안 것 같습니다. 사무실로 돌아가면 이제껏 일하던 습관을 바꿔야겠습니다. ……그런데 선생님, 실례지만 책상 좀 보여 주실 수 있으십니까?"

새들러 박사가 책상 서랍을 열었다. 안은 텅 비어 있었다. 남자가 물었다.

"처리되지 않은 일거리는 어디에 넣어 두셨습니까?"

"모두 처리가 끝났습니다."

새들러 박사가 대답했다.

"답장을 하지 못한 편지 같은 것은요?"

"그런 것은 하나도 없습니다. 저는 편지를 받는 즉시 답장을 하고 있습니다."

6주일 후, 이 남자는 새들러 박사를 자기 사무실로 초대했다. 그는 변해 있었다. 그의 책상도 달라졌다. 남자는 책상 서랍을 열어 그 속에는 처리되지 않은 일은 아무것도 없다는 사실을 보여 주면서 말했다.

"6주일 전에 저는 사무실 두 개에 책상 세 개를 가지고 있었습니다. 책상은 처리되지 않은 일거리로 가득 차 있었고요. 완전히 끝난 일이라곤 없었습니다. 선생님과 이야기를 나누고 돌아와서는 보고서며 묵은 서류를 모조리 없애 버렸습니다. 지금은 책상 하나로 일하고 있으며 일거리가 생기면 당장에 처리하여, 처리되지 못한 일 때문에 초조하거나 긴장하고 고민하는 일은 전혀 없습니다. 가장 놀라운 것은 제가 완전히 회복된 일입니다. 이제 아무 데도 아픈 곳이 없습니다!"

미국 대법원장이었던 찰스 에번스 휴슨은 말했다.

"사람은 과로 때문에 죽지는 않는다. 낭비와 번민 때문에 죽는 것이다."

그렇다. 낭비와 일거리, 언제까지나 끝나지 않는 번민 때문에 죽는 것이다.

중요도에 따라 처리하라

시티스서비스 회사의 창립자 헨리 L. 도허티는 월급의 정도로 찾아낼 수 없는 재능이 두 가지 있다고 말했다. 이 귀중한 능력의 하나는 생각하는 능력이고 또 하나는 중요도에 따라 일을 처리해 가는 능력이다.

빈털터리로 시작해 12년 동안에 펩소던트 사의 사장으로 출세한 찰스 럭먼은 자신은 헨리 도허티가 말한 두 가지 재능을 늘인 덕택으로 성공했다고 단언하였다.

"나는 오래 전부터 아침 5시에 일어난다. 이른 아침에는 생각을 잘 할 수 있기 때문이다. 하루의 계획을 세우고 일을 중요도에 따라 처리하는 계획을 세우는 데는 이른 아침이 제일 좋다."

미국에서 가장 성공한 보험 설계사의 한 사람인 프랑크 베트거는 하루의 계획을 세우는 데 아침 5시까지 기다리지 않았다. 그 전날 밤에 계획을 마쳤다. 이튿날 판매할 보험 액수를 정하는 것이다. 만약 팔다가 모자라면 그 금액을 다음 날 목표액에 덧붙인다.

나는 오랜 경험에서 사람이 반드시 사물을 그 중요도에 따라 처리할 수 없다는 것을 알고 있다. 하지만 가장 중요한 점은 처음에 계획을 세우는 방법이 형편에 따라 되는 대로 하는 방법보다는 훨씬 좋다는 것도 알고 있다.

만일 조지 버나드 쇼가 '중요한 것을 맨 먼저 할 것'을 엄중한 법칙으로 해 두지 않았다면, 아마도 그는 작가로서 실패하고 한평생 은행의 출납원으로 끝냈을지도 모른다. 그의 계획은 매일 반드시 5쪽씩 쓰는 것이었다. 이 계획에 의하여 그는 어렵게 9년 동안 노력하여 매일 5쪽씩을 계속 썼다. 그 9년 동안의 소득은 30달러, 하루에 1페니밖에 되지 않았지만 그는 자신의 계획을 멈추지 않았다. 심지어 로빈슨 크루소조차도 매일매일의 계획을 세웠다.

그 자리에서 해결하라

만약 결단에 필요한 사실관계를 갖고 있다면, 그 결단을 연기하지 말라. 고 H. P. 하웰은 나에게 이야기했다. 그가 US 스틸의 이사였을 때, 이사회에서는 언제나 여러 시간에 걸쳐 수많은 의안이 심의되었으나 결정은 대부분 그 다음으로 미루어지곤 했다. 그 결과 이사들은 산더미 같은 보고서를 집으로 가지고 돌아가 연구해야만 했다.

드디어 하웰은 한 번에 한 가지 의안을 가지고 심의 결정하기로 하자고 제안하여 전원을 설득했다. 연기나 보류는 허용하지 않았다. 새로운 보고를 요구하거나 어떤 일을 실행하거나 실행하지 않거나, 아무튼 현재의 안을 결정한 다음이 아니면 다른 의안으로 옮기지 않기로 한 것이다.

그 결과는 참으로 훌륭했다. 기록해 놓은 메모는 정리되고 일정표는 깨끗해졌으며, 보고서를 집으로 가지고 갈 필요도 없어졌다. 이제는 해결되지 않은 문제로 골치를 앓지 않게 좋아졌다는 것이다. 이는 US 스틸 이사회에 있어서뿐만 아니라 우리에게도 좋은 법칙이다.

조직화·대리화·지휘화를 배우라

실업가들은 대부분 책무를 다른 사람에게 대신 시키지 않고 자기 혼자 하려고 하다가 아직 그럴 정도의 나이도 안 되어서 죽어 간다. 자질구레한 일과 혼란에 짓눌려 고민, 불안, 긴장, 초조에 몰린 결과이다. 책임을 위임하는 일이 어렵다는 것은 나도 알고 있다. 나의 경험상 잘못된 사람에게 권위를 맡긴 데서 일어나는 재난도 알고 있다.

권위를 위임하는 일은 어렵지만 번민, 긴장, 피로에서 빠져나오고 싶다면 그것을 실행해야만 한다. 큰 사업을 이룩한 사람으로 조직화, 대리화, 지휘화하는 방법을 배우지 않는 사람은 50대나 60대 초기에 심장병으로 죽을 것이다. 날마다 실리는 신문의 사망 칸을 보면 알 것이다.

02

일에 정열을 가져라

남자 친구의 전화

피로의 주된 원인의 하나는 권태이다. 그것을 설명하기 위해 엘리스라는 속기사를 등장시키기로 하자.

어느 날 밤, 엘리스는 녹초가 되어 집으로 돌아왔다. 그녀는 정말 지쳐 있었다. 머리가 아팠고 등도 아팠다. 그녀는 저녁 식사도 하지 않고 곧장 잠자고 싶었지만, 어머니가 붙잡았기 때문에 어쩔 수 없이 식탁에 앉았다.

그 순간 전화벨이 울렸다. 남자 친구로부터였다! 댄스파티에 가자는 초대였다. 그녀의 눈은 빛났으며 별안간 기운이 났다. 2층으로 뛰어올라 가 옷을 갈아입고 나간 엘리스는 새벽 3시쯤까지 춤을 추었다. 집으로 돌아올 때까지 조금도 지쳐 있지 않았다. 사실 그녀는 너무나도 기분이 좋아 잠을 이루지 못했을 정도였다.

엘리스는 8시간 전에 정말 지쳐 있던 것이었을까? 분명히 지쳐 있었다. 그녀는 자신의 일로 우울해 있었고 인생을 역겨워하고 있었다. 엘리스와 같은 사람이 몇 백만 명이나 있을 것이다. 여러분도 그런 사람 중 하나일지 모른다.

인간의 감정적 태도가 육체적 노력보다 한층 더 피로를 낳게 한다는 것은 누구나 다 아는 사실이다. 수년 전 조셉 E. 바맥은 『심리 기록』 속에서 권태가 피로의 원인이 된다는 것을 입증하는 보고를 발표했다.

그는 한 무리의 학생들에게 흥미를 가질 수 없는 시험을 했다. 결과는 어떠했을까?

학생들은 피로해 했고 졸음이 왔으며, 두통과 안구의 피로 등을 호소하며 초조한 심정이 되어 있었다. 그중에는 위에 이상이 나타난 사람도 있었다.

이것이 모두 '상상'이었을까?

아니다. 이러한 학생들에 대하여 신진대사 시험을 해 보았더니 사람이 권태를 느끼면 인체의 혈압과 산소의 소비량이 감소되고, 사람이 자신의 일에 흥미와 기쁨을 느끼기 시작하면 순식간에 신진대사의 속도가 빨라진다는 것이 확인되었다. 인간은 무언가 흥미를 느끼고 흥분된 일을 하고 있을 때는 절대로 지치지 않는다.

특수부대와 40대 안내원

나는 최근 루이스 호숫가에 있는 캐나다 로키산맥에서 휴가를 보냈다. 나는 여러 날 동안 코랄 크리크를 따라 우리의 키보다도 높은 잡목이 우거진 숲을 헤치며 나무뿌리에 걸려 넘어지기도 하고 쓰러진 나무 밑을 빠져 나가기도 하고 송어 낚시도 했다. 나는 이것을 8시간이나 계속한 뒤에도 지치지 않았다.

어째서 그랬을까? 마음이 들떠서 뛰고 있었기 때문이다. 더 없는 성공감에 젖어 있었다. 큼직한 송어를 여섯 마리나 낚았기 때문이다. 만약 내가 낚시질을 지루해했다면 어떤 기분이 들었으리라고 생각하는가? 해발 7천 피트나 되는 고지에서의 심한 일에 녹초가 되어 버렸을 것이 틀림없다.

등산과 같은 격렬한 활동에 있어서도 지루함이 동반된다면 소모적인 일 이상으로 사람을 피로하게 한다. 이를테면 미니애폴리스의 은행가 S. H. 킹맨은 나에게 이 사실을 입증하는 이야기를 해 주었다.

1943년 7월, 캐나다 정부는 캐나다 산악회에 특별 유격대원의 등산 훈련에 필요한 안내자를 보내 달라고 요청했다. 킹맨은 이 안내자의 한 사람으로 선발되었다. 그리하여 40세에서 49세까지의 안내자들은 젊은 군인들을 인솔, 빙하를 건너고 눈 덮인 벌판을 가로질러 40피트나 되는 석벽을 기어 올라갔다. 그들은 작은 요호 계곡에 있는 여러 개의 꼭대기에도 기어 올라갔다. 그리하여 15시간에 걸쳐 등산을 끝낸 후에는 원기 발랄했던 젊은이들은 녹초가 되어 버리고 말았다.

그들의 피로는 이제까지 훈련받지 않았던 근육을 썼기 때문에 일어난 것이었을까? 격렬한 유격대의 훈련을 거쳐 온 젊은이들은 이런 어리석은 질문에 비웃을 것이다. 그들은 등산이 지루했기 때문에 피로했던 것이다. 그들은 너무도 피로하여 식사도 하지 않고 잠자리에 든 사람이 적지 않았다.

그런데 병사들보다도 두 배 세 배나 나이가 많은 안내자들은 어떠했을까? 그들도 지치기는 했지만 완전히 지쳐 버리지는 않았다. 안내자들은 저녁 식사를 하고 난 다음에도 몇 시간이나 자지 않고 앉아 그날 겪은 일에 대해서 이야기를 나누었다. 그들이 녹초가 되지 않았던 것은 등산에 흥미를 갖고 있었기 때문이다.

좋아하는 일을 하는 사람이 행복하다

콜롬비아 대학의 에드워드 손다이크 박사는 피로에 관한 실험을 할 때, 몇몇 청년에게 끊임없이 흥미를 갖게 하면서 약 1주일이나 잠을 못 자게 했다. 박사는 이 실험 결과를 말하였다.

"일의 능률이 감퇴되는 유일한 원인은 권태이다."

만약 당신이 정신노동자라면 일이 많아서 피로한 일은 없을 것이다. 자기가 하지 않은 일의 양으로 인해 피로한 것일지도 모른다. 이를테면 지난주의 어느 날 당신이 자꾸 일의 방해를 받았던 경우를 생각해 보면 좋을 것이다.

편지의 답장도 하지 않았다, 약속을 깨뜨렸다, 여러 가지 문제가 발생했다, 모든 것이 잘 되지가 않았다, 당신이 한 일은 모두가 헛수고로 끝났다, 당신은 녹초가 되어 집으로 돌아왔다, 깨질 듯한 머리를 안고.

다음 날은 모든 일이 잘 되어 전날보다 40배나 많은 일을 할 수 있었다. 당신은 눈처럼 흰 신선한 마음으로 집에 돌아왔다.

당신에게도 그와 같은 경험이 있을 것이다. 나에게도 있다. 반대되는 두 경험에서 배워야 할 교훈은? 다음과 같은 것이다.

우리의 피로는 일 때문에 일어나는 것이 아니라 고민, 좌절, 원한 때문에 일어난다. 이 장을 쓰는 도중 나는 제롬 컨의 재미있는 뮤지컬코미디 〈쇼 보트〉의 재연을 구경하러 갔다. 앤디 선장이 철학적 막간극 가운데서 말하였다.

"좋아하는 일을 할 수 있는 인간이 행복한 인간이다."

그들이 행복하다는 것은 보다 많은 정력과 행복을 가지고, 보다 적은 고민과 피로를 갖기 때문이다. 당신의 흥미가 있는 곳에 원기가 있다. 잔소리가 심한 배우자를 데리고 1마일을 걷는 것은 사랑스러운 연인과 10마일을 걷는 것 이상으로 피로하다.

자기 자신과 경쟁하라

그러면 어떻게 하면 좋은가? 어느 속기사의 한 실례를 소개하여 대답을 대신하겠다.

오클라호마의 어느 석유 회사에 근무하는 속기사의 이야기이다. 그녀는 매달 1주일은 상상도 할 수 없을 정도로 단조롭고 지루한 일을 하였다. 인쇄가 되어 있는 계약서에 숫자며 통계를 써넣는 일이었다. 그 일이 너무나도 지루했기 때문에 그녀는 자기방어를 위해서 그 일을 재미있게 해 보리라고 결심했다.

날마다 자기 자신과 경쟁하는 것이다. 그녀는 아침마다 자기가 작성한 계약서의 수를 세었다. 그리고 오후에는 그 이상을 만들려고 노력했다.

그 결과는 어떠했을까? 그녀는 그녀가 소속되어 있는 과의 속기사 가운데 어느 누구보다도 많은 계약서를 작성할 수 있었다.

그 과정이 그녀에게 칭찬, 감사, 승진, 급여 인상을 가져온 것은 아니다. 그러나 지루함에서 오는 피로를 방지하는 데는 도움이 되었다. 그것은 그녀에게 정신적 자극을 주었다. 지루한 일을 흥미 있는 일로 하려고 열심히 노력했기 때문에 보다 많은 에너지와 열의를 가지고 이전 이상으로 여가를 즐길 수 있었다.

나는 이 이야기가 사실이라는 것을 알고 있다. 왜냐하면 이 여인과 결혼했기 때문이다.

마치 행복한 것처럼

이번에는 자기의 일이 재미있는 것처럼 보이게 함으로써 이익을 본 속기사에 대한 이야기를 하려고 한다. 그녀는 언제나 일에 대하여 열의를 갖고 있었다. 그녀는 일리노이주 엘름허스트에 사는 발리 G. 골든 양으로, 그녀의 사무실에는 속기사가 네 명 있었다. 그들은 각기 4,

5명의 편지를 받도록 할당되어 있었는데, 이따금 할당된 일이 한꺼번에 쏟아져 들어와서 쩔쩔매는 수가 있었다.

어느 날, 한 부장이 골든이 길게 쓴 편지를 다시 치라고 하자 그녀는 거절하고 이 편지는 전부 다시 치지 않고 정정하면 된다고 말했다. 그러자 부장은 골든이 싫다고 하면 누구든 다른 사람에게 일을 시키겠다고 밝혔다.

골든은 화가 났지만 어쩔 수 없이 편지를 새로 치기 시작했다. 그러다 문득 자신을 대신하여 이 일을 하려는 사람들이 많다는 것을 깨달았다. 게다가 그녀는 그러한 일을 하면서 봉급을 받고 있었다. 그렇게 생각하자 마음이 안정되었고, 사실은 싫어하는 일이었지만 즐겁게 하는 것처럼 보여 주려고 결심했다.

그 뒤 골든은 변화된 사실을 알게 되었다. 자신이 일을 즐거워하고 있는 것처럼 행동하자, 정말로 조금씩 즐거워지기 시작했다는 사실이다. 또 일이 즐거워지면 능률이 올라간다는 사실도 깨달았다. 그리하여 그녀는 더 이상 시간외근무를 할 필요가 없게 되었다.

골든은 이 새로운 마음가짐 덕택으로 부지런히 일을 잘 한다는 평판을 받았다. 부장이 전속 비서가 필요해졌을 때는 골든과 함께 일하기를 원하였다. 시간외근무를 하여도 싫은 얼굴을 하지 않고 일하기 때문이라는 것이 이유였다. 이 마음가짐을 바꾸는 것에서 생기는 힘의 문제는 정말 중요한 발견이었고, 실로 매우 훌륭하게 도움이 되었다.

골든은 한스 바이힌겔 교수의 기적을 낳는 '마치…… 것처럼'이라는 철학을 사용한 것이다. 그는 우리에게 마치 행복한 '것처럼' 행동하라고 말하였다. 만약 당신이 자신의 일에 흥미가 있는 '것처럼' 행동한다면, 그 대수롭지 않은 행동이 그 흥미를 진실한 마음으로 바꾸어 줄 것이다. 그리고 그 노력이 당신의 피로, 긴장, 고민을 줄이는 좋은 방법이다.

어떻게 만드는가?

행복을 찾는 두 가지 사례를 이야기하려 한다.

수년 전 하이런 A. 하워드는 일대 결심을 했다. 그것이 그의 일생을 완전히 바꾸어 놓았다. 지루하기 짝이 없는 일을 재미있게 하려고 결심했던 것이다. 그는 자신이 하는 일이 정말 하찮다고 생각했다. 다른 소년들이 야구를 하거나 여자아이들과 놀거나 하고 있을 때, 그는 자신이 다니는 고등학교의 식당에서 접시를 닦기도 하고 아이스크림을 팔거나 하는 일을 하고 있었다. 하이런 하워드는 자신의 일을 경멸했다.

하지만 그는 일을 계속해야 했기에 아이스크림에 관하여 연구해 보자고 결심했다. 어떻게 만들어야 되는가, 어떤 재료를 사용하고 있는가, 어째서 맛이 있는 것과 없는 것이 있는가 등 그는 아이스크림을 위해 화학을 연구했다. 그 결과 고등학교 화학 과목에서 수석을 차지하였다. 그는 점점 영양화학에 흥미를 갖게 되어 매사추세츠 국립대학에 입학, 식품 화학을 전공하기에 이르렀다. 뉴욕의 코코아 거래소가 코코아의 초콜릿 이용에 관한 논문을 전국의 학생들로부터 모집했을 때, 하워드는 입선하여 상금 1백 달러를 획득했다.

그럼에도 취직을 할 수 없었으므로 매사추세츠주 자기 집 지하실에 개인 연구소를 차렸다. 이후 얼마 되지 않아 우유 속의 박테리아 함유량을 계산해야 한다는 새로운 법률이 시행되었다. 하워드는 자신이 사는 지역에 있는 14개의 우유 회사를 위해 박테리아를 계산하는 일을 맡았다. 일의 양이 많아 그는 조수를 두 사람이나 고용해야만 했다.

30년 후에 그는 어떻게 되어 있을까? 회사에 취직하여 30년 즈음이 지나면 대부분은 후배에게 길을 내주기 위해 물러나거나 하게 된다. 그리고 창의와 열의를 갖고 일하는 젊은 사람에 의해 그 업무가 전달될 것이다. 하지만 하이런 하워드는 30년 뒤 그가 종사하는 영양화학 분야에 있어서 지도자가 되어 있을 것이다.

그의 손에서 계산대 너머로 아이스크림을 샀던 급우들은 대부분 직업 일선에서 벗어나 의기소침하고 낙담하여 불평을 늘어놓을지도 모른다. 하워드도 그가 지루하게 여기던 일을 재미있게 하려고 결심하지 않았다면 기회는 찾아오지 않았을 것이다.

두 번째는 오래 전 공장 안의 선반 곁에 서서 나사를 만드는 단조로운 일에 몹시 싫증을 내던 젊은이의 이야기이다. 그의 이름은 샘으로, 샘은 자신의 일을 그만두고 싶었으나 그렇다고 다른 일을 찾는데 성공할 것 같지도 않아 그대로 계속하고 있었다. 샘은 이 지루한 일을 어쨌든 해야 하는 이상, 어떻게 해서든 재미있게 하려고 노력하기 시작했다.

그래서 그는 자기 옆에서 기체를 움직이는 직공과 경쟁하기로 했다. 한 사람은 꺼칠꺼칠한 표면을 매끈매끈하게 다듬어 깎는 일을 하고, 다른 한 사람은 그 나사를 알맞은 지름으로 자르는 일이었다. 그들은 신호와 함께 기계에 스위치를 넣어 누가 가장 많이 나사를 만들어 내는지 해 보았다.

현장 주임은 샘의 일이 빠르고도 정확한 데 감탄했고 곧 그에게 좀 더 좋은 일을 맡겼다. 자신의 일에서 재미와 행복을 찾으려는 노력이 승진의 실마리였던 셈이다. 30년 뒤 그때의 샘, 새뮤얼 보클랭은 볼드윈 기관차 제조 공장의 사장이 되었다. 만약 그가 지루한 일을 재미있게 하려고 결심하지 않았다면 평생을 직공으로 보냈을 것이다.

아메리칸…… 아메리칸

유명한 라디오 뉴스 해설자 H. V. 칼텐본은 나에게 어떻게 해서 지루한 일을 재미있게 했는가에 관해 이야기해 주었다. 그는 22살 때 가축 수송선을 타고, 소에 사료를 주고 물도 먹이면서 대서양을 건넜다.

영국에서 여행을 마친 칼텐본은 당장에라도 쓰러질 정도로 굶주린 채 파리에 당도했다. 주머니 속에는 한 푼도 없었다. 그는 카메라를 5달러에 전당 잡혀 《뉴욕 헤럴드》지의 파리 판에 구직 광고를 내고 입체경의 외판원 일자리를 얻었다.

입체경 속에 있는 2개의 렌즈는 제3차원의 작용으로 두 개의 영상을 하나로 모이게 한다. 그래서 물건의 원근이 확실하게 실제의 경치처럼 보이는 것이다. 칼텐본은 이 기계를 집집마다 팔러 다녔다.

그는 프랑스 말을 할 줄 몰랐음에도 처음 1년 동안에 5천 달러를 벌었다. 그는 외판원으로서 가장 급료가 많은 사람 중 하나였다. 그는 나에게 그때 1년 동안의 경험은 하버드 대학에서의 1년 이상으로 유익했다고 말했다. 자신이 있었느냐고? 그는 절박한 상태라면 국회 의사록이라도 팔아 보겠다는 심정이 되었을 거라고도 이야기했다. 이 경험으로 칼텐본은 사람의 생활에 대하여 깊이 이해를 하게 되었고, 뒷날 유럽의 시사를 해결하는 데 매우 큰 도움을 얻었다.

그는 프랑스 말을 할 줄도 모르면서 어떻게 제일의 외판원이 되었을까? 칼텐본은 우선 사장에게 판매하는 데 필요한 말을 완전한 프랑스 말로 써 달라고 하여 그것을 외웠다.

방문한 집의 초인종을 누른다. 주인이 나온다. 칼텐본은 말로 표현할 수 없는 우스꽝스러운 악센트로 외웠던 문구를 지껄인다. 그리고 사진을 내보인다. 상대가 무언가 물으면 어깨를 으쓱하고 치켜 올리며 "아메리칸…… 아메리칸" 하고 말한다. 이어 모자를 벗고 뒤쪽에 붙여 놓은 판매용 프랑스어 문구를 가리킨다. 주인이 웃음을 터뜨린다. 그도 따라 웃는다. 좀 더 사진을 보인다. 이런 형식이다.

칼텐본은 이 이야기를 했을 때 일이 결코 쉽지는 않았다고 말했다. 그는 이 일을 재미있게 하려는 처음의 의지로 끝까지 해낼 수 있었던 것이다. 그는 매일 아침 집을 나서기 전에 거울을 들여다보고 스스로를 격려했다.

"칼텐본, 이 일을 하지 않으면 먹고 살 수 없는 거다. 어차피 해야 되는 이상 유쾌하게 하자. 문 앞에서 초인종을 울릴 때, 조명을 받고 있는 배우를 구경꾼이 보고 있다고 상상해 보는 게 어떨까. 결국 네가 하는 일은 무대 위의 것과 마찬가지로 우스꽝스러운 것이다. 어째서 좀 더 흥미와 정열을 쏟지 않지?"

칼텐본이 매일 하는 자기 격려의 말이 처음 싫어하던 일을 재미있고 유익한 것으로 바꾸어 주었다. 성공하기를 바라는 청소년들에게 뭔가 충고해 주었으면 좋겠다고 하자, 그가 대답했다.

"무엇보다 먼저 매일 아침 자기에게 따끔히 격려하는 것이다. 우리는 흔히 절반은 잠자고 있는 흐리멍텅한 상태에서 빠져나오기 위해 육체적 운동이 필요하다고 하지만 그보다도 매일 아침 우리를 행동하게 하는 정신적 운동이 보다 필요하다고 본다. 매일 자기를 고무하고 격려해야 한다."

매일 아침 자기 자신에게 격려의 말을 해 주다니, 바보스러운 일일까? 그렇지 않다. 그것이야말로 가장 건전한 심리학의 진수라고도 하겠다.

인생은 우리의 생각이 만든다

"우리의 인생은 우리의 생각에 의해 만들어진다."

이 말은 18세기 전 마르쿠스 아우렐리우스가 『명상록』에 썼던 때와 마찬가지로 오늘날에도 진리이다.

나는 하루 종일 나 자신과 대화함으로써 용기와 행복에 대하여 또한 힘과 평화에 대하여 생각하게 된다. 감사해야 할 일에 대하여 자신에게 이야기하노라면 기운이 나고 유쾌한 생각으로 가슴이 가득 찰 것이다.

올바른 일을 생각함으로써 당신은 싫은 일을 싫지 않게 할 수가 있다. 당신의 고용주는 당신의 일에 흥미를 갖기를 원한다. 그런데 대해 신경 쓰는 건 그만두고, 당신이 자신의 일에 흥미를 갖는 것이 당신에게 얼마나 이익이 되는가를 생각해 보자. 당신이 인생에서 얻는 행복을 두 배로 증가시킬 수도 있다.

당신은 낮의 절반을 일하며 보내고 있고, 만약 그 일에서 행복을 찾을 수 없다면 아무 데서고 행복을 찾을 수는 없으니까. 일에 흥미를 가지면 고민으로부터 해방되고 결국은 승진도 되고 봉급도 오르게 된다. 그렇지 않다 해도 피로를 최소한도로 줄이고 여가를 즐길 수 있는 것이다.

수면부족으로 죽은 사람은 없다

03

불면증 때문에 성공하다

혹시 밤에 잠을 이루지 못하여 고민하는가? 그렇다면 세계적으로 유명한 법률학자 사무엘 언터마이어가 한평생 깊은 잠을 자지 못했다는 이야기에 관심을 가질 것이다.

사무엘 언터마이어는 대학에 다닐 때 천식과 불면증에 시달렸다. 그는 자신의 두 가지 병 모두가 나을 것 같지 않자, 차선책을 취할 결심을 했다. 잠 잘 수 없는 시간을 이용하는 것이었다. 그는 잠들지 못할 때면 공연히 고민하지 않고 잠자리에서 일어나 공부를 했다.

결과는 어떠했을까? 그는 상이라는 상은 모조리 휩쓸었고 뉴욕의 대학 중에서 천재의 한 사람이 되었다.

그가 변호사 개업을 한 뒤에도 불면증은 계속되었지만 이때도 언터마이어는 고민하지 않았다. 그는 자연이 자기를 지켜 준다고 말했다. 그것은 옳은 말이었다. 잠자는 시간은 얼마 되지 않았지만 그는 건강했고 뉴욕 법조계의 어느 젊은 변호사보다도 훌륭하게 활동했다. 또한 누구보다도 많이 일했다. 그는 모두가 잠을 자는 동안에도 일했으니까.

21살의 사무엘 언터마이어는 1년에 7만5천 달러나 수입을 올렸다. 청년 변호사들은 그의 방식을 배우려고 법정으로 몰렸다. 1931년에는 그가 담당한 한 사건에서 사상 최고의 수임료라고 생각되는 1백만 달러를 현금으로 받았다.

여전히 그의 불면증은 계속되었다. 언터마이어는 밤 시간의 절반은 독서로 보냈고 아침에 일어나서는 편지를 썼다. 대개의 사람들이 일을 시작하려고 할 때 그는 벌써 절반의 일을 끝내고 있었다. 그는 한평생 깊은 잠을 자지 못했지만 81세로 장수하였다. 만약 언터마이어가 깊은 잠을 자지 못한다고 괴로워만 했다면 아마도 그는 신세를 망쳤을 것이다.

무엇이 진짜 잠인가?

제1차 세계대전 중 폴 케룬이라는 헝가리 군인의 머리 앞 끝을 총알이 관통했다. 상처는 나았지만 이상하게도 불면증이 생겼다. 의사는 온갖 종류의 진정제와 수면제를 다 써 보았고 최면술까지도 시도

해 보았으나 효과는 없었다. 케룬을 잠들게 할 수도 졸리게 할 수도 없었던 것이다.

의사들은 그가 도저히 오래 살 수 없을 것이라고 말했다. 그러나 케룬은 의사들을 놀라게 했다. 케룬은 취직에 성공하였고 몇 년씩이나 오래도록 건강하게 살았다. 물론 누워서 눈을 감고 휴식할 뿐 잠은 자지 못하였지만 말이다. 그의 예는 우리가 잠에 대해 믿고 있는 사실을 뒤엎는 의학상의 수수께끼이다.

어떤 사람들은 다른 사람들보다 더 많은 잠을 필요로 한다. 토스카니니는 하루에 5시간 만 자면 되었지만, 캘빈 쿨리지 대통령은 2배 이상의 잠이 필요했다. 그는 하루에 11시간 이상을 잤다. 다시 말해서 토스카니니는 일생의 5분의 1을 쿨리지는 절반을 잠으로 보낸 것이 된다.

불면증에 대해 고민하지 말라

불면증에 대해 고민하는 것은 불면증 그 자체보다도 건강에 해롭다. 뉴저지주 리치필드 파크의 아일라 샌드너는 만성 불면증 때문에 자살 직전에까지 이르렀다. 그는 정말 미칠 것만 같았다. 문제는 이전에는 그가 푹 잠을 잤다는 데 있다.

샌드너는 자명종 시계가 울려도 눈을 뜨지 못해 곧잘 지각을 하곤 했다. 샌드너는 그것을 걱정했다. 정해진 시간에 일을 시작하라는 사장의 주의까지 받게 되자, 샌드너는 이런 상태로 계속 가다가는 해고

될 것이라는 생각을 하게 되었다.

샌드너는 늦잠을 어떻게 해결할 것인가 하는 문제를 친구들과 의논하였다. 친구 하나가 잠들기 전에 자명종 시계에 주의를 집중해 보라고 가르쳐 주었다. 그것이 불면증의 시초였다. 그 저주받은 자명종 시계의 째깍거리는 소리에 홀려 버린 것이다. 그는 밤새도록 자명종 소리에 신경이 거슬려서 이리저리 뒤척거리기만 하다 한잠도 자지 못했다. 날이 밝았을 때 샌드너는 피로와 고민으로 병자나 다름없게 되었다.

이런 상태로 여덟 주를 보냈다. 샌드너는 그때의 괴로움은 도저히 말로는 다 할 수 없을 정도라고 했다. 이러다가는 틀림없이 미칠 것이는 생각이 든 것이다. 가끔 그는 몇 시간 동안이나 방 안을 왔다 갔다 했다. 차라리 창문으로 뛰어내려 모든 것을 끝내려고 생각한 적도 여러 번이었다.

마침내 샌드너는 옛날부터 잘 아는 의사를 찾아갔다. 그러자 의사가 말했다.

"아일라, 나로서도 어쩔 도리가 없네. 아무도 할 수 없는 일이야. 이건 자네의 자업자득이야. 밤에 잠자리에 들어도 잠이 오지 않거든 그것을 잊어버려야 하네. 그리고 자신에게 잠이 오지 않아도 아무렇지 않다, 아침까지 깨어 있다 해도 괜찮다 하고 타이르는 거야. 또 눈을 뜨지 않도록 하고 가만히 누워서 쓸데없는 생각을 하거나 걱정하지 말고, 아무튼 휴식을 취하는 것일세."

샌드너는 의사의 말대로 했다. 그로부터 2주일이 될 때쯤 부족하나마 잠을 잘 수 있게 되었고, 한 달이 못 되어 8시간을 잘 수 있게 되었다. 신경은 보통 상태로 회복되었다.

이 사나이를 자살 직전까지 몰고 간 것은 불면증이 아니라, 그것에 대해 고민하는 일이었다.

생각보다는 훨씬 오래 잔다

시카고 대학 교수 나다니엘 클레이트만 박사는 수면 연구에 있어서는 제1인자인데, 그는 불면증이 원인이 되어 죽었다는 예는 들은 적이 없다고 단언하고 있다. 분명히 인간은 불면증에 대해 고민하다가 차츰 생활 능력을 잃고 병균 때문에 목숨은 잃는다. 그러나 그 죽음은 고민이 원인이지 불면증 그 자체가 원인은 아니다.

클레이트만 박사는 또 불면증에 대해 고민하는 사람들은 보통 그들이 스스로 생각하는 것보다도 훨씬 많이 잠자고 있다고 말한다. 어젯밤에는 한잠을 자지 못했다고 말하는 사람도 자신이 깨닫지 못했을 뿐이지, 몇 시간이나 잤을 것이다.

19세기의 가장 뛰어난 사상가 가운데 한 사람인 스펜서는 늙은 독신자로 하숙 생활을 했는데, 언제나 불면증 이야기를 하여 같이 하숙하는 사람들을 지루하게 만들었다. 그는 시끄러운 소리를 싫어하여 신경을 안정시키기 위해 귀에 솜을 틀어막았다. 때로는 잠을 자기 위해 아편도 마셨다.

그러던 어느 날 밤 그가 옥스퍼드 대학의 에이스 교수와 함께 한 호텔에 묵게 되었다. 이튿날 아침 스펜서는 밤새도록 한잠도 못 잤다고 했는데, 실제로 한잠도 자지 못한 것은 에이스 교수였다. 그는 스펜서의 코고는 소리 때문에 밤새도록 잠들지 못했던 것이다.

깊은 잠을 자기 위해서는 안정감이 첫째 요건이다. 우리 자신보다도 위대한 힘이 아침까지 우리를 잘 보호해 준다고 느끼는 것이 필요하다. 토마스 히스로프 박사는 영국 의학 협회에서의 강연에서 다음과 같은 점을 강조했다.

"나의 오랜 경험에 따르면, 잠을 촉진하는 것은 그것을 습관적으로 실천하는 사람들에게는 정신과 신경에 대한 안정제로써 가장 적절하고 정상적인 것이라고 인정해야만 한다."

소프라노 자네 맥도널드는 잠들 수 없을 때는 언제나 시편 제23편의 〈여호와는 나의 목자시니 나는 부족함이 없도다. 여호와는 나를 푸른 들에 눕게 하시며, 휴식의 물가로 인도하시도다……〉라는 대목을 되풀이함으로써 안도감을 얻었다고 말했다.

자기최면에서 깨어나라

만약 당신이 종교를 믿지 않아서 종교에서 도움을 얻는 방법이 곤란하다고 한다면, 물리학적 방법으로 몸을 편하게 하는 것을 배울 수밖에 없다. 『신경적인 긴장으로부터의 해방』의 저자 데이비드 헤럴드 핑크 박사는 물리적으로 하는 가장 좋은 방법은 자신의 몸에 관해 이야기하는 것이라고 말하고 있다. 핑크 박사에 의하면 말은 모든 종류의 최면 상태로 가는 열쇠이다.

당신이 아무리 해도 잠이 오지 않을 때, 그것은 당신이 자신에게 이야기하여 불면 상태에 빠지게 하였기 때문이다. 이것을 고치려면 자기최면에서 깨어나야만 한다. 그리고 '몸을 편하게 하라, 편안하게 하라, 마음 편하게 쉬어라' 하고 몸의 근육에게 타이르는 데 있다. 근육이 긴장하고 있는 동안은 마음도 신경도 편하지 못하다. 그러므로 잠들고 싶으면 우선 근육에서부터 시작하는 것이다.

핑크 박사는 다음과 같이 권하고 있다. 다리의 긴장을 풀기 위해 무릎 밑에 베개를 놓는다. 같은 이유로 팔 밑에도 작은 베개를 놓는다. 그리고 턱 눈 팔 다리에 편안히 하라고 타이르고 있노라면 어느 사이에 잠들고 마는 것이다. 나는 이렇게 해 본 일이 있기 때문에 알고 있다.

자면서도 걷는다

불면증을 고치는 가장 좋은 방법은 원예, 수영, 테니스, 골프, 스키 그 밖의 육체적인 동작으로 몸을 피로하게 하는 것이다. 시어도어 드라이저는 그렇게 했다. 아직 이름 없는 청년 작가 시절에 그는 불면증으로 고생하였다. 그래서 그는 불면증 해결을 위해 뉴욕 센트럴 철도의 보선공으로 취직했다. 철로를 고정하기 위해 큰 못을 박기도 하고 자갈을 다지기도 하며 하루를 일하면, 지칠 대로 지쳐서 식사도 하지 못하고 곯아 떨어졌다는 것이다.

우리가 정말로 지쳐 버리면 우리는 걸으면서도 잠자게 된다. 그 실례를 이야기하겠다. 내가 13살 때 아버지는 살찐 돼지를 화물차에 실어 미주리주 세인트 조로 보냈다. 아버지는 철도의 무임승차권을 두 장 갖고 계셨기 때문에 나를 데리고 갔다.

나는 그때까지도 4천 명 이상이나 사는 거리에 가 본 적이 없었다. 인구 6만 명의 도회지인 세인트 조에 도착했을 때 나는 흥분되어 가슴이 뛰었다. 우뚝 솟은 6층 건물도 보았다. 난생 처음 전차도 보았다. 지금도 눈을 감으면 당시의 전차가 보이고 소리가 들리는 듯하다.

나의 일생에서 가장 자극적이고 흥분된 하루를 보낸 뒤 아버지와 나는 미주리주 일레븐 우드로 돌아가는 기차에 올라탔다. 기차는 새벽 2시에 내가 사는 마을에 도착했고 농장으로 돌아가려면 4마일이나 걸어야 했다.

바로 여기가 중요한 대목이다. 나는 아주 기진맥진해서 지쳐 있었기 때문에 걸으면서도 잠이 들어 꿈을 꾸고 있었다. 나는 말을 달리면서도 잔 적이 있다.

잠을 자지 않는 방법으로 자살할 수는 없다

인간이 너무 지쳐 있으면 전쟁의 위험, 공포, 포화 속에서도 잠을 잔다. 유명한 정신의학자 포스터 케네디 박사에게서 들은 이야기인데, 1918년 영국 제5군단이 퇴각할 때 그는 병사들이 완전히 지쳐 땅 위에 쓰러져 깊은 잠에 빠져 있는 것을 보았다. 그가 손가락으로 병사들의 눈까풀을 올려 보아도 그들은 깨어나지 않았다. 케네디 박사는 병사들의 눈동자가 모두 위쪽으로 돌아가 있는 것을 보았다.

케네디 박사는 그날 이후로 잠이 오지 않을 때면 눈알을 위로 돌리는 운동을 했다. 그러면 곧 하품이 나오고 졸음이 왔다. 이것은 자동반사작용으로 스스로 제어할 수 없는 것이다.

잠을 자지 않음으로써 자살한 예는 없으며 앞으로도 아마 없을 것이다. 인간의 온갖 의지력에도 불구하고 인간은 자연히 잠이 들게 된다. 자연은 우리에게 오랫동안 음식물을 주지 않고 내버려 두기는 하지만, 잠을 주지 않고는 결코 오랫동안 내버려 두지 않는다.

자살이라고 하면 나는 헨리 C. 링크 박사가 『인간의 재발견』이라는 책 가운데서 말한 것이 생각난다. 그는 '공포와 고민의 극복에 대하여'라는 부분의 한 문장 속에서 자살하려고 했던 환자에 대해 소개하고 있다. 링크 박사는 그 환자와 토론하는 일은 쓸데없이 사태를 악화시킬 뿐이라는 것을 알고 있었다. 그래서 링크 박사는 환자에게 말했다.

"만일 당신이 정말로 자살하고 싶다면 적어도 영웅적인 방법으로 하시오. 이를테면 거리의 한 구획을 빙글빙글 뛰면서 돌다가 마지막에 푹 고꾸라져서 죽는 것이 어떻습니까?"

그 환자는 링크 박사의 말대로 해 보았다. 한 번뿐이 아니라 두 번 세 번 반복하여 했다. 그때마다 환자의 근육은 어쨌든 간에 마음속으로부터 기분이 좋아지는 것 같았다. 사흘째 밤이 되자, 그는 육체적으로 너무나 피곤하여 그리고 육체적으로 긴장이 풀려서 통나무처럼 쓰러져 잠이 들어 버렸다. 링크 박사는 처음부터 이 결과를 노렸던 것이다. 그 후 그 환자는 운동 클럽에 들어가 경기에 나가게 되었고, 완전히 회복하여 영원히 살아 있고 싶다고까지 생각하게 되었다.

SUMMARY 정력과 정신을 건전하게 하는 여섯 가지 방법

① 피로해지기 전에 휴식하라.

② 일하면서도 몸을 편하게 하는 방법을 배우라.

③ 만일 여러분이 가정주부라면 집에서도 몸을 편하게 하여 건강과 외모를 지키라.

④ 아래 네 가지 좋은 작업 습관을 적용하라.

- 당면한 문제에 관한 서류 이외에는 모두 책상 위에서 치워라.
- 중요도에 따라 문제를 처리하라.
- 문제에 직면했을 때, 결단에 필요한 사실이 있다면 그 자리에서 해결하라.
- 조직화·대리화·지위화하는 방법을 배우라.

⑤ 고민과 피로를 막기 위해 일에 정열을 가져라.

⑥ 수면 부족 때문에 죽은 사람은 없다는 사실을 명심하라. 불면증에 대한 고민이 해를 주는 것이지 불면증 그 자체가 해를 주지는 않는다.

CARNEGIE

반대에 대처하는 법

CHAPTER 12

마흔에 읽는
카네기

Dale Carnegie

반대하는 것도 관심의 표현이다

01

나의 생각을 상대방으로 하여금 동의시키기 위해서는 우선 상대방의 반대에 어떤 태도로 다가가야 하는가이다.

반대는 그가 자신의 생각을 버리지 못하기 때문에 취하는 태도이다. 그가 이쪽의 말하는 것을 귀를 기울여 듣고, 이해하고 그것을 행동으로 옮긴다 해도 귀를 기울였다든가 하는 것만으로 그가 이쪽 말을 받아들였다는 의미는 아니다.

즉 상대방은 이쪽을 기쁘게 하기 위해서만 이쪽 부탁에 따르는 것이며, 이쪽의 생각에는 찬성을 하지 않을 수도 있다.

그러나 이쪽의 생각을 받아들이기 위해서는 그가 그것에 관련된 많은 생각을 수정해야만 한다. 이쪽의 생각이 상대방의 생각과 일치되도록 해야 한다. 때문에 생각을 바꿔야만 한다는 강박관념이 반대로 표출되는 것이다.

상대방의 정신이 처음부터 텅 비어 있다면, 이쪽 생각으로 차 있어, 그 공간을 메우게 될 것이다. 그러나 인간의 정신은 비어 있는 것이 아니다. 모든 것에 대한 의견이나 견해로 가득 차 있다. 이러한 견해가 한 번도 말로 표현된 것은 아니라고 하더라도, 잠재적으로 존재하여 그것은 다른 생각이나 감정을 토대로 해서 추측할 수 있는 것이다.

예를 들어 당신이 누군가에게 1년에 한 번씩 건강진단을 받도록 권유한다고 가정하자. 상대방은 고개를 끄덕이고, 그것은 좋은 생각이라고 동의할 뿐, 진단은 받으려 하지 않을지도 모른다. 그는 자기 내부에서 이 일에 반대하고 있는지 모른다. 아니면 진단 결과가 두려운 건지도 모른다. 어딘가가 나쁘다면 통증이나 어떤 징후가 있을 것이기 때문에, 아무 데도 이상이 없다고 생각하고 있는지도 모른다. 정밀 검사를 받는다는 것이 내키지 않아 주저하고 있는지도 모른다. 그렇지 않으면 진료비 때문에 주저할지도 모른다.

1년에 한 번의 건강진단을 받는다는 의견을 말해도 그는 반대하지 않는다. 논쟁을 하면 질 것이기 때문에 상대와 논쟁을 하고 싶지 않아서이다. 따라서 동의하는 데 거짓말을 하게 되는 것이다. 건성으로 승낙을 하고, 이 난처한 상황을 벗어나려 한다. 이렇게 해서 그는 상대의 설득을 막아버린다.

이에 대해 만약 그가 반대하고 당신에게 대항한다면, 그것은 그의 내부에 어떤 것이 당신의 생각에 호응하고 있다는 의미이기도 하다는 것이다.

그의 마음 한구석에서 당신이 말하는 것은 옳다고 생각하고, 또 한 구석에서는 진찰을 받고 싶지 않다는 기분이 당신의 주장과 싸우고 있는 것이다. 당신을 설득해 보고 싶다는 노력은 그가 당신의 입장에 큰 관심을 가졌다는 증거임에 틀림이 없다. 그는 자신의 입장에 자신이 없는 것이다. 마음 깊은 곳에서는 자신의 입장이 나약하다는 것을 알면서도 자신을 납득시키려 하고 있다.

아무튼 설득의 길은 열린 것이다. 비록 당장에는 그의 응답이 반대쪽이지만, 그는 이미 당신의 주장에 대응할 자세를 갖추고 있는 것이다. 그의 내부에서 찬·반 두 가지의 갈등이 일어나고 있는 것이라고 보면 된다.

02

쉽게 동의했다면 한 번 더 확인해라

누군가를 설득하려 할 때 상대방이 너무 쉽게 나의 의견을 받아들이면 상대에게 좀 더 다짐해 두어야 한다. 강력한 반대에 봉착했을 때만이 다짐이 필요하고, 동의를 받았을 경우는 다짐이 필요 없다고 생각할지 모르지만 천만의 말씀이다.

강력한 반대는 다투다 보면 힘이 약해진다. 그러나 쉽게 응해오는 동의는 참인가 거짓인가를 확인할 필요가 있다. 그래서 빨리 찬성의 전의를 따져보아야 한다.

참인가 거짓인가 시험하기 위해서는 실행한다는 언질을 상대방에게서 받아놓으면 된다.

앞의 건강진단의 예를 다시 생각해 보자.

상대가 동의한 것이라면 진찰받으러 갈 날짜를 확인한다. 그가 그 것을 확실히 말한다면 당신의 설득이 성공을 거둔 셈이다. 그러나 우물쭈물하면서 화제를 다른 것으로 바꾸려 든다면 다시 상대의 마음을 확인해야 한다.

그러나 이러한 형태의 다짐은 자칫하면 실패로 끝나게 될지도 모르니 주의해야 한다. 이런 방법을 쓰기 전에 자기는 상대로 하여금 진정으로 이쪽 말대로 움직이게 하기를 바라는 건지 아닌지, 즉 '정말 이것은 필요한 것일까, 그렇지 않으면 상대방에게 지기 싫으니까 그러는 것은 아닐까?'라고 자문해 보도록 해야 한다. 결국 그의 주장이 그에게 대해서는 좋을지 모른다. 앞의 건강진단의 예에서는 제안이나 충고 정도로 해 두고, 강하게 다짐하는 것은 보류하는 편이 좋을지 모를 일이다. 물론 그때그때마다 상황에 맞게 적당한 방법을 사용해야 한다.

부하에게 명령을 내린 상관의 경우에는 부하가 자기의 말대로 따르는 것을 확인하기까지가 상관의 의무이다. 부하가 반대를 하면 그것에 대처하기에 모든 힘을 기울여야 할 것이다.

상관은 부하가 너무 쉽게 동의를 할 때는 부하들로 하여금 그것을 실행할 때와 방법을 구체적으로 설명하도록 해서 언질을 받아두어야 한다.

마찬가지로 세일즈맨은 파는 것이 목적이니까, 전력을 기울여 반대를 극복하지 않으면 안 된다. 고객이 쉽게 이쪽 제의에 동의를 하면 곧 주문을 받도록 한다. 주문을 거절할 때에는 다짐을 할 필요가 있다. “왜 지금 당장은 안 되겠습니까?” “좀 더 생각해 보고요.”라고 고객이 대답한다. “언제 대답을 들을 수 있을까요?” “이것이 좋은지 어떤지 아직 모르겠어요.”라고 고객이 말한다. “어떤 것을 좋아하시는지요?” 이렇게 다짐받고 확인하려 하면 고객도 진지하게 되어 결국 설득의 길은 열리게 되는 것이다.

마음의 갈등이 반대로 나설 수 있다

03

사람이란 서로 받아들일 수 없는 것을 바라면서, 자기 자신과의 갈등을 초래하는 경우가 때로는 있게 마련이다. 이와 같이 다른 방향으로 동시에 나아가려는 욕망에 가끔 자기 자신이 어쩌다 무언가를 잃어버리게 되지나 않을까 하는 불안이 따르게 된다. 어느 쪽으로 가게 되든지 결국 한쪽은 어차피 포기해야 되기 때문이다. 그렇다고 방관하다간 양쪽 모두를 포기하는 사태까지 직면하게 된다.

그래서 한쪽을 향해 치닫게 되는데, 움직임에 따라 포기한 점이 점점 멀어져 가게 되며, 동시에 포기해 버린 것에 대해 불안감이 생긴다. 그래서 한쪽으로 향해 치닫던 길을 다시 되돌아와 다른 쪽으로 가게 되는데 이번에는 또 처음의 방향, 혹은 목적이 멀어짐에 따라 또 불안한 마음이 들기 시작한다. 결국은 두 가지 방향이나 목적 사이에서 결단을 내리지 못하고 갈팡질팡하며 결국엔 아무것도 달성하지 못하게 된다. 결단을 내리기까지는 이 갈등 때문에 초조해하게 되는 것이다.

사람에게 어떤 행동을 하도록 설득하는 경우, 이쪽 제안이 상대방에게 강력한 호소를 하는 것은 사실인데, 그는 이미 반대의 방향으로 나가기 시작했고, 그 목적을 달성하려고 한다. 그는 한 번에 양쪽을 다 얻고 싶어지기 때문이다.

여기서 그를 그냥 내버려둔다면, 그는 두 가지 취하여야 할 행동의 어느 쪽도 결정하지 못하고 방황하게 된다. 이런 때 이쪽에서 너무 강하게 다짐을 하면 그의 불안은 높아져서 무리로 자기 자신의 목적으로부터 멀리 떨어지게 되는 게 아닌가 생각하고 이쪽에 대해 반대하게 되는 것이다.

그래서 그는 더욱 격분하게 되어 약간 이쪽 유도에 쏠렸던 자기 자신에 대해서나, 그것을 다짐한 이쪽에 대해서 지지 않으려 안간힘을 쓴다. 그럴 때 그의 목소리는 커지며 말투도 빨라진다. 그래서 자기의 주장을 내세우다 갑자기 대화를 중단하는 일까지 생기게 된다.

이렇게 격렬한 반대는 이것이야말로 이쪽에 응하고 싶다는 바람의 표현이라고 보아도 틀림없을 것이다. '그 부인은 반항이 너무 심한 것 같다'는 셰익스피어의 대사는 이러한 경우를 말하는 것이다. 반대란 언제든지 상대방이 관심을 가지고 있다는 표현이다.

강한 반대에 부딪치면 잠시 대화를 중지하라

04

반대가 격렬하고 상대방의 심중에 갈등이 있다는 것이 밝혀지는 경우, 이쪽이 그런 상대방과 장단을 맞춰 격렬한 반론을 내세워서는 안 된다. 만일 이쪽이 계속해서 자신의 의견을 내세우게 되면 상대는 더욱더 부정적인 방향으로 나가게 된다.

이런 경우에는 다짐하지 말아야 한다. 다짐을 하면 상대방도 고집을 버리지 않을 수 없게 되어 그는 본래의 불안한 상태로 되돌아간다. 이쪽에서 처음 그에게 던진 다짐 때문에 상대방의 갈등은 제쳐놓고 이번에는 다짐을 한 이쪽과 싸우려 드는 것이다.

그런데 이쪽에서 다짐하기를 그만두고 중립적 입장을 취하게 되면, 상대방은 또다시 서로 상반되는 두 가지 입장을 취하지 않을 수 없게 되고 그의 마음은 갈등을 하기 시작한다.

이것은 그의 내부에서 이쪽 주장(처음에는 이쪽에서 내세웠지만 그만두어 버렸다)이 다시 머리를 쳐들었다는 것을 의미한다.

잠시 동안은 그대로 두었다가 서서히 이쪽의 주장을 내세워, 상대방의 주장을 약화시키도록 해야 한다. 상대방에게 중립의 입장을 취하도록 하면 객관성을 찾게 될 것이다.

이쪽 반론에 대한 반론을 요약해서 그에게 들려주고 상대방에게 이쪽의 옹호론을 요약해 보도록 부탁을 한다. 즉, 쌍방이 잠시 동안 서로의 입장을 바꿔 보는 것이다. 다음에 상대에게 장점이나 결점을 평가하게 만든다. 그때, 상대방에게 권한을 양도하는 것에 인색해서는 안 된다. 그렇게 되면 상대방도 마찬가지로 이쪽이 한 것 같이 이쪽에게 권한을 양도해 줄 것임에 틀림없다.

이렇게 부드러운 태도로 나아간다면, 이치에 어긋나는 요인이나 감정적 요인은 사라지고, 두려움마저 사라지고 말게 될 것이다.

또 상대방은 이쪽의 이점을 말하는 동안에 이쪽이 말하는 입장에 대해 안심할 수가 있게 된다. 만약 이쪽 입장이 그에게 좋은 것이라면, 그는 반드시 그것을 받아들여 주게 될 것이다.

어쨌든, 그는 이미 사태를 있는 그대로 평가할 수 있게 되어 있고, 결단을 내리는 데 아무런 불안이나 초조, 기타 감정적 요소가 끼어드는 일은 없게 되었다고 해도 무방할 것이다.

CARNEGIE

조리 있게 반대하는 법

CHAPTER 13

마음에 읽는
카네기

Dale Carnegie

조리 있는 반대, 조리 없는 반대

01

대화를 나누고 있는 두 사람이 서로 대립해 있을 때는 단순한 두 개의 다른 견해가 논의되는 것만은 아니다. 쌍방이 서로 상대방에게 반대하고 있는 것이다.

반대의 과정은 어린아이 때에 일어나는 일에서 볼 수가 있다. 어린아이는 부모의 가르침이나 선생의 규율, 친구들의 부탁에 반대하거나 커서는 직무상의 요구나 아내의 소원이나 사회의 관례에 대해 반대하는 경향이 있다.

반대란 그 사태의 실제적인 양상과는 아무런 관계도 없이 하나의 습관이나 반응의 한 수단이 되는 경우가 있지만, 기타의 모든 습관과 마찬가지로 이 반대에 대한 습관의 강도도 영에서 시작해서 반대를 위한 반대에 이르기까지 참으로 다양하다.

쌍방이 서로 상대방에게 반대하고 대립하는 대화에 있어서는 도리에 맞는 요소와 그렇지 못한 요소가 뒤범벅이 되는 경우가 많다. 도리에 맞는 요소를 형성하는 원인은, 어떤 사항의 사실 외에 그 대화에서는 언급되어 있지 않지만 그것은 그 사람의 내부에 있는 반대하고 싶은 소망이나 두려움이 그로 하여금 반대로 몰아넣는 것이라고 할 수 있다.

반대하고 싶은 감정은 여러모로 작용한다. 예를 들어 저것을 해라, 이것을 하지 말라 등 지시들을 받게 되면 독립하고 싶다는 욕구나, 이러쿵저러쿵 이야기를 듣기 싫다는 노여움 때문에 반대하게 되는 때도 있을 것이다.

또 실제로 있었던 일과는 전혀 관계없이, 어떤 사람에게는 반대하고 싶지 않게 되고, 어떤 사람에게는 그 사람 마음에 들게 되기를 바라는 일도 있다. 혹은 노여울 때는 반항심이 생기게 마련이고, 즐거운 기분일 때에는 반대로 반항심이 감소한다. 그렇기 때문에 머리가 명석한 아내는 남편에게 맛있는 저녁 식사가 끝나기 전에는 하고 싶은 말을 참는 법이다.

반항심이 머리를 쳐들 때에는 이 조리에 맞지 않는 반대를 상대방이 이쪽의 주장에 반대하기 때문으로 돌리는 경우도 있을 것이다.

조리 없는 반대에 대처하는 방법

02

반대에 봉착했을 때에는 그것이 조리에 맞는 것인가 아닌가를 평가해서 대처할 방법을 찾아야 한다.

대체적으로 조리에 맞는 것이라면, 쌍방이 주장하는 사실을 서로 비교 검토하고, 견해의 차가 다른 가치관에서 나온 것인가 아닌가를 규명하면 해결된다. 상대방의 입장이 이쪽과 마찬가지로 올바른 것이라면 그의 의견을 바꾸어보려는 따위는 무익할 것이고, 만약 상대방이 이쪽보다 더 올바를 때에는 그럼에도 불구하고 이쪽에서 물고 늘어지려고 한다는 것은 조리에 맞지 않은 것이 된다.

한편 그의 반대가 대체적으로 조리에 맞지 않은 것이라면, 사실을 비교 고찰해도 효력이 없을 것이다. 그는 사실을 인식해 반대하는 것이 아니라 이쪽이나 어쩌면 그 자신에게까지 숨기려고 생각하는 이유 때문이다. 또한 현재의 입장을 바꾸기가 두려운 생각 때문에 반대하게 되는지도 모른다. 아니면 남한테 이러쿵저러쿵 말을 듣기 싫어서인지도 모른다. 혹은 상대를 개인적으로 싫어해서 그럴지도 모를 일이다.

그 이유야 어쨌든 그 반대가 사실을 바탕으로 하지 않는 한, 조리에 맞지 않는 반대라는 것이 되어 버린다. 때문에 조리에 맞지 않는 반대에 대해서 사실을 들어 토론을 해도 소용없다.

그렇다면 조리에 맞지 않는 반대의 5가지 특징을 살펴보자.

첫째, 강하게 반대한다

상대방이 필요 이상 강하게 반대하는 경우는 자기의 입장에 대해 자신이 없기 때문이다. 이처럼 강한 반대는 사실은 그의 내부에 있는 강한 감정을 토로하기 위한 것이다.

앞에서도 말했듯 그는 일시에 두 방향으로 갈등을 일으키고 있는지 모른다. 그는 한편으로 자신이 반대하고 있는 생각을 받아들이려고 생각하는지 모른다. 그는 이러한 자신의 기분에 저항하기 위해 상대방과 자신 내부의 양쪽을 납득시키려 강하게 반대하게 되는지도 모르는 것이다.

둘째, 완고한 태도를 버리지 않는다

자기에게 반대하는 의견에는 일언반구 생각해 보려고 하지 않고 완고하게 반대하고 나서는 것은, 그 무언가 은폐된 이유 때문에 자기의 입장을 바꾸기 싫다는 생각이 있기 때문이라고 생각해도 좋을 것이다. 가장 훌륭한 해결에 도움이 되는 정보를 들을 수 있는 귀를 가지고 있지 못한 것이라고도 하겠다. 현재의 입장을 바꾸기 싫다는 것은, 그것이 그의 어떤 개인적 욕구를 만족시켜 주고 있기 때문인 것이다.

셋째, 관련이 없는 말을 한다

관련이 없는 말을 해서 반대에 대해 해명을 하려고 하는 것은 관련이 있는 것이 생각나지 않기 때문인 것으로 보인다. 관련이 있는 주장이 있으면 말하지 않을 리가 없다. 내용도 모르는 하찮은 이유로 자신의 입장을 고집하려고 반대하는 사람은 진정한 이유를 숨기려는 것이다.

인간은 보다 강한 이유 쪽을 향해 행동하게 된다는 것을 잊어버리지 않는다면 인간의 행동에 대한 인식이 깊어질 것이다. 약한 이유를 나타낼 때는, 진정한 이유를 은폐해 두고 싶어서임에 틀림없다.

넷째, 비논리적 이론을 편다

반대의 입장을 고집한다는 것은 이치에 맞지 않는 게 분명해도 어떻게 해서든 이치에 맞게 하려고 기를 쓰는 것도 은폐하려는 노력의 표현이다.

자기주장의 중요함을 과장하거나, 상대방의 주장을 과소평가한다거나, 추측이나 희망에 지나지 않는 것을 사실인 양 말을 하는 것은 조리에 맞지 않는 요소가 있다고 보아도 좋다. 그에게 만일 이치에 맞는 이유가 있는데도 불구하고 말하고 싶지 않다고 생각하는 경우에는 명확히 의사를 밝힐 것이기 때문이다.

다섯째, 다른 이의를 제기한다

사람은 논리적인 이유만을 듣고서는 즉석에서 입장을 바꾸지는 않는다. 뻔히 알만한 일지라도 군말 않고 입장을 바꾸려 들지 않고 주저하게 된다. 마음속에서 잘 생각하고 확실히 알았다, 이것이 좋다, 라고 납득하기 전에는 받아들이기를 거부하는 것이다.

그럴듯한 반론을 펴면, 재빨리 처음에 제기했던 이의를 내던지고 딴 이의를 생각해 내려고 하는 경우는, 처음의 이의는 그에게 그리 큰 의미를 지니지 못했었다는 것을 알 수 있다. 반론에 대해 그것이 타당해서 이의를 철회한 것이 아니라, 아무래도 좋았기 때문이었음이 틀림없다.

그렇지 않으면 자기의 이의와 그것에 대한 반론을 숙고해 보고 의견을 진술한 다음 서서히 마지못해 이의를 철회했을 것이다. 마지못해 철회했다는 것은 대개 그가 진정으로 입장을 바꾸었다는 증거로 볼 수 있다.

일반적으로 사람을 움직이려다 반대에 부딪치면 다음의 사항에 유의해야 한다. 즉 격한 감정적 반응, 올바른 이유로부터의 일탈, 이쪽 생각에 대한 이해력의 결여 등이다. 이런 것들 중 하나라도 부딪치게 되면 대화를 중단하는 게 좋다. 그러한 반대는 진정한 근거와는 아무런 관련이 없기 때문이다.

03

비논리적인 반대에 대응하는 방법

조리에 맞는 반대를 극복하는 방법은 서로 반대하는 입장에 있는 두 사람이 쌍방의 주장을 숙고하고, 어느 쪽이 보다 큰 이점이 있는가를 결정하면 된다. 자기의 생각을 상대방으로 하여금 받아들이게 하려면, 받아들이는 편이 분별이 있다고 상대방으로 하여금 생각하도록 되어있지 않으면 안 된다.

상대방의 기호나 가치관이 다르다는 것만으로 논의가 막다른 골목에 부딪치게 되는 경우도 있다. 두 사람이 중요하게 생각하는 대상이 서로 다르기 때문에 그가 이쪽의 생각을 받아들이지 않는 것은 반드시 그의 입장이 강력해서도 아니고 그의 반대가 조리에 맞지 않는 때문도 아니며, 단순히 어떤 일에 대해서 그 사람의 느낌이 이쪽 것과 다르기 때문인 것이다.

때문에 아무리 훌륭한 이유를 제시하더라도 상대방의 마음을 움직이지 못한다. 이러한 조리에 맞지 않는 반대를 취급하는 데는 이론적으로 이야기를 끄집어내기 전에 특별한 단계를 밟지 않으면 안 된다.

비논리적인 반대에 부딪쳤을 때 대응할 수 있는 방법 몇 가지를 살펴보자.

첫째, 상대방에게 상대를 이해한다는 느낌을 주라

사람은 누구나 정도의 차이는 있지만 때때로 조리에 맞지 않는 행동을 하게 되는데 자기가 그런 짓을 하는 것을 직시하기란 매우 어려운 일이다.

조리에 맞지 않는 언동을 좀 더 자세히 관찰하고, 그것이 당사자에 대해 그렇게까지 두려운 것으로 느껴지는 것은 어째서인가 생각해 보도록 하자.

조리에 맞지 않는 언동은 외적 상황에는 아무런 관계가 없이 내적 충동에 의해 야기된다. 그래서 자기가 하고 싶은 일은, 그 결과를 생각해 보지도 않고 행동으로 옮기게 된다. 즉 내적 세계만으로 행동이 결정되는 것이다.

이런 충동은 동정심 많고 관대하고, 남에게 무언가를 주거나, 도와주고 싶다는 욕망일 때도 있을 것이다. 혹은 '몸이 날씬해지는 과자를 먹는다.' '귀여운 아가씨에게 휘파람을 분다.' '새로운 모자나 낚싯대를 산다.'는 등 이렇듯 보잘것없는 즐거움일지도 모른다. 조금 더 크게는 '등산을 하고 싶다', '여행을 하고 싶다' 등일지 모른다.

인간의 내적 세계는 극히 활발한 것이지만 인간은 충동을 억제하고 그 충동을 사회적으로 받아들일 수 있는 형태로 표현하려는 자제력을 갖추고 있다. 이성이 해도 좋은 일, 그리고 해야 할 일, 해서는 안 될 일 등을 가르쳐 주는 것이다.

자제력이란 좋지 못한 충동으로 일어나는 행동을 저지할 수 있는 유일한 수단이다. 자제력이 충동보다 강하다는 자신이 있을 때에는 사람은 나쁜 사태가 야기되는 것을 두려워하지 않는다. 그러나 충동이 자제력을 누를 정도가 되면 불안이 엄습한다.

사소한 충동일지라도 자제력으로는 막을 수 없게 됐을 때, 그것을 하찮은 방종이라고 보지 않고 위험한 충동에 패배할 징조로 보고 두려워하게 된다. 그 결과 일시적이고 하찮은 기분을 만족시킨 데 불과하다는 것을 부정하고, 논리적으로 정당화하려고 한다.

사람은 조리에 맞지 않는 언동을 부정하는 경우에, 충동에 쫓긴 행위를 논리적으로 정당화하거나, 혹은 그 충동을 억제하고, 심할 때에는 정반대의 행동으로 이끌지 못하게 되든지 하는 어느 쪽의 하나이다.

여기서 주의할 것은 조리에 맞지 않는 말의 껍질을 단번에 벗겨서 충동을 노출시키는 따위의 행동을 해서는 안 된다는 것이다. 그렇게 한다면 상대방은 불안을 느끼거나 노여움을 터뜨리게 된다. 그로 인해 대화의 최종 목적은 감정적 반목으로 인해 이루어지지 못한다.

또한 천천히 상대방으로 하여금 진실에 직면토록 해주어야 한다. 갑자기 밝은 곳이나 어두운 곳에 들어가더라도 점차 그곳에 익숙해져 적응되듯이, 갑자기 환경이 바뀌게 되면 처음에는 몹시 불편을 느끼게 되지만 시간이 지나면 아무렇지도 않게 생각되듯이 노출된 자신의 감정에 서서히 익숙해지도록 상대에게 진실에 직면하도록 해야 한다.

이것을 상대에게 아무 고통 없이 진실 되게 받아들이게 하려면 그가 은폐하려고 하는 부조리를 애정을 가지고 받아들여 주면 된다. 그러나 당신이 하는 말들이 너무 논리에 지나쳐 상대가 방어 태세를 갖추게 해서는 안 된다.

반대에 부딪쳤을 때, 우선 상대방의 견해를 받아들인다고 표명해야 한다. 받아들인다는 것은 단순히 상대방의 주장을 들어준다든가 또는 상대방의 입장에 동의하는 것도 아니다.

상대방의 입장을 받아들인다는 것은 그의 기분을 이해하고 그가 반드시 이쪽이 말하는 대로 응해 주지 않아도 좋다고 생각하는 것이다.

단순히 이쪽 생각을 제시할 뿐 선택은 그에게 맡겨 버려야 한다. 그러면 그는 스스로 자기에게는 어느 쪽이 좋은지 결정할 것이다.

또한 상대방의 생각을 받아들인다고 표명할 때에는 그가 설명하는 표면상의 논리적 입장과 그를 괴롭히는 내면의 충동도 함께 받아들여야 한다. 조리에 맞지 않는 말일지라도 조금도 이상할 게 없다고 말한다면 상대방은 편한 마음이 되어 자신을 노출시키게 된다.

다음의 예를 살펴보자. 무슨 이유인지 몹시 화난 A가 상사의 방에 들어가 이렇게 말을 하고 있다.

"너무 심하신 것 아닙니까? 지금 알았는데 저와 같이 일을 하고 있는 B가 저보다 연봉이 많다면서요? 그러면 저는 뭡니까?"

A는 B가 어째서 자신보다 월급이 더 많은가를 상사에게 묻고 있지 않다. A의 항의하는 방법에는 사리에 맞지 않는 요소가 있다.

상사는 급작스럽게 B와 그의 월급이 다르다는 이유를 설명하기에 앞서 우선 그 부하의 분노를 풀어주기 위해 다음과 같이 말하고 있다.

"내가 자네 입장이라도 입사 동기의 연봉이 나보다 높으면 화가 날 걸세. 자네는 회사가 B에게는 많은 월급을 주면서 일은 자네가 더 많이 한다고 생각하겠지?"

상사의 이러한 부드러운 반응은 모르기는 하지만 화가 나 있는 부하로 하여금 긴장을 풀게 할지 모른다. 상사가 자신의 입장을 이해하는 듯한 말을 하자, 부하는 어느 정도 기분이 가라앉아서 다음과 같이 말하고 있다.

"그렇습니다. B와 같은 일을 하고 있으니까 당연히 연봉이 같아야 하지 않나요?"

이번에는 부하가 질문하는 입장을 취하게 되었는데, 그것은 상사의 설명을 듣겠다는 기분이 되었다는 증거이다. 이때 상사는 그 점에 대해서 설명을 해주어도 좋고, 그것을 한번 조사해 보도록 하자고 약속해도 A는 이의 없이 받아들일 것이다.

이처럼 상대방의 반대에 부딪쳤을 때 우선 상대방의 감정이나 태도는 당연하다고 해 주어야 한다. 인정해 주어야 한다. 그런 다음 이쪽의 태도를 분명하게 표명해 주어야 한다.

사람의 감정을 받아들이고 이해해 주지 않으면 나쁜 결과를 초래할 수 있기 때문이다. 감정에는 이유 따위가 없는 법이기 때문이다. 또 감정이란 논리적으로 따져 해결될 문제는 결코 아니기 때문에 감정이 격앙된 사람에게 분노할 것은 없다든가, 불안해하지 않아도 좋다든가, 행복해지라고 아무리 말을 해보아도 아무런 소용도 없고 아무런 의미도 없는 것이다.

감정이란 엄연히 존재하고 있는 것이므로, 의견과는 별도로 취급해야 마땅할 것이다. 의견은 감정과는 달리 논리적으로 검토할 수가 있는 것이기 때문이다.

둘째, 상대에게 그가 반대하고 있다는 것을 스스로 깨닫게 하라

사람은 때론 자기가 반대하는 입장에 서 있다는 것을 느끼지 못하고 반대하는 경우가 있다.

예를 들어 세일즈맨과 바이어의 상담 내용을 살펴보자.

세일즈맨의 설명에 대해 바이어가 애매한 태도로 전혀 반응을 보이지 않고 있다.

그럴 때, 바이어는 노골적인 반대의 의사는 나타내지 않지만, 그 대화에 참여하려고 하지 않는 것은, 그가 반대 의사를 나타내고 있다고 간접적으로 표현하는 것이다. 이러한 사태에 직면한 세일즈맨은, 흔히 바이어의 감정을 움직이지 못하겠다고 느끼고 좌절감을 갖게 되는 예가 많다.

그럴 때는 은근히 바이어의 주의력을 환기시키기 위해서는, 세일즈맨은 다음과 같이 말하면 좋을 것이다.

"우리 회사 상품에 대해 저와 이야기를 나누시기를 매우 꺼려하시는 모양인데, 우리 회사가 댁의 기분을 상하게 하는 일이라도 있었습니까?"

자기감정에 관심을 갖고 있는 말에 대해 바이어가 화낼 까닭은 조금도 없다. 그리고 이러한 말은 바이어 스스로가 자신의 비협조적 태도를 깨닫게 한다. 동시에 바이어의 태도가 왜 비협조적인지 그 이유를 설명해달라고 요구하고 있다.

셋째, 반대를 상대방과 같이 검토한다

상대방이 공공연하게 반대를 하면서도 그 이유를 말하려 하지 않을 때, "반대 이유를 좀 더 상세히 말씀해 주시지 않으시겠습니까?"라고 말하는 것이 좋다.

그리고 상대방이 자기의 의견을 논리에 맞도록 정확하게 표현하기 전까지는 이쪽의 주장을 내세우면 안 된다.

이쪽의 주장이나 의견이 아무리 건실할지라도, 상대방의 의견과 비교해서 어느 쪽이 더 비논리적인지를 납득시켜야 한다.

상대방의 이의를 주의 깊게 검토하지 않고 자기주장만 반복하여 내세우게 된다면 상대방의 생각을 바꾸는 데 실패하게 될 것이 틀림없다.

예를 들어, 세일즈맨이 소매업을 경영하는 주인에게 어떤 상품에 대해 설명하고 있다. 그 주인이 재고품이 많이 남아 있다는 이유를 들어 그 제안을 거절하였다.

세일즈맨이 새로운 상품을 사는 것이 얼마나 좋은지, 아무리 설명해도 효과는 거의 없을 것이다. 그의 마음에서 재고에 대한 걱정이 사라지지 않는 한 세일즈맨의 요구는 아무런 소용이 없다.

따라서 세일즈맨은 '재고품이 너무 많다는 주인의 말을 생각해 보아야 한다. 이 이상 재고를 늘릴 수는 없다고 생각하는지, 그렇지 않으면 현금 회전이 나쁜 상품에 대한 불안감을 품고 있는 것은 아닌지, 그렇지 않으면 회전이 나쁜 상품으로 적은 이득을 보더라도 그쪽이 안전하다고 생각하고 있는 것인지 분석해 보아야 한다.

어쨌든 주인이 "귀찮아 죽겠어. 자네 회사는 언제나 우리가 팔아넘길 수 없을 정도로 많은 물건을 받게 하니 말이야."라고 분노를 터뜨리고 짜증을 부릴 때 세일즈맨은 바이어의 말을 반박해 버리려 하지 말고, 그의 말을 그대로 들어주어야 한다.

그러면 주인은 자신도 모르게 세일즈맨의 요청을 거절한 원인을 밝혀내며 스스로 억압에서 풀려난다.

결국 주인은 신상품의 구입 여부를 따져보고 결정을 내릴 것이다.

반대에 대처하는 요령

요약해서 말하면 상대방의 반대를 요령 있게 대처하면서 받아들이고, 그의 기분에 대해 동정적인 이해심을 표명해야 한다는 것이다. 이쪽이 자기를 이해한다고 하는 사실을 상대방에게 알리기 위해서는 그의 주장에 대한 이쪽의 해석을 어떻게 생각하고 있는가를 확인하는 것도 상대로 하여금 이해심을 알게 하는 데 도움이 될 것이다. 따라서 계속 상대방의 반대를 천천히 유도해 내서 필요한 것을 얻어내는 것이 필요하다.

잊지 말아야 할 것은 반대 정도가 상대적으로 약할 때 상대에게 언질을 받아두는 것을 소홀히 해서는 안 된다.

반대로 상대의 반대가 심한 경우에는 다짐하기를 중지하고 중립적 입장에 서서 객관적 태도를 취하는 것이 바람직하다. 그래서 상대방의 주장이 가지고 있는 장점을 인정해 주고, 상대방에게도 이쪽 주장의 장점을 인정하도록 만드는 것이다. 가능하다면 그로 하여금 이쪽 주장을 받아들이게 해서 이쪽의 입장에 그를 세워보는 것도 좋을 것이다.

상대가 대화에 참가하지 않을 경우에는 참가하지 않는 그 자체가 반대하는 입장이라는 것을 깨닫게 해야만 한다. 혹은 상대가 이유를 밝히기는 했지만 그 이상은 말하려 하지 않을 때에도 거기서 체념해서는 안 된다. 이쪽 주장이 효과를 내기 위해서는 상대방 입장의 모호한 점이 모두 해명되지 않으면 안 된다.

상대방의 마음이 여러 번 바뀌는 경우에는 그가 진정한 의의를 밝히지 않은 것이라고 보는 것이 정확할 것이다. 그의 이의에 대해 해명해 준 다음, 상대가 진정한 이유를 밝히지 않을 뿐만 아니라, 그러기를 피하고 있다는 사실을 지적해서 깨우쳐 주는 것이 현명한 방법이다. 그러기 위해서는 다음과 같이 말하는 것이 좋을 것이다.

"당신께서 제기한 이의는 모두 중요한 것으로 하나하나 해답해 드릴 필요가 있습니다만, 그 외에 또 당신의 마음에 걸리는 것이 있지는 않은가요?"

상대방이 진정 이의를 은폐하고, 이쪽이 말하는 것을 부정하는 경우도 많겠지만, 대부분은 상대가 자기의 진정한 이의를 밝히고 있지 않다는 것이 쌍방이 서로에게 접근하기 위해서는 이것을 밝히는 것이 좋을 것이라는 것을 깨닫게 되는 것이다.

대부분 반대에 봉착하게 되면 그것이 조리에 맞지 않은 요소가 있는가, 없는가를 확인할 수 있다면 일이 순조로워진다. 만약 있다면 상대방에게 그것을 깨닫게 하고 제거시킨 다음에 이쪽 주장을 이해가 가도록 설명하면서 대화를 이끌어 가면 되는 것이다.

CARNEGIE

상대방의 말을 이해하는 법

CHAPTER 14

마음에 읽는

카네기

Dale Carnegie

말은 주관적 사실의 일부분이다

01

존스가 거리를 걷고 있었는데, 금발의 매력적인 아가씨가 지나갔다. 그는 돌아서서 섹시하게 지나가는 그녀를 보며 휘파람을 불었다. 그리고 친구의 옆구리를 찌르면서, "어이! 저 아가씨 멋있는데!"라고 말했다.

존스의 말은 얼른 생각하기로는 성적 매력이 이 아가씨에게서 풍긴다는 것을 말하고 있는 것처럼 들리지만, 그는 사실 자기의 성적 흥분을 이야기하고 있는 데 지나지 않는다. 그는 이 아가씨의 성적 매력을 직접 시험해 볼 수는 없는 것이다.

단지 그녀에 대한 자기의 반응을 경험했을 뿐이다. 그가 말로 나타낼 수 있는 것은 이 말뿐이다. 그러나 그는, 이 아가씨에게 성적 자극이 갖추어져 있다는 착각을 품고 있고, 그것이 그녀를 봄으로써 자기 체내에 생긴 감각이라는 것을 전혀 모르고 있는 것이다.

그가 방금 하고 있는 말이 이것을 여실히 증명해 주고 있는 것이다. 그리고 그녀에 대한 자기의 인상을 친구에게 전함으로써 친구에게도 똑같은 착각을 갖게 한 것이다.

우리들은 누구나 존스와 마찬가지로, 현실로서 경험한 것에 지나지 않는 일을, 현실 그 자체인 양 이야기를 하는 경향이 있다. 이 그릇된 개념 때문에 사고나 의사 전달에 큰 차질을 빚어내기 마련이다. 자기가 말하거나 남이 말하는 것을 듣고 있을 때, 우리들이 쓰고 있는 말이 현실을 나타내는 것으로 생각하기 때문이다. 언어란 일어난 일을 각자가 체험한 대로밖에 나타내지지 않지만 실제 있었던 일, 그 자체를 전달하는 것으로 오인하고 있는 것이다. 때문에 어떤 일에 봉착해서 그것을 진술하는 말을 들으면, 사람들은 가끔 현실로 일어난 것과 혼동해서 오해하는 경우가 많다.

언어란 객관적인 관찰을 나타내기보다는 반응을 나타내는 데 유용하다. 그런데 숫자는 객관적 사실을 정확히 나타낸다. 자기의 반응을 진술한다는 것은 자아의 관찰이 뒤섞여서 정확한 표현을 끌어내기 힘들다. 대화에서 때때로 자아가 망각되고, 관찰한 것을 삐뚤어진 형태로 표현해 버리기 쉽다.

사고가 삐뚤어지지 않게 하기 위해서는 실제로 견문한 것과, 그것을 경험할 때의 자기의 반응을 구별해야만 한다. 마찬가지로 남에게서 받은 정보를 적절하게 평가하기 위해서는 상대방의 인상과 현실에 일어난 일을 올바르게 파악해야 한다.

내가 확인 수단의 하나로 상대방의 관찰과 해석을 구별하라고 말했지만, 여기에서는 남에게서 받은 정보의 평가나 자기가 관찰한 행동을 어떤 희망이나 기대나 감정과 혼동하기 쉬운 경향에 대처하는 방법을 취급하기로 했다.

02

사고를 왜곡시키지 않는 5가지 방법

첫째, 판단함에 있어서 어떤 기대가 내재되어 있지 않는가

사람이란 계속적인 자극에 적응하게 되어 있다. 시골에서 자란 사람은 살 수 없을 정도로 시끄럽게 여겨지는 소음이 도시 사람에게는 그리 큰 반응을 일으키지 않는다. 마찬가지로 시골에 사는 사람들은 벌레나 새, 개구리 기타 생물들이 내는 불협화음에는 익숙해 있다. 어쨌든 간에 이미 익숙해진 것이나 예상할 수 있는 것은 기준이 되어 있고, 기준 이외의 것에 대해서만 깨달을 수가 있다.

마찬가지로 마음이 약한 세일즈맨은 다루기 힘든 고객도 공격적인 세일즈맨에게는 다루기 쉬운 것이다. 동일한 고객을 놓고 마음이 약한 세일즈맨은 괜히 마음이 쓰이게 되는 데 반해, 공격적인 세일즈맨은 자신 있게 모든 것을 대처한다.

또한 성적이 우수한 학생만이 있는 학급을 맡은 교사는 기대가 커져서 평균 이상의 성적인데도 불구하고, 학급에서 꼴찌인 학생을 열등생이라고 부르지만, 반대로 그 학생이 성적이 좋지 못한 학급의 교사에게는 당연히 빛나는 존재가 될 것이다.

예산이 대폭 감소되어 허리띠를 졸라매는 계획으로 나갈 때에는, 어떤 지출을 낭비라고 하던 경영자도 경기가 좋을 시기에는 같은 지출인데도 가치 있는 것이라고 생각하게 된다.

어떤 강력한 자극을 추구해서 긴장돼 있는 신경질적인 사람에게는 지극히 지루한 사태도, 보다 냉정하고 온화한 성격의 사람에게는 흥미 있는 자극이 되는 것이다. 마찬가지로 미각이나 후각도 그 직전에 맛을 보거나 냄새 맡은 것에 좌우된다. 아주 맛있는 음식을 잔뜩 먹은 사람의 입에는 같은 불고기지만 맛이 덜하고, 굶주린 사람에게는 맛있게 마련인 것이다.

냄새나 향기도 너무 오랜 동안 맡고 있으면 익숙해져서 냄새를 느끼지 못하게 된다. 알맞게 달콤한 음식도 매우 단 것을 먹은 후에 먹게 되면 싱거운 느낌이 드는 것이다.

이처럼 인간의 사회관은 그의 그때그때의 기대나 욕구, 감정에 의해 지배를 받는다. 그래서 어떤 일을 관찰하려면 이러한 모든 것을 배제하고 현실에서 일어나고 있는 일을 올바로 바라보도록 해야 한다.

어떤 사람은 모든 일이 자기 생각대로 되지 않으면 안달이 나고, 자기에게 불리한 일은 절대로 일어나서는 안 된다는 어린애 같은 기대를 품고 있는 사람도 있다.

이 같은 인간은 자기 뜻에 어긋나는 일이라도 일어나게 되면, 누군가가 고의로 자기에게 상처를 주기 위해 그렇게 한 것이라고 생각해 버린다. 누군가가 고의로 그러지 않았더라도 자기에게 불리한 일이라든가, 잘못은 일어나는 경우가 허다하다. 이 세상에는 마음대로 되지 않는 일이 생기게 마련이다. 그는 그 사실을 받아들일 수가 없는 것이다.

예를 들자면, 그러한 사람은 식당에서 자기에게 더러운 스푼을 갖다 준다면 노발대발할 것이다. 다른 사람들이 오롯이 자기에게 관심을 표명해야 한다는 기대가 있기 때문에, 그는 웨이터가 고의로 그렇게 했다고 생각해서 웨이터에게 고함을 지르게 된다.

많은 양의 물건을 취급할 때에는 반드시 실수가 있게 마련이어서, 통계학적으로 보더라도 스푼 천 개에 대해 적지 않는 숫자는 더러운 것이 나오게 되는 것이 통례로 되어 있다는 사실을 생각조차 하지 않는 것이다. 이러한 더러운 스푼의 대부분은 우연히 고객들에게 나눠지기 마련이니까, 어쩌다 그에게도 돌아간다고 해서 크게 화낼 일은 아닌데도 그는 지금까지 자기가 깨끗한 스푼을 받았던 것은, 그 대신 딴 사람에게 더러운 스푼이 돌아갔다는 사실을 망각하고, 더러운 스푼에 대한 것이 아니라, 자기 뜻에 거역하는 사태가 벌어졌다는 생각에 미치게 된 것이다.

이런 사람은 자기 뜻에 거역하는 일은 절대 있어서는 안 된다. 모두 자기를 중심으로 해서 진행되어야만 한다는 생각으로 그의 인생관이 유린을 당했다고 느끼는 것이다. 따라서 그는 노여움이 더러운 스푼이라는 사건에 집중된 것이다. 그래서 이 노여움의 폭발은 그에게 대해 좋든 나쁘든 관계없이 진행되어 가는 이 세상의 일에 대한 울적한 원한이 일시에 노출된 것이라고 보아도 무방할 것이다.

비현실적 기대에 의해 생기는 비뚤어진 성격을 시정하기 위해서는 여기에 직접 초점을 맞추는 것이 제일이다. 누구를 판단하거나 비판하기에 앞서, 우선 자기가 그에게 무엇을 기대하고 있는가를 자문해 보라. 기대를 말로 표현한다면 한층 더 현실적인 안목으로 될 것이다.

그렇게 한다면 기대가 너무 커지거나, 너무 적어지는 일이 없을 것이며, 또 자신의 기대를 우선 평가한 후가 아니라면, 상대방에 대한 비판이 너무 엄격해지기도 하고 야무지지 못할지도 모르는 일이다.

기대가 너무 크다는 것은 희망이 내포된 것이며, 또 비판이 약하다는 것은 상대방에게 그의 결점을 말해야만 하는 불쾌함을 피하고 싶거나 자기가 지금까지 상대를 믿어 온 신뢰가 잘못이었다는 것을 수긍하기 싫어서인지도 모른다.

마찬가지로 누군가에게 자기 생각을 납득하게 하려면, 우선 그가 기대하는 반응과 그러한 기대를 갖게 된 이유를 살펴보아야 한다. 이러한 문제에 대해 해답을 찾음으로써 자기의 생각이 상대방을 납득시키기에 충분한 것인가 아닌가, 그리고 이것을 진술하는 가장 좋은 수단이 무엇인가를 잘 알 수 있게 될 것이다.

자기가 기대하는 것에 초점을 맞추어 보기 위한 한 가지 방법은 상대방도 그 상황을 나와 같은 방법으로 바라볼 것인지 자문하는 일이다. 그렇게 함으로써 그 상황에 대해 다른 시각으로 바라보려 할 것이며, 그렇게 되면 자연히 자신의 기대를 객관적 현실로 받아들일 수 있게 될 것이다.

예를 들면, 두 아이가 같은 방향을 향해, 한 아이가 다른 아이보다 3미터가량 뒤떨어져 달리고 있는 것을 목격했다고 하자. 이것을 가리켜 한 아이가 다른 아이를 뒤쫓아 가더라고 말한다면, 그것은 자기의 개인적 반응에 좌우된 말이다. 또 다른 사람은 동일한 사태를 보고 두 아이가 어딘가에 가고자 한 아이가 다른 한 아이보다 약간 뒤쳐져서 뛰고 있었을 뿐이지 뒤쳐지지는 않았다고 말할지도 모른다.

자신의 관찰을 다시 생각해 보고, 다른 해석이 가능하다면 자신의 생각도 고쳐야 한다.

자신의 개인적인 해석을 첨가해도 좋지만, 만일 그렇게 되면 어디까지가 관찰이고 어디서부터가 해석이 되는지 불가능하게 된다.

둘째, 상황이 어느 정도인가

어떤 사람으로부터 어떤 사태에 대한 이야기를 들을 때 그 사태의 특징이 어느 정도 밝혀졌는가를 알아야만 한다. 어떤 물건이 튼튼하다, 바람직하다, 오래 쓴다, 경제적이다, 맛있다, 얼마나 맛있는가? 등 가치를 밝혀서 아는 것이 중요하다.

어떤 사람이 다른 한 사람에 대해 이렇게 말했다고 하자.

"그는 항상 투덜거리며 불평을 한다."

이때 듣는 쪽이 그 정도차이를 파악할 수 있게 해야 한다. 이 말만을 듣고는 소문의 그 인물이 실제로는 전혀 그렇지 않은데 불평만 하는 사람이라는 인상을 받게 된다.

그런 소문을 퍼뜨린 사람은 어쩌면 사소한 남의 불평을 듣고 화를 내고, 그래서 과장해서 소문을 퍼뜨리는 사람일지 모른다. 이 3개월 동안 그는 몇 번이나 불평을 했으며, 그때 그의 불평의 대상은 무엇이었냐고 물으면, 그는 3개월 동안에 세 번밖에 불평을 터뜨리지 않았고, 그 어느 것이든 분명한 이유로 인해 불평을 했었는데 소문을 퍼뜨린 쪽이 그 불평을 괘씸하게 생각해서 그랬다는 사실이 밝혀질지 모른다.

고객이 세일즈맨을 향해 "자네 회사에선 항상 배달이 늦어지지 않는가. 언제 상품이 도착할지 모른다면 이쪽 장사는 어떻게 되는 거지."라고 불평을 늘어놓을 때 세일즈맨이 막연히 자기 회사에서는 언제나 배달이 늦어지는 게 아니라고 얘기하는 것보다, 우선 상대방 기분에 대한 이해를 표시하고 나서 다음에 상대방 말의 정도를 명확하게 하는 것이 현명한 일이다.

"전날의 발송에 대해 당신께서 기분이 상하셨다는 것은 이해가 갑니다만, 지난 1년 동안에 우리들의 발송이 늦은 것은 몇 번이나 될까요?"라고 대답하면 좋을 것이다.

이렇게 핵심을 찌르는 질문에 의해 지난 1년간에 네 번 발송이 늦어지고, 그중 두 번은 기한이 30일의 주문이었기 때문에 하루 늦은 것뿐이었다는 것을 횟수와 함께 상기시켜 주는 것도 좋은 방법이다.

학생이 선생에게 숙제가 너무 많아 전부 해낼 시간이 없다고 불평을 한다면 여기서도 역시, 공부는 하기 싫다, 그러니까 약간의 숙제 외에는 하고 싶지 않으니까 이런 불평을 터뜨리게 됐는지 모른다. 이때, 선생은 그 숙제에 어느 정도의 시간이 걸리는가? 숙제에는 어느 정도의 시간을 할애하는 것이 적당하다고 생각하는가를 학생에게 묻고 그 정도를 명확히 할 필요가 있다.

상대방으로부터 받게 되는 묘사적인 정보에 대해서는 반드시 정도를 명확히 파악하는 습관을 길러야 한다.

이를테면, '이 정보는 이것을 발설한 사람의 주관적인 경험에 영향을 받지는 않았을까? 또한 '이것은 그의 반응의 영향을 전혀 받지 않았고, 훌륭히 통용되는 것일까?'라고 자문해 보아야 한다.

어떤 사원 채용 결정자에 대해, "그는 번번이 직업을 바꾼다."라고 누군가가 말했다고 하자.

이쪽에서 알아들을 수 있었던 것은 이 정보의 전달자가 '빈번하다고 생각한다.'라는 것뿐이었다. 그러나 잘못해서 함정에 빠져 이 말을 자기의 표준에 맞추어 그릇된 결론을 내릴 우려가 크다. 이런 경우에는 반드시 '몇 번 정도?'라고 물어보아야 한다.

마찬가지로, 기분이 나쁘다는 것은 어느 정도 나쁜가? 늦는다는 것은 어느 정도 늦는다는 것인가? 등등을 명확히 밝혀야 된다.

그 정도로 정확히 밝히기 위해서는 수식어가 아니라 수나 양으로 명시를 하면 좋을 것이다. 정확한 숫자를 포착할 수 없을 경우에는, '양적으로 가늠해도 좋다.' '내주까지는.'라고 할 정도라면 '곧'이라고 말하지 말아야 한다. 다음 주인가 언제인가 확실하지 않을 때는 '아마.'라는 말을 첨가하든가, 다음 주라고 범위를 넓혀서 말하여야 한다.

어떤 경영자가 다음과 같은 제안을 받았다고 하자.

"A회사의 가격은 현재 우리 회사가 지불하고 있는 것보다 높기 때문에, 거기서 사야만 할 이유는 전혀 없다고 생각됩니다. 비록 서비스가 좋다고 하더라도 그것만으로 사들이기에 충분한 가치가 있다고는 생각되지 않습니다."

이 말에서는 모두가 그 정도를 명확히 하지 않으면 무엇이 무엇인지 알 도리가 없다. 가격이 얼마쯤 비싼가? 서비스의 내용은 무엇인가? A사의 세일즈맨, 기타 사원이 다른 회사보다 자주 방문한다는 말인가? 배달 기한을 다른 회사보다 잘 지킨다는 건가? 반품하지 않으면 안 될 결함 있는 상품이 적다는 것인가? 포장이 좋다는 말인가? 더욱이 이러한 질문에 어느 정도 다른 것보다 좋고, 어느 정도 다른 곳보다 횟수가 많은가? 등을 첨가하지 않으면 안 된다. 또 하나, 그것이 어느 정도의 의미를 지니는가를 질문해 보지 않으면 안 된다.

거래에 대한 정보에서는 주관성을 제거해 버려야 할 것이다. 담당

자는 '무엇이 몇 개, 몇 회, 언제, 어디서' 등을 규명하기를 게을리 해서는 안 된다.

이러한 정도를 알아보았으면 한 걸음 더 나아가서, 그것에 무슨 뜻이 있는가, 어떤 영향이 있는가를 파악해서 결정을 내려야 한다.

셋째, 사물을 단정하지 말라

진실이란 어쩌면 이건 이렇다 하고 단정 짓기는 힘들다. 무슨 일이든지 정확하지 않으면 못 배기는 깐깐한 사람은 사물이란 진실한 면도 있지만 진실이 아닌 면도 있고, 꼭 '예'나 '아니요' 혹은 '올바르다' '틀리다.'고 단정할 수 있는 것은 아니라는 사실에 대해 조바심을 느낀다.

인간 사회에서 우리들은 사물을 있는 그대로의 형태로 보지 않고, 범주의 틀에 넣으려 한다. 이 범주는 어떤 특성이 아주 약하다, 알맞다, 너무 강하다는 등의 우리들 감정을 표현하는 것이다.

현실은 범주 속에 들어갈 수 있는 것이 아니라는 것을 우리들이 알게 된다면, 범주 자체는 아무것도 나쁜 것이 아니다. 우리들이 제멋대로 현실의 형태를 바꾸는 것 같은 범주를 만들어서 거기에다 사물을 분리해서 집어넣으려고 하는 것이다. 그러나 범주에 넣는 것은 생각을 정리하고 전달하는 데 도움이 된다.

문제는 범주의 경계선이 확실하지 않은 경우가 너무도 많다는 것이다. 각자가 제멋대로 경계선, 즉 어디까지가 강하고, 어디서부터 약하게 되는 것인가, 어디까지가 고가이고, 어디부터 싸게 되는 것인가 등을 정해서 그것에 의해 움직인다.

각 범주는 이론상으로는 그 범주에 포함되는 모든 것의 정도, 즉 연속체의 한 구분을 나타내고 있는데, 자칫하면 점으로 오인하기 쉽다. 때문에 부자인가 가난뱅인가, 효과적인가 효과적이지 않는가? 라는 식으로 단지 2개의 범주밖에 없을 경우 연속체는 망각되고 만다. 사고는 정반대의 두 가지 밖에 없는 형태로 진행되고 있는 것이다.

예를 들면, 소매상인 주인에게 세일즈맨이 "우리 회사의 상품은 광고도 잘 되어 있고, 고객들도 우리 회사의 것을 바랄 것이기 때문에 이것을 취급하시는 편이 좋지 않겠습니까?"라고 말했다고 하자.

주인은 "댁의 상품을 바라는 고객에게는 우리 집에서 취급하는 상품으로 권할 터이니, 댁의 것은 필요 없다."고 대답한다면 여기서 세일즈맨의 마음속에 "이 주인은 정말 고객에게 경쟁사의 상품을 권할까? 아니면 그렇게 할 수 없을까?"라는 의문이 생길 것이다.

고객에게 경쟁사의 상품으로 권할 수 있다는 주인의 말은 경솔한 세일즈맨을 가장 저항이 적은 방향으로 백인가 흑인가, 이것이냐 저것이냐 라는 사고방식으로 유도할 것이다.

여기서 세일즈맨이 취할 조치는 "당신은 고객을 대부분 경쟁사의 상품을 사게 할 수 있을지 모르지만, 모두에게 권할 수는 없을 겁니다. 몇 할쯤이라고 생각하십니까, 8할쯤입니까?"라고 말하면 좋을 것이다.

그러면 그때까지 두 회사의 상품에 대해 생각하고 있는 주인은, 비록 근소하기는 하지만 자기네 가게에 오지 않을 고객이 일정한 비율로 존재한다는 사실을 깨닫게 된다. 이때 더욱 정도를 확실히 하기 위해서 세일즈맨은, 이번에 자기네 가게에 오지 않는 고객의 비율이 가져오는 금전적 손실은 어느 정도가 되고, 또 그 고객 중 주인의 점포에서 오늘 이후로 구매하지 않으리라고 생각되는 고객의 비율 및 그것에 의한 매상의 손실을 확인시킬 필요가 있다.

어떤 사물에 대해 그 사물이 '어떻다', 혹은 '없다'는 등의 말이 나왔을 때, 그 중간은 있는지 없는지를 확인해 보아야 한다. 얼마는 그렇고, 얼마는 그렇지 않은 게 아닐까?

예를 들어, 누군가가 어떤 새로운 상품에 대해 광고만 요령 있게 하면 잘 팔릴 것이라고 말했을 경우, '잘 팔린다', '안 팔린다' 여부를 논의하는 것은 어리석은 짓이다.

이처럼 어리석은 짓을 멈추기 위해 우선 다음과 같은 질문을 해야 한다. '잘 될 것이란 것은 어떤 의미인가?' '금액으로 따져 어느 정도의 광고가 필요한가?' '광고비 1달러당의 이익은 얼마인가?' '그만한 돈을 걸어볼 가치가 있는가?' 그렇게 말한다면, 상대방의 말은 일정량의 광고와 일정량의 매상에 대해서는 합당하지만, 그 일정량 이외에 대해서는 합당하지 않다는 것을 알게 될 것이다.

우리는 흑도 백도 아닌 회색의 영역에 주의를 기울여야 한다. 거의 대부분 이 부분에 속한다는 것을 알 것이다. 어떤 사물에 대해 '이렇다'라는 말을 들으면, 그 반대는 무엇인가를 마음속에 자문자답하고 다음에 상대방의 말하는 것과 그 반대와의 선에 따라 진정한 모습을 찾아야 한다.

효과적 설득은 가장 귀중한 것으로 그것은 인류 지식의 정수를 나타낸 것이다. 방대한 연구와 무한한 노력으로 한 방울 한 방울 증류된 것이다.

이렇게 귀중한 설득에 의해, 인간은 환경을 예지하고 제어할 수 있게 되었다. '자기력을 바늘로 차단하면 그 바늘에 전류가 흐른다.' 이 결과가 전기, 라디오, 텔레비전 등 방대한 전력 기계의 발명으로 이어진 예를 우리는 알게 된다.

더욱 유익한 일상적이고 유효한 설득이 이만큼 고마운 것이기 때문에 만일 그것이 올바르지 않을 경우에도 사람들이 호응해 준다고 해서 이상할 것이 없다. 비록 효력이 없다고 하더라도, 그것이 틀린 것이라고 증명되기까지는 유효하다는 착각을 부여해 주지 않는가.

앞에서 말한 주인의 예로 되돌아가면, 그는 이렇게 생각할 것이다.

'나는 상점에서 취급하지 않는 메이커 것을 달라는 고객이 있으면, 딴 메이커 것으로 권유시킬 수가 있습니다.' 이 착각은 주인으로 하여금 고객을 자기 마음대로 할 수 있다는 생각을 하게 한다. '나의 상점에서 취급하지 않는 메이커 것을 달라는 고객이 있으면 권유시킬 수 있는 기회는 9할이다.'라고 말을 했다면 그의 이론은 좀 더 정확했을 것이다. 그러나 이것 역시 어느 정도 애매하고 불확실하다. '나머지 1

할은 어떻게 되는 거지?' 이래서 주인은 현실을 거부하고, 좀 더 매력적인 이론에 손을 뻗쳐, 모든 고객을 권유시킬 수 있다는 형태로 만들어 버리는 것이다.

결국, 예외가 한없이 많은 이론 따위는 이 불완전한 세상에서 커다란 보증을 해주지는 못한다.

최근 어떤 영업 담당 중역이 나에게 이야기해 주었지만 그의 회사에서 영업하는 사람에게 회사가 미리 작성한 영업 교육을 시켰다. 세일즈맨들은 상품에 관한 모든 점을 망라한 설명문을 따로 외우고 이것을 고객들 앞에서 발표했다. 그 결과 세일즈맨과 고객과의 사이의 상호작용이 대폭 감소하게 되었다. 이 방법은 고객의 참가와 세일즈맨 측의 정보를 이끌어내 분석하는 능력과 임기응변의 설명을 무시하고 있었던 것이다.

이 중역이 말하기를 이 회사는 대규모의 영업장을 가지고 있었는데 이 전통적인 영업 교육을 시행했더니 평소 성적이 양호했던 세일즈맨은 자기 마음대로 영업할 때보다 성적이 나빠졌고 오히려 평소에 성적이 나빴던 세일즈맨의 성적이 좋았다는 것이다. 회사에서는 우수한 세일즈맨의 능력과 성적이 나쁜 세일즈맨의 능력을 평균해 본 결과 영업 성적이 이전보다 약간 좋아졌다는 것을 발견했다. 이 중역은 이 사실에 의해 미리 만들어 둔 기존의 영업 교육 쪽이 세일즈맨 각자가 자기 생각대로 설명하는 것보다 효과적이라는 결론을 내릴 수 있었다고 나에게 말했다.

어떻게 보면 이 결론은 당연하다고 생각되지만 좀 더 자세히 생각해 보면 세일즈맨의 선택 및 능력 개발에 관해 균일한 기준이 지켜질 때에 한해서 이 이론은 통용될 뿐이라는 것을 알 수 있을 것이다.

만약 세일즈맨의 선택의 방향이 자력으로 생각하고 영업 방법을 개발해 가는 데 능력이 있는 사람들을 채용하는 쪽으로 옮겨졌을 때는 어떻게 되었을까? 또 이러한 세일즈맨의 훈련이 의사를 전달하고 고객의 마음을 사로잡고 움직이는 기술 향상에 중점을 두는 것이 된다면 어떻게 될 것인가? 자기 스스로 생각해서 설명하는 세일즈맨이 성적을 올리고, 만들어 둔 영업 설명서은 인기가 없어지게 될 것이다.

넷째, 미리 판단하지 말고 사태에 따라 결단하라

결정을 내린다는 것은 대부분의 사람에겐 쉬운 일이 아니다. 한쪽을 선택하면 다른 한쪽이 크게 보인다. 잘못되지나 않았나 하는 의혹에서 정말로 그릇된 결정을 내리는 결과가 되는 경우가 많다.

결정을 내리는 행위를 피하려다 그 일이 잘못되지는 않을까 하는 생각에 빠지기 쉬운 사람들은 자기의 생활 전부를 될 수 있는 한 한 틀에 맡겨 버리려 한다.

예를 들어 언제 이를 닦을 것이며, 어디 메이커의 상품을 구입하며, 어떻게 애정을 표현해서 애들에게 무어라 말하며 어떤 경우에라도 상사와 사이좋게 지내도록 힘쓰는 등 조금이라도 범주안의 틀에 넣으려 한다. 상황에 따라 그 특질이나 그때마다의 자기의 기분을 고려해서 결정하는 게 아니라 정확성이라는 것을 저버리고 모든 일에 적용되도록 되어 있는 법칙을 따른다.

그런데 곤란한 것은 그렇게 범주에 꼭 들어맞는 경우만 있는 것이 아니라는 것이다. 사물이란 범주와 범주 사이에 있는 경우가 많다. 그래서 모든 것을 법칙 속에 나누어 놓으려고 하기 때문에 매우 중요한 사실이 무시당하게 되는 것이다.

한 예를 들면, 영업부에 소속된 세일즈맨은 모두 대학 졸업생이라야 한다는 방침의 회사가 있다고 하자.

이 회사의 영업부장은 우수한 세일즈맨을 급히 양성하지 않으면 안 되게 되었는데 바로 그런 때 총명하고 품위가 있고 끈기도 있는 대학 2년 중퇴한 세일즈맨 지망자가 나타났다. 영업부장은 회사의 방침에 따른다면 그를 채용할 수 없게 된다. 그 결과 매우 우수한 사원을 회사는 한 사람 잃게 되는 것이다.

평균적으로는 대학 졸업의 세일즈맨 쪽이 그렇지 않은 세일즈맨보다 우수하다고 할 수 있겠는데 예외도 많다. 대학 졸업이 아닌 경우에는 세일즈맨으로서 채용하지 않는다는 방침이 없었다면 인재 등용에 경험이 있는 영업부장은 그런 경험이 없는 영업부장에게는 기대할 수 없는 우수한 영업 팀을 가지게 될 것이다.

대개 방침이란 경영자 측이 그 생각을 실제에 적용케 하려는 시도라고 말할 수 있다. 실제의 문제를 예상하고 분류하려는 시험이 행해지고 다음에 그 문제에 대처하는 절차가 제시된다.

만약 실제에서 야기되는 문제가 모두 이 규정의 범주에 꼭 맞는다면 좋겠지만 그렇지 못한 경우가 대부분이다. 이러한 문제는 몇 개의 범주에 속하게 되는 것이 너무나 많아 한 범주로 정리되지 않으니 절차나 방침으로는 해결되지 않는 것이다. 또 비록 간신히 그것이 된다 하더라도 그것이 그 문제에 대한 생산적 대처라고는 말할 수 없다.

회사에는 각각의 규칙이나 절차가 필요하다. 경영자에게는 사원들이 따라야 하는 일정한 규칙이 있고 현장에선 반드시 일정한 독자적인 노력의 여지가 남겨져 있다. 어떤 사태에 대해서 독자적인 판단을 내릴 수 있게 되어 있는 것이다. 그러나 절차가 상세해지면 질수록 경영자 측은 현장으로 하여금 독창적인 생각을 용인하지 않게 되고 그것 때문에 회사는 가장 귀중한 재산의 하나인 현장의 두뇌를 아무 쓸모도 없는 것으로 만들어 버린다.

현장에서 두뇌를 사용하지 못해 사고의 빈곤이 생기게 되는데 그 외에도 절차가 현장 사태에 적용되지 않는 경우에 필연적으로 결함은 생기게 된다. 결함을 최소한으로 막아내기 위해서는 회사는 어느 방향을 취할 것인가? 물론 방침도 현장의 독자적인 사고도 다 같이 필요하지만 이것은 비중을 어느 쪽에 두느냐가 문제이다.

회사 측에선 현장 사람들에 관해 가장 많은 관심을 기울인다고 하면서 공식화된 엄격한 절차만 늘려 나가는 경우가 매우 많다. 그 결과 야기되는 것은 한편에선 타입의 결함, 엄격한 방침이, 또 다른 한편에선 타입의 결함과 현장 사고가 일어난다. 이처럼 여기에선 결함이 대처됐을 뿐 결함 전체가 배제되기를 기대할 수 없다.

그렇게 되지 않도록 현장의 사고를 향상시키는 방향으로 집중시켜야 한다. 우수한 잠재 능력이 있는 사람을 채용해서, 그들의 사고 능력을 계발하는 것이다. 그들에게 회사 경영자의 목표를 가능한 한 납득시키고, 그들을 훈련해서 사태를 자세히 검토해서 사고의 의미를 탐구하고, 수많은 행동 안을 고려하고 가장 좋은 결론에 도달하는 능력을 배양시키도록 하는 것이다. 그리고 자제심을 길러서 자기의 사고에 대해 재검토를 할 수 있도록 교육해야 하는 것이다.

이렇게 교육을 받은 사람들은 현장의 정보 파악이 늦어지기 때문에 생기는 시간적인 차이에 승복하지 않고, 현재 일어나고 있는 사태를 예단에 맞추어 처리하는 일도 없을 것이다. 그들은 개개의 사태에 따르는 해결책을 수립할 수가 있을 것이다. 회사 경영자는 스스로 생각해서 결정을 내리는 사람들을 등용하는 게 회사의 절차나 방침에 순응할 줄밖에 모르는 무능력한 사람을 채용하는 것보다 회사에 많은 이익을 가져다줄 것이다.

또한 어떤 상황에 대해 결정을 내릴 때에는 그 특징을 잘 고려해서 내리도록 해야 한다. 어떤 사태에 대해서 의견을 형성하였다면 그것을 다시 한 번 확인해서 그것이 확실한 사실에 근거한 의견인가를 확인해야 한다.

예를 들면 우리들은 뚱뚱한 사람은 명랑하다. 대기업은 관청적으로 된다. 사장 친척인 중역은 혈연 때문에 중역이 됐을 뿐 혼자의 힘으로는 어림도 없다. 국적이나 인종이나 종교에 따라 거만해지고 나태해지고, 총명해지는가 하면 우둔하게도 된다는 등 모든 것을 개괄해서 생각하고는 있지나 않은지.

물론 과학이나 개인의 경험은 결정을 내리는 데 도움이 된다. 그러나 개괄을 이용하기 전에 반드시 그것이 과학계의 권위나 충분한 개인적 경험이 뒷받침된 것이라는 것을 확인하지 않으면 안 된다. 더욱이 개괄을 적용하기 전에 그 사태에 관한 사실을 가능한 한 모으는 것이 필요하다. 그리고 이 사실이 모두 그 개괄에 꼭 맞는지 어떤지 주의하고, 만일 꼭 맞지 않는 경우에는 그 개괄의 응용에 세심한 주의를 기울여야 할 것이다.

다섯째, 의견 교환 때에 그 뒷받침이 되는 증거를 밝혀라

조리에 맞는 결론에 도달하기까지에는 소망이나 감정도 들어온다. 인간의 감정은 매우 변화무쌍하여 보이기 때문에 때때로 결론은 사실로 맺어지는 게 아니라 욕구에 의해 결정되기도 한다.

그리고 자신이 바라던 결론이 내려지면, 그것이 사실에 뒷받침된 것인지 허구인지를 확인해 보지 않는다. 예를 들어 주행 중에 여자 운전사와 언쟁을 한 남자 운전사는 이렇게 억지를 쓴다. '여자 운전사는 남자 운전사보다 뒤진다. 때문에 나는 올바르고 당신은 틀렸다.'

취직 면접시험에서 얼굴이 단정한 수험자는 풍채가 없는 수험자보다 유능하고 양심적이며 믿음직하게 보인다. 심리학에서는 이것을 후

광효과라 한다. 관찰자에게 미치는 어떤 특징의 효과가 파급되는 것으로서, 어떤 점에서 호감이 가는 사람에게는 실제로 있는지 없는지 모르는데 그 외에도 호감이 가는 특징이 있는 것처럼 관찰자는 생각하게 된다는 것을 말한다. 마찬가지로 자기가 싫어하는 사람에 대해서는 무엇이든 나쁘게 보이며 그의 장점을 인정하려 들지 않는다.

우리들은 어떤 말이 참인가 거짓인가를 그 말이 언급하고 있는 사항의 사실 자체 그것보다도 그것을 말한 사람에 따라 판단하려 하지 않는가?

유명한 사람에 대해 한 번도 만나 본 일이 없는데도 마치 아는 사이처럼 '그는 이러이러한 사람이다', '이러한 성격이다.'라고 말하는 사람이 많다. 신문이나 잡지, 텔레비전에서 얻은 정보만을 바탕으로 그들에 대한 어떤 이미지를 만들어 버려, 마치 친구가 되는 것처럼 그들에 대해 무엇이든 알고 있는 것 같은 인상을 주게 된다.

사람이란 사실은 어떻든 간에 자기 나름의 의견을 만들려 한다. 사실은 오히려 귀찮은 것이니까 없는 편이 낫다는 식이다. 그러는 편이 간단하게 결론을 내릴 수 있게 되기 때문이다.

"주식으로 돈을 모았다니 정말 운이 좋은 녀석이야. 내 아는 녀석이……."

"오늘날 의사들은 돈벌이에 혈안이 돼 있어. 그전에 말한 내가 아는 여자가 지금 말한 의사한테 진찰을 받으러 갔더니 말이야……."

어떤 사태에 관해, 사실을 참고로 하기보다는 개괄적인 이미지에 좌우되는 사람이 너무 많다. 예를 들면, 세일즈맨에 대해 큰 소리로 상스러운 말을 지껄이고 쓸데없는 수다를 떨고 경비만 낭비하는 교양 없는 족속들이라는 이미지를 가지고 있는 사람들이 많은데, 실제적으로는 딴 직업을 가진 사람들과 마찬가지로 세일즈맨들도 이런 사람 저런 사람이 있어서 고상하고 사려 깊고 박식하며, 때로는 교양이 풍부한 세일즈맨도 많은 법이다.

또한 대학교의 구내는 조용한 장소라고 생각될지 모르겠지만 생각과는 달리 실제로는 그렇게 조용한 곳이 아닐 수 있다. 조용하게 되는 것이나 시끄럽게 되는 것은 순전히 사람 탓이고, 교수나 학생도 그들의 내부에 어떤 불안이나, 죄책감, 수치심이나 질투 기타 폭풍처럼 휘몰아치는 감정을 안고 이 세상을 살아가는 같은 인간이라는 사실을 잊어버려서는 곤란하다.

대부분의 예술가들은 비즈니스맨을 실리주의적이며 둔감하기 이를 데 없는 세속적인 녀석들이라고 생각할는지 모르지만, 비즈니스맨에게도 지성미가 풍부하고 고상한 취미를 지니고 있는 사람은 많다. 예를 든다면, 듀퐁 회사의 '크로포드 그리월즈'라는 사람은 꿀벌에 관한 권위자이며, '웰레스 스티븐스'는 보험 회사의 부사장을 지내면서 미국의 가장 탁월한 시인이기도 했던 것이다. 그와는 반대로 비즈니스맨들 쪽에서는 화가나 작가나 음악가들은 세상에 별 쓸모없는 방탕한 족속이며, 비종교적 사람들이라고 생각하고 있는데, 역시 실제로는 많은 예술가들이 차분하고 안정된 가정생활을 하고 있고, 스포츠를 즐기는가 하면, 주식에도 손을 대고 있는 경우가 많은 것을 본다.

이와 같은 이미지나 속된 의견은 자기의 감정적 욕구를 만족시킬지는 몰라도, 의사나 교육자라고 보는 것이 합당하다. 개괄화하는 것은 공격할 상대에게 허수아비를 세우게 하는 것과 같다. 또 남이 자기보다 어딘가 못하다는 것을 보고는 안심하는 사람도 많다.

상대가 자신의 의견을 말할 때, 그것이 명확한 증거가 뒷받침되어 있지 않는 한, 그것이 상대의 감정이나 원망이 들어 있음을 인정하고, 그것을 그대로 믿지 말고, 어느 정도 침착하게 결론을 내려야 한다. 또한 자기가 결론을 내리기 전에, 자기 마음속에 감정이나 원망의 요소가 들어가 있지 않는가를 확인해야 할 것이다.

대화를 객관적인 것으로 만들라

03

대화함에 있어 대화 가운데 어느 한 상황에 대해 서로 같은 느낌을 주고받도록 해야 한다.

예를 들어 '1천 달러'는 누구에게나 같은 의미를 가지지만, '큰돈'이라고 해석하는 머리에 떠오르는 이미지는 천차만별이다.

용어는 명쾌한 것으로 말하고, 예를 들어주어라.

또한 어떤 상황에 대해 양쪽 중 어느 쪽인가, 즉 백인가 흑인가를 결정지어 버리는 경향에 주의해야 한다. 누군가가 "남의 그런 것 안 산다."라고 말했다면 이 말의 증거가 되는 것은 무엇인가? 어떤 사람을 그는 마음속에 그리고 있는가? 이 상품을 산다, 안 산다, 라는 것에 대해서 왜 모든 사람들이 동일한 반응을 나타내는가? 만약 그렇지 않다면 어느 정도의 비율로 사게 되는 것일까?

이렇듯이 감정과 현실을 구별할 수 있도록 노력하지 않으면 안 된다. 일이 바뀌게 되면, 혹은 사는 동네가 바뀌면, 또는 좀 더 부유하거나 집을 신축할 수가 있다면 아무것도 바랄 것이 없을 텐데, 라고 생각하는 사람은 현실을 회피하고 있는 것이다. 매일 계속되는 일상생활을 잠깐 생각해 본다면 알 수 있을 것이다. 이러한 변화가 실제로 일어났다고 한다면 기분이 조금이라도 달라진다는 것일까? 그전에 지금과 다른 곳에 살 때나 다른 일을 하면서, 지금보다 좀 유복했을 때는 전혀 불평을 하지 않았던가?

각자의 경우를 그 특성에 맞게 검토하는 습관을 기르도록 해야 한다. 자신의 결정에 자신이 없다면 판단을 유보해 두어야 한다. 감정과 원망은 억제하지 않으면 안 된다. 그때 가장 중요한 것은 질문이 가장 좋은 수단이다.

'이것의 근거는 무엇인가?' '이것의 회수는?' '가격은?' '양은?' '이것의 의미는 무엇인가?' 등을 질문해 보는 것이다.

질문의 수가 많아지게 되고, 사용하는 언어를 명확히 하면서, 흰 것인가 검은 것인가를 결정짓지 않고 회색의 영역을 존중하고 사실을 알기까지는 결론 내리기를 보류하도록 하게 되면, 의사 전달은 명확한 것이 되고, 사고의 조리도 올바른 것이 될 것이다.

CARNEGIE

40대가 인간관계를 잘하는 법

CHAPTER 15

마음에 읽는
카네기

Dale Carnegie

대화도 기브 앤 테이크로 하라

01

인간관계는 평등한 '기브 앤 테이크'에 의해 깊어지게 마련이다. 일방적으로 받기만 한다든가, 또 일방적으로 주기만 해서는 인간관계는 지속되지 못한다.

40대가 최선의 인간관계를 지속시켜 나아가기 위해서는, 쌍방이 모두 주고받고 해야만 원만한 인간관계를 유지할 수 있다. 한쪽이 아무래도 좋다는 식으로 생각해서는, 아무리 상대에게서 얻는 것이 크다 할지라도 양자의 관계는 이루어지지 않는다. 따라서 인간관계는 쌍방이 나타내는 그 열의의 정도가 다를 때에는, 그 평균값을 따지게 되는 것이 아니라 정도가 약한 쪽의 영역에 머무르게 되는 것이다. 평등하게 주고받는다면, 그만큼 쌍방의 관계는 더욱 돈독하게 유지된다.

우리들은 모두 타인에 의해서 채워질 수밖에 없는 욕구라는 것을 가지고 있다. 우리 모두는 타인으로부터 충족받기를 원하고 있기 때문에, 타인을 거부하는 사람은 궁극에 가서는 반드시 타인으로부터 거부되게 마련인 것이다.

평등하게 주고받는다는 것은 매우 실제적인 문제이다. 물질적인 풍성함이나 감각적인 쾌락을 얻는다는 것은 이것 모두를 얻는 것임에 틀림이 없다. 그러나 주지 않고서는 가장 좋은 인간관계를 지속시키고 유지해 나갈 수가 없는 것이다.

인간이란 자기의 개인적인 만족감을 충족시켜 줄 것 같다고 생각되는 쪽으로 기울어지게 마련이다. 이것이 모든 인간의 행위의 원리이기 때문이다. 그렇기 때문에 자신의 만족을 채워 줄 것 같지 않은 사람과는 관계를 지속시키지 못한다.

인간은 서로 무엇을 요구하고 있는가? 실제적인 것들을 서로 교환하고 쌍방이 서로 상호간 유용하다고 하는 것 외에 애정이나 승인, 격려, 칭찬, 이해, 동정, 공감, 능력 등에 대한 존경 및 결점을 받아들이기를 바라는 것이다.

이러한 욕구는 주로 서로의 대화를 통해서 충족된다. 특별히 이러한 충족을 꼭 바라서 이루어진 대화가 아닌 경우에서까지 그리고 반드시 어떤 형태로든 간에 이러한 욕구가 숨어들어 있고, 그것이 충족되지 않으면 서로의 인간관계는 손상을 입고 대화의 궁극적 목적도 달성하지 못하게 된다.

대화에 있어서 주고받음에 의해 인간관계는 원활하게 유지되어 나아간다. 이 주고받는 행위가 한쪽으로 기울어지게 되면 그 동안에 인간관계는 쇠퇴해 버린다. 그래서 대화의 불길은 점점 약해져 가다가 드디어는 꺼지게 되는 것이다.

여기서 준다는 말은 상대방을 위해서 무언가를 희생한다는 의미를 갖는다. 또한 상대방에게 타격이나 모욕을 준다, 혹은 명령이나 증명서나 검사를 필요로 하는 물체를 준다는 등의 의미로도 해석이 되지만, 이러한 경우의 준다는 것은 단지 그 준다는 행동의 방향을 나타내는 데 그친다.

그러나 상대방을 위해 준다는 의미는 일반적으로 이쪽의 에너지, 시간, 사물 등을 상대방의 욕구나 욕망을 충족시키기 위해 희생한다는 의미를 갖는다. 그렇기 때문에 이런 경우의 준다는 행위는 상대방을 단순히 움직여야 하는 것이나 이쪽이 득을 보아야 하는 대상으로서가 아니다. 이러한 행위는 자기와 똑같은 인간이라고 인식하고 있다는 것을 나타내는 것이다. 그러므로 준다는 것은 어떤 의미에서는 상대방이 가진 관심과의 일체화라고 할 수 있다. 때문에 주는 것은 사랑의 행위가 된다.

대부분의 사람에게는 욕구나 욕망이 가득 차 있고 기탄없이 자기의 요구나 욕망이 충족되기를 바라고 있다. 때문에 항상 줄 기회는 있다고 보겠다.

예를 들어, 배우고자 원하는 사람들에게는 자신의 지식을 줄 수 있다. 또 사람이란 자기에 대해서 자기가 품고 있는 이미지를 남이 인정해 주기를 바라는 법이다. 자기는 머리가 좋고 외모도 좋으며, 동정심이 많고 이성적이며 사회의 일원으로서 적당한 인간이라고 인정해 주기를 바라면서 상대방에게 자기의 바람직한 점을 비춰주는 거울의 역할을 해주도록 바라기도 한다.

물질적인 것을 주거나 도움이 되어 주는 것은 명확히 준다는 것으로 금전적인 지출도 되지만 대화에 있어서 준다는 것은 더욱 미묘하다. 그것의 물질적 가치는 적을지 모르지만 의외로 생각 이상으로 기쁘게 받아 주는 경우도 많다. 그것은 따뜻하고 생산적인 인간관계를 견고하게 고착시켜 주는 역할을 하는 것이다.

대화 속에 있어서 준다고 하는 것은 금전적인 지출로는 되지 않지만, 돈보다 귀한 것—관심, 동정, 지혜—등을 지불해야 한다. 이것은 물질적인 것에 대한 갈망보다 훨씬 더 강한 갈망을 충족시켜 주는 것이 되는 것이다.

대화에 있어서 주고받는 것은 이야기를 들을 때나 말 할 때에도 이루어진다. 다음 네 가지 형태, 즉 이야기함으로써 주는 것, 들어줌으로써 주는 것, 이야기함으로써 얻는 것, 들음으로써 얻는 것 등의 경우를 살펴보자.

첫째, 이야기함으로써 주는 것

이야기함으로써 준다는 것에는 세 가지 종류가 있다. 이는 '교육한다, 즐겁게 한다, 감정적 욕구를 충족시킨다.'가 그것이다. 여기서 말하는 교육이란 넓은 의미의 것으로 사실이나 정보의 전달, 건설적 비평, 개인적 체험의 서술, 유익한 조언이나 제안 등이 포함된다.

'즐겁게 한다.'는 것은 농담이나 재미나는 이야기를 들려준다든가, 수수께끼나 어려운 문제로 자극을 주는 것을 말한다.

'감정적 욕구를 충족시키기' 위해서는 칭찬하거나 안심시키거나 동정하거나 상대방이 속으로 자랑 삼아 생각하고 있으리라고 생각되는 것에 주목해 준다는 것을 의미할 수 있다.

실제로는 이러한 서로 다른 종류의 주는 방법이 한 번에 이루어지는 경우가 있다. 예를 들어 상대방에게 자기의 감정을 말하고 있을 때에도, 단순히 그것은 자기의 반응에 대한 정보를 상대방에게 주는 것뿐만 아니라, '이것을 털어놓는 것은 당신을 신뢰하기 때문이다.'라는 의미도 암시하고 있는 것이다.

마찬가지로 우스갯소리를 할 때, 단순히 상대방을 즐겁게 할 뿐만 아니라 동시에 상대방을 즐겁게 하기 위해서 기간과 노력을 할애하고 있다는 것을 미묘하게 나타내고 있는 것이다.

의사와 환자의 대화에 있어서는, 의사가 환자에게 병의 상황을 설명해 줄 때에도, 주의를 줄 때에도, 또는 걱정할 필요가 없다고 안심시킬 때도, 차후의 용태가 어떻게 될 것인가, 또는 같은 병을 앓는 다른 환자의 쾌유에 대한 이야기를 들려 줄 때도 이야기함으로써 주게 되는 것이다.

이야기함으로써 상관이 부하에게 주는 것은, 직무 수행에 관한 정보나 지시를 주기도 하고, 칭찬하거나, 건설적인 제안을 하거나 그 부하의 일하는 모습이나 장래성에 대해서 이야기를 할 때다.

더욱 부하가 불안해할 때는 안심시키고, 그가 힘들어 할 때에는 동정을 나타내고, 그에게 좋은 일이 있을 때는 기쁨을 나누고, 감사의 말을 전하는 것도 모두 주는 것에 속하는 것이다.

세일즈맨은 고객의 일이나 개인적 생활에 도움이 되는 정보를 제공할 때 이야기함으로써 줄 수 있다. 예를 들어 세일즈맨은 자기의 경험에서 터득한 물건을 팔거나 이용하는 비결이나, 일반의 현명한 판매방법 등에 대해서 유익한 시사를 할 수가 있을 것이다. 또한 고객의 취미에 대해 흥미 있는 이야깃거리를 들려 줄 수도 있다. 혹은 도움이 되는 조언이나, 재미나는 이야기, 칭찬이나 위로를 줄 수도 있을 것이다.

고객을 생각해서 이야기하는 경우, 세일즈맨은 무언가를 주고 있는 셈이 된다. 비록 그렇게 함으로써 최종적으로는 자기 자신에게 이득이 있기를 바라고 있다 하더라도, 상대방을 위해 이야기하고 있을 때는 역시 주고 있는 것이 된다. 사실상 그때 고객은 세일즈맨의 이야기에서 무언가를 얻을 수 있다는 사실이다. 그러므로 결국 말이란 상대에게 선물이 될 수 있는 것이다. 대부분의 경우 물질적인 선물을 주는 것과 같은, 혹은 그 이상의 즐거움이나 만족을 상대방에게 줄 수가 있게 되는 것이다.

둘째, 들음으로써 주는 것

생각이나 감정의 탈출구를 찾고 있는 사람에 있어서, 주의 깊게 듣는 사람은 귀중한 선물을 주는 사람과 같다고 할 것이다. 듣는 쪽은 단순히 정보를 받기 위한 존재는 아니다. 말하는 쪽으로 하여금 생각을 정리해서 말하게 하므로 감정을 토로하게 하기 위한 중간 역할도 해주게 되는 것이다.

그럼 생각정리와 감정토로를 좀 더 자세히 살펴보자.

생각을 정리하는 데 도움이 된다는 것은

인간의 사고는 갖가지 욕구가 서로 경쟁하면서 수많은 생각이 마음속으로 요동친다.

이러한 무수한 사고의 행렬은, 비상구를 찾고 있는 감정의 표시, 바로 그것이다. 그것들은 비생산적 환상인 경우가 대부분인데, 비록 그것들이 목적의 달성을 뜻하지 않는 경우라 할지라도 당사자에 대해서는 만족할 만한 것인 것이다.

이와 동시에 당사자에게는 질서정연한 사고를 필요로 달성해야 할 목적이 있다. 현재 직면하고 있는 문제를 숙고하지 않으면 안 되기 때문에 딴 방향으로 생각을 이끌어 갈 수는 없다. 그러나 환상의 힘에 대항하다 못해 거의 생산적인 사고를 끌어낼 수 없는 경우도 때때로 있다.

목적을 향해 출발은 하지만, 번번이 마음의 유혹에 넘어가곤 한다.

수양이 모자라 생산적인 사고를 행하기엔 마음이 너무 약하다.

이럴 때 자기의 말을 들어주는 상대가 있다면 목적을 향해 계속 전진해 가기가 보다 더 쉬울 것이다. 듣는 쪽에 전달하기 위해서는 관련이 없는 생각은 모조리 배제하고 관련이 있는 생각을 어떠한 결론에 도달하게 하기 위해 차례로 나열하지 않으면 안 되기 때문이다.

말로 표현하는 것은 생각을 정리하는 데 크게 도움이 된다. 남몰래 환상을 즐길 때는 사리분별 따위는 필요치 않다. 그러나 상대방에게 정확한 의사 전달을 하기 위해서는 충분한 사리를 작동시키지 않으면 안 되는 것이다.

한편, 듣는 쪽은 상대방에게 자극을 주어 그 자신의 마음속을 탐색하게 하고, 목적을 향해 나가게 하도록 생각을 정리하게 할 필요가 있다. 생각을 명확히 하기 위해서 듣는 쪽으로부터의 자극을 필요로 하는 사람이 매우 많을 것이다.

말하는 쪽은 자기 생각을 듣는 쪽에게 한 번 말해보고, 다음에 한 걸음 물러서서 검토해 보려고 한다. 듣는 쪽이 주의 깊게 들어줌으로써 말하는 쪽의 생각을 정리하는 작업에 도움을 주게 되면 상대방은 그 대가로 이번에는 이쪽에서 말할 차례가 돌아왔을 때 주의 깊게 들어주려고 할 것이다.

감정 토로에 도움이 되는 것

대화에서 듣는 쪽은 때때로 말하는 쪽의 감정을 토로시키는 중개

역할을 한다. 말하는 사람이 어떤 원인에 의해 기분이 나빠졌다든지, 불안하다든지, 기뻐하거나 혹은 죄악감에 사로잡혀 있는 사람은 그 탈출구를 찾기까지는 그러한 감정을 마음속에 간직한 채 참고 견뎌야만 한다. 그리고 그러한 감정을 토로하는 가장 일반적인 수단은 말한다는 일일 것이다. 그러므로 말하는 사람은 들어줄 사람이 필요하다.

그러나 감정의 억압에 의해서 혼자 중얼거리게 되는 사람도 많다.

고통의 비명, 절망하는 흐느낌, 비탄의 울부짖음, 경탄의 허덕임, 환희의 고함 소리, 커다란 웃음소리 등은 모두 격한 감정이 소리가 되어 나타난 것이다. 이것은 들어 줄 사람이 필요 없다. 감정의 압력이 너무 크기 때문에 저절로 밖으로 튀어나온 것이다.

그러나 그것보다 약간 격렬함이 뒤지는 갖가지 감정들이 탈출구를 찾아 마음속에서 소용돌이치고 있다. 저절로 자신도 모르게 밖으로 분출시킬 만큼 강력하지 않으므로 자신의 마음속에 있는 이야기를 들어줄 사람이 필요한 것이다.

이 끊임없는 감정의 흐름(불안, 노여움, 기쁨, 수치감, 질투, 곤욕 기타 이러한 감정이 서로 교차된 것) 등이 탈출구를 발견하고, 어떻게 해서든지 대화 가운데 표현하도록 은근하지만 집요하게 독촉하고 있는 것이다.

이러한 감정은 그 즉시로 소리로 나타낼 만큼 예민하지는 않기 때문에 혼자 중얼거리거나 부르짖지 않아도 된다. 듣는 사람이 나타나기까지 참고 있다가 나타나게 되면, 그때는 감정을 토로하기 시작하고, 동시에 동정이나 칭찬 또는 격려를 원하는 것이다.

듣는 쪽은 상대방의 말을 들음으로써 말하는 쪽의 기분을 편안하게 해 줄 수 있고, 그의 긴장을 풀어 주고, 감정을 모조리 씻어 버릴 수 있게 이야기하도록 내버려두는 것이다. 이러는 동안 듣는 쪽은 쓸모 있는 정보는 얻지 못한다 하더라도 들어주는 시간은 쌍방의 관계를 깊게 하는 데 공헌하고 있는 것이다.

상대방은 마음속 어디선가 이쪽이 시간과 주의력을 희생시켜 그의 기분을 편히 해주려는 것을 알아차리고, 또한 이것을 감사하게 생각하고 있음에 틀림없는 것이다.

셋째, 이야기함으로써 얻는 것

이야기함으로써 얻는다는 것은 들음으로써 얻는다는 것과 정반대의 개념이다. 갇혀져 있는 자신의 감정을 해방시키기 위해 말하는 것은 상대에겐 아무런 관련이 없는 것이다.

그러나 상대방을 자기의 감정을 토로하기 위한 중개자로 이용하고 있을 때에도 역시 어느 정도는 주고 있다고 볼 수 있다.

그러나 상대방이 계속 그 이야기를 지루하게 끌고 가다 보면 이 준다는 것은 강제성을 띠게 된다. 감정을 모두 털어놓을 때의 시간은 빠른 법이다. 더욱이 탈출구를 발견했기 때문에 이 대화에 크게 만족을 느껴 말하는 쪽은 듣는 쪽도 자기와 마찬가지로 만족해하리라고 착각하게 되는 것이다.

자기가 기뻐하니까 상대방도 기뻐할 것이라는 착각은 하지 말아야 한다.

말하는 쪽에서는 시간이 순식간에 지나쳐 버리지만, 듣는 쪽에서는 지루하게 지나가게 되는지도 모른다. 이쪽의 감정은 상대에게 모든 걸 털어놓아 시원하겠지만 듣고 있는 상대는 아무것도 털어내지 못하고 오히려 상대의 말이 자기의 마음에 쌓여만 가게 된다.

처음에는 동정과 신뢰를 받았다는 기쁨으로 가득 차 있었다 하더라도, 그것이 점점 희박해져서 그는 자기감정을 이야기하고 싶어 초조해한다.

때문에 자기의 기분을 우울하게 했던 검은 구름이 개이고, 듣는 쪽을 단순한 귀로서가 아니라 인간으로서 바라볼 수 있게 되면 재빨리 그를 대화에 끌어들여야 한다. 즉 그의 감상을 물어보는 것이다. 그에게도 입을 열 기회를 주는 것이 중요하다.

넷째, 들음으로써 얻는 것

들음으로써 얻는다는 것은 이야기함으로써 얻는 것과는 정반대 개념이다. 정보나 칭찬, 또는 조언이나 위로 격려 등에 귀를 기울일 때, 유용한 생각이나 이쪽의 기분을 좋게 하는 생각을 흡수하고 있는 것이다. 한편 말하는 쪽도 이쪽의 태도, 즉 상대의 말을 잘 듣고 있는 태도에 기분이 좋아질 것이지만, 이쪽이 그에게 아무런 보답도 하지 않으면 상대의 기분은 상하게 될 것이다.

훌륭하게 남의 말을 잘 들어주는 사람을 만나는 것은 말하는 쪽에 있어 즐거운 일임에 틀림이 없지만, 자기가 상대방에게 이용만 당한다고 생각하게 되면 그 자신은 흥이 깨지는 것을 깨닫게 된다.

듣는 쪽이 유익한 정보나 칭찬 또는 위로 등을 말하는 쪽에서 끄집어낼 뿐 전연 보답을 하지 않으면 말하는 쪽은 상대에게 이용만 당했다고 생각하게 된다.

말을 잘 들어준다는 것은, 상대방에게 호의를 얻기는 하지만 주의해야 할 점도 있다. 즉 상대방의 말을 경청하는 것은 상대방의 감정의 비상구 구실을 할 경우에만 그 매력을 발휘한다고 보아야 한다. 듣는 쪽의 역할밖에 못한다면 대화는 벽에 부딪치게 될 것이다.

정보를 얻을 때와 마찬가지로 칭찬이나 위로 등을 받았다면 감사의 표시를 나타내야 한다. 즉 매우 도움이 된다든가 그러한 충고를 해주어서 매우 즐겁다고 말을 해야 한다. 무언가 가치 있는 말이 있으면 그에 대한 보답으로, 지금이야말로 말할 때이다. 비록 이쪽이 처음부터 꼭 들어주어야 할 것일지라도 상대방에게 약간은 보답해야 하는 것이다.

대화 시간을 상대와 같게 하라

02

대화는 서로에 대해서 잠재적인 재보를 간직하고 있다고 하겠다. 사람의 주의력과 시간은 엄청난 재보이니까, 대화를 하는 쌍방은 시간과 주의력을 저장해 둔 것이라고 말할 수 있다. 시간과 주의력에 더해서, 일정한 정보와 칭찬이나 위안을 주는 능력을 가산한다면 이 대화는 엄청난 재보를 얻을 수 있음에 만족할 것이다.

대화의 종말에는 일정량의 그 무엇을 유도해 냈을 것이다. 여기서 '쌍방은 서로 어느 정도 얻었을까?'라는 의문이 생기게 된다.

쌍방이 꼭 같이 힘을 합하게 되는 경우도 있다. 그때에는 쌍방이 공평한 자기 몫을 하게 될 것이다. 한편, 한쪽이 다른 쪽보다 훨씬 얻는 것이 큼에도 불구하고 쌍방 다 같이 만족하는 경우도 있다. 그것은 한

쪽이 상대방에게 주면서 도움이 되려고 바라기 때문이다.

그러나 때로는 이러한 대화를 둘러싸고 쌍방이 서로 예리하게 경합해서 자기 쪽이 보다 많이 얻기 위해 대화를 자기 유리하게 하고자 하는 경우도 있다. 한쪽에선 칭찬해 주기를 바랄 수 있고, 한쪽에선 정보를 얻고자 생각할 수도 있다. 또한 다른 쪽에선 울적한 감정을 토로하고 싶다고 생각할 때도 있을 것이다.

이처럼 대화의 주도권 싸움에 대화가 중단되기도 하고, 대화의 방향을 일방적으로 결정하려고 하며, 화제를 바꾸기도 하고, 질문에 대답할 것을 질문으로 바꾸어버리는 등 오랫동안 지껄여서 시간을 혼자 차지하기도 하는 형태로 나타나기도 한다.

이처럼 자기만을 위해 대화를 이용하려고 상대방과 대립하게 되면, 쌍방이 모두 상대방에게 방해를 받는다는 인상을 받게 된다. 어느 쪽도 자기 혼자서 차지하려고 생각하면 그것이 불가능해져서 자기 것을 박탈당한 것 같은 느낌이 들기 때문이다.

아이러니하게도, 쌍방이 같이 동일한 물건을 차지하려고 서로 맞서 탐욕을 부리기 때문에 긴장한 나머지 상대방이 하는 말을 주의 깊게 듣지 못하게 된다. 때문에 말할 수 있는 시간은 빼앗을 수 있어도 상대방의 주의력은 마음대로 되지 않는다. 자기 차례가 돌아와 마음속에 있던 것을 마구 토로해 버릴 때가 이때인가, 저 때인가 기다리다 그만 끝나게 되고 마는 것이다.

이렇게 서로 맞선다는 것은 참으로 무익한 일이다. 상대방이 버틴다고 해서 이쪽도 상대방과 서로 맞서 비록 이쪽이 승리를 거둔다 해도 얻는 것은 그리 많지 않을 것이다. 서로 버티는 그 자체가 상대방에게 호응하려는 기분을 손상시키기 때문이다.

대화에 임해서는 그 대화의 어느 한 부분은 상대방의 요구를 충족시키기 위해 희생시킬 각오를 하지 않으면 안 된다. 상대와 서로 나눔으로써 이쪽의 목적도 훌륭하게 달성될 수 있다.

들어야 할 이야기가 너무 많아서 시간이 모자란다고 생각되는 경우도 있을 것이다. 그러나 그것을 다루고 있는 화제에 관심을 기울이며 자기 혼자서 지껄인다는 것은 자기 혼자만이 되어 버린다. 상대방은 관심을 잃어버리고 게다가 기분을 상하게 될 것이 틀림없다.

03

주고받는 것도 성격에 따라 다르다

우리들 중에는 성격적으로 상대에게 무엇인가 주는 것을 즐겁게 생각하는 사람이 있는가 하면 보답해 주기를 바라는 사람도 있다.

그렇기 때문에 대화에 있어서도 상대방에게 무언가를 주는 것을 낙으로 삼는 사람도 있고, 주는 것이 조금도 즐겁지 않은 사람은 상대방의 협력을 얻기 위해 필요하다고 생각해서 준다고 보아야 한다.

주고받는 것은 특정한 인물에게만 한해서 그러는 것이 아니라 개인의 성격에서 오는 반응으로 대화할 때에 받기만을 원한다고 언짢게 생각할 필요가 없다. 그는 일부러 그런 게 아니기 때문이다.

그것이 그의 성격인 것이다. 그는 틀림없이 당신에게 호의를 가지고 있어서 당신과 같이 있는 것을 매우 즐겁게 생각하기는 하는데 무심코 또는 습관적으로 당신과의 대화에 있어서 얻을 만큼 얻어내자는 생각을 갖는 것이 틀림없다.

마찬가지로 누군가에게서 동정이나 정보를 얻더라도 특별하게 기뻐할 것까지는 없다. 그는 성격적으로 주기를 좋아해서 남을 섬기는 것이 즐거운 것이다. 때문에 자기만이 그의 호의 대상이 되어 있다고 생각하지 않아도 된다. 우연히 그때 당신이 그의 상대가 되었을 뿐이다.

물론 사람은 싫어하거나 좋아하는 성격이 있으므로, 특정한 사람에게는 다른 사람에게보다 더 많이 주고 싶어지기도 하고, 받는 쪽도 자기에게 호의를 갖고 있는 사람이 줄 때에는 더욱 반가운 법이다. 그러나 대화에 있어서는 두 가지 이유가 작용한다고 생각된다. 즉 상대에 따라 태도가 변한다는 것과 주고받는 것에 대한 개인차 등이다.

04

주는 것은 의사전달에 꼭 필요하다

듣는 쪽이 상대를 너그럽게 받아주고 그것을 유지하는 것이 의사전달을 성공시키는 기본 원칙 중 하나이다. 이것을 못하기 때문에 대부분의 대화가 성공을 거두지 못하게 된다.

우리들은 흔히 상대의 표정을 보고 상대가 주의를 기울여 자기 말을 듣고 있는지 그렇지 않은지 알 수 있다고 잘못된 생각을 가지고 있다. 고개를 끄덕이며 맞장구를 치더라도 듣는 쪽은 다른 생각을 하고 있을 수 있기 때문이다.

하고 싶은 말을 어떻게 말할 것인가 고심한 나머지 사람들은 흔히 상대의 마음을 파악해서 상대방으로 하여금 자기 말을 듣게 하기 위해서는 어떻게 해야 하는가의 가장 중요한 문제는 소홀히 하기 쉽다.

듣는 쪽의 주의력을 분산시키는 첫 번째 이유는 그 자신이 말하고 싶다는 욕구라 하겠다.

욕구가 생기는 원인으로 말하는 쪽이 말에 대해 의문을 품거나 반대의 의견이 생겨 되묻고 싶어지고, 또는 말하는 쪽의 진의가 아리송해서 그것을 확인하고 싶어지고 또 자기 마음속에 있는 딴 생각에 대해서 이야기하고 싶다는 경우가 있다.

원인이 어쨌든 간에 말하고 싶다는 충동이 말하는 쪽의 말에 주의력을 집중시키는 것을 방해하고 있는 것이다. 그리고 말하는 쪽의 말을 약간이라도 모르게 되면 그때부터 이야기를 듣는 데에는 흥미를 잃어버리고 마는 것이다. 혹은 말하는 쪽의 의견에 반대인 경우에는 그 논거를 굳히는 데 주의력을 집중시키게 되어 도중 말하는 사람의 말을 듣지 않게 된다. 혹은 말하는 쪽이 이제부터 해야 할 이야기도 지금 듣고 있는 이야기와 별 차이가 없을 것으로 생각하고 귀를 기울여 들으려 하지 않기 때문에 주의력을 분산시키고 만다.

이러한 장해요소를 최소한으로 막아내기 위해서는 자신이 말하고 싶은 충동의 탈출구를 찾아주어야 한다. 그가 자진해서 하려 들지 않을 때는 이쪽이 유도해서 그 자신이 이 충동을 억누르지 못하고 있다는 사실을 깨닫게 해준다. 또 만약 이 충동을 억누르더라도 대화에 방해가 되므로 상대방이 마음속에 말하고 싶다고 생각하는 것이 있는 경우는 그것이 이쪽에서 하고 싶은 일에 관계가 없는 것일지라도 그로 하여금 이야기할 수 있는 시간을 주어야만 한다.

그러나 이것은 상대방으로 하여금 말하고 싶을 때까지 시간을 한없이 주라는 이야기는 아니다. 이쪽에서 말할 수 있는 시간도 정하라는 것이다. 예를 들어 하루에 몇 집을 방문하기로 되어 있는 세일즈맨이 바이어의 감정의 토로를 언제까지나 들어 줄 수는 없을 것이다. 그러나 10분이나 20분 정도의 시간을 할애해서 그것을 들어 줄 수는 있을 것이다. 이것은 바람직한 상호 관계를 촉진하는 셈이 된다.

마찬가지로 상사들은 부하가 불평이나 노여움, 또는 불안을 털어놓는다든가 의견을 진술할 시간을 할애해 주어야 한다. 실제이거나 혹은 상상에 불과한 불공평한 취급에 대해 부하가 불평을 했을 때 '잘 생각해 보고 자네 주장을 다시 써 가지고 오게.' 하고 나오는 것만으로는 충분하지가 않다.

부하는 자신의 감정을 토로해 버리고 싶어 하고 누군가가 자신의 말을 들어 주기를 바라기 때문에 상사는 들어 주는 역할을 해 주어야 하는 것이다. 그러나 이런 경우에도 역시 한없이 상대방의 말을 들어 줄 수만은 없기 때문에 일정한 시간을 구분해서 상대에게 할애해 주면 부하와 바람직한 인간관계를 맺을 수 있게 될 것이다.

무엇을 하는 경우에도, 또 아무리 능률을 존중하는 사람이라 할지라도, 인간에게는 이성과 감정이 작용하고 있고, 그 어느 쪽에 대해서도 깊은 배려를 해야 한다는 걸 절대 잊어서는 안 되는 것이다.

이치를 따져서 조목조목 상대방에게 대답하는 것도 좋지 못하다. 감정은 사고를 혼란하게 만들게 되므로 이쪽에 대해서는 이치에 맞지 않는 경우가 허다하다. 이치에 맞든지 안 맞든지 간에 진술되는 생각은 그때 마음속에 있는 문제의 해결을 간절히 바라고 있다는 증거가 되므로 상호 관계를 원활히 하기 위해서는 이것을 충분히 고려하도록 해야 한다.

상대방에게 생각이나 감정을 이야기할 수 있는 시간을 주는 습관을 가져라. 그렇게 하면 쌍방의 관계가 좋아지는 것은 물론, 당신이 하는 말도 쉽게 상대방에게 납득이 갈 것이다.

CARNEGIE

여러 사람과 대화하는 법

CHAPTER 16

마흔에 읽는

카네기

Dale Carnegie

그룹에서의 의사 전달 6가지 방해요소

01

여러 사람을 상대로 해서 대화를 나누고, 그 심리를 파악해야 하는 경우에도 근본적으로는 상대방이 한 사람일 경우에 필요한 대화의 기술이 적용됨을 상기해야 한다.

내심 딴생각에 사로잡혀 있다든가, 감정의 탈출구를 찾고 있다든가, 현재 진술되고 있는 생각에 반대하는 선입관이 있을 수 있다. 또한 말하는 쪽이 말하려는 것을 먼저 안다고 생각하기 때문에 듣는 사람의 주의력이 딴 곳으로 달아나 버린다든가, 진술된 일이 상대에 의해 인정받기에는 한계가 있다든가 기타 두 사람의 대화에 대해 이미 설명한 여러 가지 의사 전달의 장애가 그룹과의 의사 전달 때에도 그대로 적용되는 것이다.

그러나 여러 사람인 경우는 한 사람과의 의사 전달 시의 장해 이외에도 또 다른 장해가 있다고 생각된다. 다음은 그것에 대해 논의하도록 하자.

그룹에서 의사를 전달하고자 할 때 방해를 받는 6가지 요인이 있다. 이를 살펴보면 다음과 같다.

첫째, 관심의 다양성을 들 수 있다

말하는 사람은 지금 한 단체로서의 그룹을 상대로 말하고 있다. 한 사람에게 이야기할 때에는 상대방의 관심을 당장 잘 파악하도록 생각을 정리하고 말을 선택할 수가 있다. 그런데 그룹과의 대화에 있어서의 상대는 여러 사람의 공통된 욕구에 호소하고, 전원의 심리를 파악할 수 있도록 생각을 정리하고 말을 선택하지 않으면 안 된다.

그런데 이러한 일반적인 요소라는 것은 특정한 인물에게 특정한 사항을 전달하기보다 효과가 훨씬 뒤지게 되는 경우가 허다하다. 특정한 사항은 여러 사람에게는 적용되지 않으므로, 여러 명 중 몇 명쯤에는 해당되는 사항일지 모르나 나머지 몇 명은 아무런 관심도 갖지 않게 되는 경우도 있다.

둘째, 주의력에서 뒤진다

두 사람이 대화하는 경우보다 그룹에서 말하는 사람의 말을 듣는 편이 주의를 집중시키기에 힘들다. 자기가 만약 빠뜨리고 듣지 못했다 하더라도 그룹 중 다른 참석자에게 들으면 언제든지 알 수 있을 터이니까 괜찮다고 생각하게 될 것이고, 만약 리더라면 그룹에게 무언가를 질문할 생각이 들기 때문에, 빠뜨리지 않고 듣겠다는 주의력이 희박해지기 마련이다.

결국 나는 청중의 한 사람에 불과하기 때문에 더욱 그렇다고 생각한다. 그렇기 때문에 듣는 쪽의 주의력은 일대일의 대화 때보다 뒤지게 마련이다.

셋째, 관련이 없는 말을 한다

그룹으로 듣는 쪽 사람들 중에 누군가가 이 대화를 이용해서 감사나 질문 형식으로, 대화의 논지와는 아무런 관련이 없는 자기의 문제를 제시한다면, 다른 사람들은 관심을 잃어버리고 각자의 생각에 빠져버리게 된다.

넷째, 참가 의식이 낮다

그룹으로 듣는 사람들에게는 어떤 확인을 얻어낼 수 있는 기회가 적다. 그룹의 경우는 수동적으로 듣게 되는 사람도 많다. 이런 때 듣는 사람은 모두가 말하는 사람이 말한 것을 복창하도록 독촉 받지 않게 되므로 들은 다음에는 무엇을 들었는지 말의 내용이 증발해 버리고 만다. 진정한 마음으로 듣지 않으니까 그것을 이해하기에는 한계가 있게 된다.

다섯째, 감정의 억압

듣는 쪽에게 확인할 기회가 적으므로 필연적으로 그들 감정의 억압은 커지게 마련이다. 이와 같이 감정이 해방되기를 바랄 때에는 듣는 사람들의 주의력은 산만해지기 쉬운 것인데, 그룹의 경우에는 이 감정을 품은 채 참고 견뎌야 하기 때문에, 아무래도 진술된 내용에 대한 이해가 뒤지게 되는 것이다.

여섯째, 발언에 대한 억제나 충동이 생긴다

발언을 억제하고 싶다는 기분은 그룹의 경우 매우 강해진다. 말하는 사람보다 듣는 사람이 많으면 그만큼 남에게 강한 인상을 주기 위해 상대방의 이해를 돕기 위해서가 아니라, 남에게 인상을 남기기 위해서만 이야기하는 사람도 생기게 마련인 것이다. 그리고 논점과는 관계없이 어떤 권위자에게 대항하고자 하는 욕망이 표면에 나타나는 경우가 많다. 그룹이라면 동지들의 지지를 얻어 쉽게 대항할 수 있게 되기 때문이다.

그룹과의 대화에서는, 일대일의 경우보다도 의사 전달의 장해가 많을 뿐만 아니라, 여기에 요령 있게 대처하기도 무척 힘이 드는 것이다. 그렇기 때문에 그룹과의 대화에는 전달의 효과는 저하된다. 한 사람의 마음을 포착하는 것 같이 일시에 여러 사람의 마음을 포착하기란 거의 불가능한 일이기 때문이다.

그룹을 상대로 한 대화가 연수의 형식을 취하든 다른 목표 및 그 달성 수단의 발표의 형태를 취하든 거기에는 자연히 전달의 한계가 있다는 것을 잊어서는 안 되는 것이다. 따라서 처음에 실현 가능한 목표를 정해 놓으면 후회하는 일이 없을 것이다.

그러나 그룹에게 의사 전달을 꾀할 때에 유용하다고 생각되는 수단은 몇 가지가 있다. 기본적으로는 일대일의 의사 전달 방식이 적용되는 것이지만, 어느 정도 수정을 가하면 그룹의 경우에도 유익할 것이다.

여러 사람을 상대로 대화를 할 때 장애를 받는 요인을 살펴보았다. 그러면 그것을 대처하기 위해 어떻게 하면 될까? 다음을 보자.

그룹의 심리를 파악하는 3가지 방법

첫째, 그룹의 사고 방향을 정하라

우선 듣는 쪽의 마음을 이쪽 목표로 끌어와서 이쪽 목표가 무언가를 깨닫게 하는 것이다. 즉 이제부터 무엇을 말하려고 하는가를 알린다.

그러나 대부분의 사람들은 단도직입적으로 이야기하기를 꺼리는 경우가 많다. 요점을 말하기 전에 우선 이유부터 진술하게 되니까, 듣는 쪽에서는 상대가 무엇을 말하는지 알 수가 없게 된다. 또는 처음부터 문제에 대해 진술해 버리고 해결안이 있는지 없는지 알리지도 않는다. 그래서 듣는 쪽은 말하는 쪽이 귀찮은 자기 입장에 대해 불평을 하는 것인가, 어떤 행동을 제기할 생각에서 그러는 것인가 이야기의 논점을 찾지 못한다.

또 어떤 생각을 말로 표현하기에 앞서, 우선 그 근거부터 모조리 밝히지 않고서는 못 배기는 사람도 있다. 근거를 열거하는 것은 그리 큰 문제는 아니다. 그러나 맨 처음에 그 근거를 진술하게 되면 듣는 쪽은 말하는 쪽이 도대체 무엇을 말하려 하는지 도무지 모르게 될 것이다.

예를 들어, 그룹에 제정되기로 되어 있는 새로운 절차에 대해 통고하기 위해서 회합을 개최하는 경우라면, 그 절차를 제정하지 못한 문제나 장해부터 말하기 시작해서는 안 된다. 우선 처음에 새로운 절차가 어떤 것인가를 설명하고 다음에 그 정당성을 말한다. '무엇을 말하려고 하는가?'를 '왜 그렇게 말하는가?'보다 먼저 말해야 하는 것을 잊어서는 안 된다.

둘째, 예를 들어라

그룹을 상대로 어떠한 해석도 내릴 수 있다는 것을 전제로 해두는 편이 좋다. 때문에 많은 해석을 내릴 수 있을 것 같은 어떤 생각을 진술할 때에는 예를 들어 주면 좋다. 특정한 경우를 제시함으로써, 그 해석을 구체적으로 나타낼 수 있게 되기 때문이다.

말하는 쪽이 자기 자신의 해석에 젖어 들게 되면, 이쪽이 말하는 의미를 듣는 쪽에서는 틀림없이 알아 줄 것이라고 그릇된 생각을 하기 쉽다.

듣는 쪽에서 각양각색으로 해석을 하고 있을지도 모른다. 갑자기 자기는 말하는 쪽의 의향을 올바로 이해하고 있다고 생각할 것이다.

그룹인 경우에는 어떠한 반응이나 해석이 내려질지 모른다. 그리고 그룹이 커지게 되면 커질수록 그렇게 될 가능성이 강하다고 말할 수 있다. 내가 어느 학급에서 수업을 했을 때는 꼭 이름을 잊어버리고 써내지 않는 시험 답안지가 몇 장씩 나오곤 했다.

이렇듯 예를 제시함으로써 해석의 범위가 제한된다. 이야기의 내용이 절대적으로 그릇된 해석을 할 수 없을 만큼 명확하다면, 물론 예를 들어 설명할 필요는 없을 것이다. 그 판단을 내릴 때에는 다음과 같은 법칙에 따라 내리도록 하면 좋을 것이다. 즉 수량이나 시간이나 장소들을 똑똑히 설명할 수 없을 때에는 꼭 예가 필요하다.

즉 10월 10일 아침 9시에 '필라델피아'에서 개최되는 회의에 대해 설명할 때에는 예가 필요 없다. 시간이나 장소는 똑똑히 명시되어 있기 때문이다. 그러나 참석할 수 없을 정도의 긴급사태가 벌어지지 않는 한 전원 회의에 참석할 것이라고 분명하게 적혀있을 경우에는 긴급사태의 예를 열거해서 의도를 명확히 해두는 것이 현명하다.

셋째, 확인하라

그룹이 말하는 사람의 생각을 충분히 이해하기 위해서는, 무엇보다도 필요한 것은 어떤 논제에 대해 생각해 보도록 하는 것이 중요하다. 그들이 자진해서 그러한 정신 활동을 하리라고는 생각되지 않기 때문에 말하는 사람은 꼭 그들을 한 번 정도 확인해 보지 않으면 안 될 것이다.

이 경우에 확인이라는 말은 약간 애매하다. 여기서는 상대방이 무엇을 생각하고 있는가를 되묻는 것을 강조하는 것이 되겠는데, 사실은 확인의 주된 목적은 상대로 하여금 생각해 보게 하는 것이다. 즉, 확인의 과정 그 자체가 듣는 사람이 말하는 사람의 말의 내용에 대해 생각해 볼 것을 요구하는 것이다.

다음은 확인을 촉진하는 3가지 방법에 대해 설명해 보기로 하겠다.

1) 질문을 하라

질문한다는 것은 매우 훌륭한 사고의 자극제이다. 이야기 도중 여러 번 질문하는 방법은 매우 바람직한 일이다. 30초에 한 번 정도는 꼭 질문하는 습관을 붙이도록 권하고 싶다. 이 질문에는 두 가지 타입이 있는데, 그 하나는 그룹으로 하여금 대답하게 하는 것이고, 또 하나는 자문자답하게 하는 것이다.

그룹으로 하여금 대답하게 하는 타입의 질문은, 사고를 자극하게 하기 위해서는 다른 것보다 좋기는 하지만 듣는 사람의 수가 너무 많거나, 혹은 말하는 사람이 그룹 토의에 시간을 할애하고 싶지 않을 경우에는 적용되지 않는다.

그러나 그러한 경우에도 듣는 사람으로 하여금 정신 활동을 하게 하려면, 질문하는 일이 꼭 필요하다. 그래서 말하는 사람 자신이 대답해야 하는 질문이나, 말하는 사람의 말만으로도 대답은 뻔 하다는 질문 형태가 좋은 사고의 자극제로서 필요하다.

사람은 흔히 질문을 받게 되면 생각하게 되고, 대답할 말을 정리해 보려는 버릇이 되어 있는데, 그러기 위해서는 그는 정신 활동을 시작하지 않으면 안 되는 것이다. 때문에 듣는 사람에게는 질문을 던져놓고 잠시 동안 시간을 주면 습관에 의해 정신 활동을 시작한다.

질문은 반드시 이야기 도중에 해야 한다는 법은 없다. 이야기하기 전에 우선 질문을 던지고, 그룹의 사고를 타진해 보고, 그들의 정신을 이야기 도중 밝혀질 대답에 대해 대기시켜 놓는 것도 좋은 방법 중의 하나이다.

예를 들어, 설득적 의사 전달을 하는 학급에서는 나는 우선 맨 처음에 12가지 다항식 선택의 질문을 던지고, 수강생들이 회답을 선택하지 않으면 안 되게 하고 있다.

다음에 나는 강의를 시작하는데, 그 동안 수강생들은 질문이 있으면 나에게 질문해도 괜찮다는 식으로 되어 있다. 강의 후에 다시 전과 같은 질문을 해서 그들은 다시 그것에 대한 대답을 선택하게 된다. 강의 후 같은 질문에 대해 생각하게 됨으로써, 그들의 마음 한가운데 내가 강의한 내용이 또 한 번 명확해지는 것이다. 계속해서 그렇게 한 후에 질문과 그들의 대답에 대해서 토론을 전개하게 되는데 이것은 내가 강의한 내용을 다시 한 번 더 견고하게 다지는 데 도움이 된다.

이러한 방법은 모든 형태의 그룹 활동에 이용되리라고 생각된다.

어떤 질문을 준비해 가지고, 전원에게 강의 전과 후에 대답하게 해서, 최후에 토의하도록 유도하기만 하면 되는 것이므로 간단하면서 효과는 커서 좋을 것이다.

이야기의 내용을 계획할 때는 꼭 그에 대한 대답도 생각해 두어야 한다. 이야기 가운데에서 꼭 말하고 싶은 사항을 생각해 두는 것 같이 질문도 생각해 두는 것이 필요하다. 그렇게 하면 듣는 사람은 말하는 사람이 말하고자 하는 요점을 좀 더 잘 이해하게 될 뿐만 아니라 즐겁게도 해 준다.

그러한 방법은 그들로 하여금 말하는 사람에게 가까이 접근하도록 만든다. 그것은 말하는 사람과 같이 생각하기 때문이다. 이렇게 해서 지적 활동을 하는 기쁨을 맛보게 한다.

2) 질문을 촉진하라

그룹이 질문을 할 때에는 그들은 어떤 사항에 대해 관심을 가지게 되면 지금 들은 생각을 자기 생각 속에 넣어 고려해 보려고 적극적으로 노력하고 있다는 증거다.

말하는 사람은 질문하는 것을 환영하는 것만으로는 충분하지 못하다. 적극적으로 이쪽에서 재촉하도록 하지 않으면 안 된다.

그런데 맨 처음의 질문이 가장 힘들다고 생각된다. 자기의 맨 처음의 질문이 어떻게 받아들여지게 될 것인지 도무지 자신이 서지 않고, 그래서 그런 질문을 한다면 자신이 어떠한 입장에 서게 될 것인가가 불안해지기 때문이다.

그룹으로부터의 질문을 하게 하는 3가지 방법

① 질문을 기꺼이 받아주고 있다는 것을, 그룹 전원이 알아차리도록 해야 한다. 만일 나에 대해서 말한다면, 같은 질문일지라도 머리에 떠올랐을 때 즉시 나에게 질문해 주는 것이 이야기가 끝나기를 기다려서 하는 질문보다 훨씬 효과가 높다.

말이 끝나기를 기다리자면 무엇을 물어보려고 했었는지 잊어버리고 말 때도 있을 것이고 열의가 식어 버리고 말 것이다. 거기다 인간이란 이야기를 듣고 있는 동안 쭉 마음에 떠오르는 모두를 외우고 있지는 못하기 때문에 이야기 후에는 마음에 걸렸던 의문 중에 약간만이 기억에 남을 뿐이다.

질문을 종이에 써서 제출하게 하는 것은 그리 현명한 방법은 못 된다. 왜냐하면 그런 거추장스러운 일은 모두가 싫어하기 때문이다. 만약 청에 못 이겨 써내 주었다고 하더라도 이야기가 끝날 무렵에는 딴 관심사가 생겨서 그런 일은 대수롭지 않게 생각하기 때문이다.

② 질문 받을 곳을 예정해 두어야 한다. 맨 처음의 말은 될수록 듣는 사람으로 하여금 스스로 질문하게 하는 방향으로 유도하도록 해야 할 것이다. 한 번 누군가가 손을 들고 질문해 주면, 그 후는 편한 마음으로 딴 사람들도 그에 따르게 될 것이다.

③ 질문을 칭찬해 준다. 질문하는 사람에 대해, '이 질문은 참 재미

난다, 예민하다, 격식이 있다, 한번 생각해 볼만하다, 질문 잘해주었다' 등 칭찬을 하면 다른 사람도 이것에 자극을 받아서 자기도 질문해서 칭찬을 받고 싶다고 생각하게 된다.

이러한 칭찬 방법보다 더 교묘한 칭찬 방법은, 이 질문에 어떻게 대답하는가 하고 딴 사람들에게 묻는 방법이다. 그렇게 함으로써 이 질문은 말하는 사람이 대답하면 그것으로 끝나는 것이 아니라 다시 잘 생각해 볼 가치가 있다고 하는 의도를 암시하게 된다. 이 방법은 좀 더 직접적인 칭찬과 병행하면 효과가 더욱 커진다.

3) 듣는 사람으로부터의 질문을 잘 확인하라

질문을 받았다면 곧 그 의미를 충분히 확인한 후 대답을 해야 한다. 이쪽이 그의 질문에 대해 이해하는 바를 간단히 반복해서, 그의 말이나 의도대로 맞는가를 물어보면 좋다. 그렇게 하면, 그 질문이 심상치 않은 것이라는 것을 나타내는 셈이 되는 것이다.

질문은 한 가지 이상의 해석을 할 수 있는 것으로, 이쪽의 해석이 그의 의도와 달랐을 때는 그는 이쪽 대답에 불만을 느끼게 된다.

때문에 그의 의도를 확인할 필요가 있는데, 그 확인하는 방법 중의 한 가지는 이쪽 대답에 만족한가, 어떤가를 질문하는 사람에게 되물어보는 것이다. 이렇게 하면 대답이 적절하지 못했던 경우, 그가 바라는 것을 줄 수 있는 기회도 만들게 된다.

이야기의 초안을 검토할 때도 확인을 위한 시간을 주어야 한다. 자기가 해야 할 이야기 시간이 얼마 정도인가를 결정하는 경우에 이야기하는 시간에서 확인하는 데 할당해야 할 시간을 빼고 계산하여야 할 것이다. 확인해야 할 시간에 그저 이야기만 한다면 반드시 이야기 전체가 헛일이 되고 말 것이다.

02

관련이 없는 말도 어느 정도 수용하라

아무런 관련이 없는 발언도 어느 정도는 허용해야 한다. 간혹 회의를 할 때 지도자 중에는 관련이 있는 발언과 그렇지 않은 발언을 분별할 수 있다는 자신의 능력을 자부해서 고도로 능률적인 회의를 운영하기 위해, 혹은 조금이라도 발언이 본내용에서 이탈되면 회의가 허사가 되지나 않을까 하는 의구심 때문에 관련이 없는 발언은 일체 하지 않는 사람이 많다.

이러한 착각은 회의의 결과를 반감시켜 버리게 된다. 관련이 없는 발언을 전혀 받아 주지 않게 되면, 그 발언의 원인이 된 억압으로부터 해방되지 않기 때문에 발언한 사람은 말하는 사람이 전달하려는 생각을 이해할 의사가 없어진다. 그것은 욕구불만이 된 그를 받아들일 수 있는 길을 모두 닫아 버릴 뿐만 아니라, 말하는 사람이 진술하는 것에 대해 반항하기 위해 반대하기도 할 것이다.

말하는 사람은 지배력을 갖고 있으므로, 자기가 바랄 때에는 언제까지나 본내용에서 벗어나는 발언에 대해 중지 명령을 내릴 수 있음을 잊지 말라. 회의의 주재자가 되면 어느 정도 관련이 없는 발언일지라도 허용하도록 하지 않으면 안 된다.

03

말을 되풀이하여 들려주고 요약해라

인간의 능력에는 한계가 있으므로, 상대방의 말을 한 번 정도 듣고서 그 모두를 이해한다는 것은 무리이다. 어떠한 일이나 몇 번 반복하게 되면 그 일이 숙련이 되듯 이야기도 반복해서 할수록 잘 이해되게 마련이다.

즉 이야기하는 시간은 반복되는 시간도 감안해서 계산에 넣어야 하고 단조롭게 되지 않도록 여러 가지 방법을 짜낼 필요가 있다.

말을 진전시켜 나아가면서 앞에서 말한 사항으로 되돌아가서, 앞에서와 같은 방법으로 말하지 말고, 새로운 말투, 새로운 응용 방법으로 바꿔 말하는 것이 좋다. 이렇게 하면 단조롭지 않게 반복할 수가 있게 된다.

예를 들어, 그룹에 어떤 생각을 진술해서 다음에 그런 생각에 도달하게끔 된 경위를 말로 들려주면 그것은 자신의 생각을 반복해서 이야기하는 재미나는 방법인 것이다.

더욱이 그 생각에 관한 자기의 경험을 부연한다면, 또 한 번 반복하게 되는 셈이다. 이 생각에 대한 제삼자의 의견을 소개한다면 이것도 역시 반복이 된다. 최후에 자기가 앞에서 말한 생각과 이 생각을 연관시킨다면 모두가 네 번 반복한 셈이 되고, 앞에서의 생각도 역시 반복이 되는 것이다.

그룹을 상대로 하는 이야기의 시안을 짤 때는 우선 소개하려는 생각의 복창 방법을 생각하는 것이 좋다. 생각이 복잡하고 애매한 것일수록 또는 많아질수록, 반복의 횟수도 늘려야 한다. 이것은 계획했던 시간이 확인될 뿐 아니라 반복했기 때문에 삭감된다는 것을 의미한다.

확인, 반복, 요약을 하지 않고서 듣는 사람으로 하여금 자기의 생각을 좇아오라고 할 수는 없다. 그 이야기를 아는 것은 말하는 자신뿐인 결과가 된다.

확인이나 반복을 위해 시간을 할애 한다는 것은 때론 귀찮은 일이다. 하지만 인간의 사고력이나 습득으로는 이렇게밖에 할 수 없다. 말하는 사람의 생각이 듣는 사람의 마음속에 깊이 파고 들어가게 하기 위해서는 많은 노력이 필요하다. 그것은 사람이 알기 쉽게 말하도록 할 뿐만 아니라 듣는 사람으로 하여금 자기 말을 파악하도록 해야 하기 때문이다.

CARNEGIE

상대를 효과적으로 설득하는 법

CHAPTER 17

마음에 읽는

카네기

Dale Carnegie

목적을 가지고 설득하라

01

설득이란 상대방으로부터 새로운 반응을 유도해 내는 것이다.

인간의 외면 세계와 내면세계는 사고나 감정, 그리고 행동이라는 두 가지 원인에 의해 자극을 받아 반응한다.

외적 및 내적 세계에서 일어나는 일은 무척 많고, 우리들은 그 모든 것을 동시에 응해낼 도리가 없는 것이다. 그래서 외계 및 내면의 사건을 동시에 가장 잘 대처할 수 있는 행동으로 취하려고 한다.

예를 들어 고객을 응대하고 있는 세일즈맨의 경우를 생각해 보면, 고객이 밖으로부터 받는 자극으로서는, 세일즈맨의 외양과 태도 및 제공받은 정보 정도이다. 그리고 내면으로부터는 초조, 원망, 불안, 해야 할 일의 정체 등으로부터 영향을 받게 된다.

또 인간으로서의 세일즈맨에 대한 감정 및 자기가 그의 말에 의해 움직이고 있다는 것에 대한 감정도 내면적인 자극이 되어 그의 반응에 영향을 끼치고 있는 것이다.

고객은 세일즈맨이 늘어놓는 설명에 대해서만이 아니라, 세일즈맨이나 그의 설명을 포함하는 모든 사항에 대해서 서로 얽혀서 반응한다.

마찬가지로 세일즈맨의 응답도, 안과 밖의 사건의 결과인 것이다. 그의 마음속에 작용하고 있는 요인에는 이 고객이 거절하지나 않을까, 상관으로부터 비난받지는 않을까 하는 불안과 자기가 바라는 물건을 손에 넣으려는 초조가 깔려있다. 그리고 자기가 취급하는 상품, 혹은 자신의 세일즈 능력에 대한 자신이 없음을 고객이 좀 더 잘 응해주지 않는 데 대한 불만과 언제나 기다려야만 한다는 데 대한 노여움 등이 있을 것이다.

세일즈맨에게 영향을 끼치고 있는 외적 요인으로서는 고객의 외양이나 태도, 그리고 세일즈맨이나 팔려는 상품에 대한 고객의 반응, 고객의 사무실의 크기나 실내장식 등이 있을 것이다. 만일 이러한 요인들이 세일즈맨을 겁나게 한다면 그는 평상시와 다르게 말이 빨라진다든지, 고객의 말을 막아 버린다든지, 조금만 반대에 봉착해도 물러서거나, 주문받는 것을 포기한다거나, 고객의 욕구를 유도하는 일을 게을리 하게 될 것이다.

이러한 사건들은 모두 대화 때에 동시에 일어나기 마련이지만, 말하는 사람은 자기가 말하는 것만이 상대방의 반응을 결정한다는 착각에 빠지기 쉽다. 듣는 사람이 귀찮은 반응을 나타내도 즐거운 반응을 나타내고, 불안한 듯한 반응을 나타내더라도 그것은 자기 때문이라고 느끼게 대는 것이다.

그래서 고객을 설득해 자기 회사의 상품을 사게 하려면 세일즈맨은 고객의 반응을 바꿔 버려야만 하는 것이다. 그리고 경쟁 상대의 상품이 아닌 자기네 상품을 사도록 친절히 고객을 유도하지 않으면 안 된다.

이와 같이 본래의 반응을 바꿔서 새로운 반응을 유도해 내기 위해서는 동시에 일어나고 있는 내적·외적 사건에 직면하게 된다.

세일즈는 설득이지만, 설득이란 상대가 나타내려고 생각하는 반응을 딴 것으로 바꾸게 하는 것이라고 해석한다면, 모든 행동에 대해 이 설득이 언제 어디서나 적용된다는 것을 쉽게 알 수 있을 것이다.

설득에는 반드시 목적이 있어야 한다

설득은 상대의 응답을 격려하거나 새로운 응답을 끌어내는 것이라 할 수 있다. 따라서 우리들은 빈번히 설득 공작을 하고 있다는 것이 된다. 우리들은 사람을 만나 칭찬이나 존경심으로 기쁨을 끌어내려고 하는 경우가 많다. 상대방에게 잘 보이고 싶은 것이다. 상대방으로 하여금 이러한 반응을 일으키게 하는 것도 설득을 하는 하나의 형태인 것이다.

어버이는 자식에게 예의 바르게 생활을 하도록 설득한다. 의사는 환자에게 처방에 따라 요양하라고 설득한다. 변호사는 배심원을 설득한다. 상사는 부하를 설득하고, 연인들은 서로서로를 설득한다. 이처럼 상대방의 마음을 변하게 해서 무언가를 하게 하든지 생각하게 하든지 느끼게 하고 싶은 경우에 사람은 설득을 하고 있는 것이다.

그러면 상대방을 더욱더 효과적으로 설득하기 위한 몇 가지 방법을 살펴보기로 하겠다.

첫째, 상대방이 자신의 말을 받아들이는 태도를 취하게 하라

사람은 보통 자신을 설득하려는 사람의 말을 귀담아 듣지 않는다. 남의 말을 받아들일 생각이 있는가, 없는가는 다음 3가지 요인이 관여하게 된다.

① 마음속의 여러 가지 생각에 현혹되지 말 것.
② 새로운 생각과 지금까지 생각과의 관계. 상대가 그 새로운 생각을 받아들인다면 지금까지 품고 있던 생각을 많이 바꿔 버려야 하는 경우에 그것을 받아들이는 것은 무리이다.
③ 새로운 생각이 자기에게 미치는 영향이다. 만약 그 생각이 자신에게 타격을 주는 것이라면 받아들이지 않을 것이다.

이 제2의 요인과 제3의 요인은 상호 관계되는 점이 많다. 왜냐하면 사람들은 제2의 요인—잘못된 관념에 고착하는 것—에 의해 제3의 요인—자기가 바라는 대로의 자기 생각을 유지한다—이 달성될 때에는, 제2의 요인에 달라붙기 때문이다. 예를 들어 조금이라도 남보다 많이 취득하려고 탐욕스럽게 정력을 소비하는 자라면 누구라도 자기와 같이 탐욕스러울 것이라고 생각해 버리는 그릇된 관념을 고집하게 될 것이다. 이 관념 때문에 그는 자기가 탐욕스럽다는 것을 알지 못하게 된다.

둘째, 상대방의 질문이나 의문을 나타내는 말은 받아들이려는 징조다

받아들이는 자세는 질문이나 좀 더 알고 싶다는 의미의 말이나 자기 의혹을 나타내는 말 중에 표현된다. 이러한 말은 충족시켜 주기를 기다리고 있는 간격이나 공백을 의미하고 있다. 그렇기 때문에 그것을 충족시켜 주는 생각을 받아들일 용의가 이미 상대방에게 되어 있는 것이라고 보면 된다.

이것에 대해 상대방이 단언을 하는 경우, 그 단언에 조금이라도 반대되는 것은 받아들여질 공산이 없다고 보아야 한다. 또한 종지부로서 끝나는 말은 의문부로 끝나는 말보다 받아들여질 공산이 없다고 봐도 무방하다. 말이 명확하게 긍정적이 되면 될수록 받아들여지는 길은 좁기 마련이다.

다음의 예를 몇 가지 보기로 하겠다.

고객이 세일즈맨에게

— 나쁜 태도 : "당신 상품은 값이 너무 비싸다."

— 좋은 태도 : "다른 데서는 싸게 살 수 있는데, 왜 당신한테 사지 않으면 안 되죠?"

어린이가 어버이에게

— 나쁜 태도 : "좀 더 성적이 좋았을 텐데, 선생님이 일부러 이렇게 만들었어요."

— 좋은 태도 : "이 과목의 성적이 왜 이렇게 나쁜지 모르겠어요?"

학생이 선생님에게

— 나쁜 태도 : "질문은 알겠는데, 어떻게 표현해야 할지 말을 못하겠어요."

— 좋은 태도 : "이 질문에 대답하는 것이 왜 이렇게 힘이 들까요?"

물론 받아들이는 태도의 좋고 나쁨을 결정하기 위해서는, 말소리의 음조에도 주의해야 한다. 아무렇게나 되는대로 던져오는 질문은 사려 깊게 물어오는 질문일 경우에서보다 받아들이는 태도가 나쁠 것은 자명한 이치이다. '참 분해 죽겠다. 왜 앞으로 나가기 전에 나에게 말해주지 않았는지?'라고 노여운 소리로 말하는 언어의 형태가 의문문으로 끝나는 것보다 단적으로 끝나는 게 대화를 풀어나가기 어렵다. 그러므로 대화를 끌어가기 위해선 상대에게 기회를 더 많이 주어야 한다.

셋째, 상대방이 정리될 때까지 잠시 기다려라

상대방이 이쪽 입장에 대해 정면으로 반대를 선언하고 나서는 경우에는, 이치에 맞는 주장이나 정보로 그의 입장을 바꾸려 해도 그것은 허사이다. 받아 들리려는 태도가 되어 있지 않기 때문이다.

이쪽의 주장이 압도적으로 상황이 좋아서 내용을 아는 사람이라면 그것에 굴복하지 않고 억지로 밀고 나아가고 싶은 유혹을 이겨내기가 힘들 것이다. '잘 안 될 리가 없어. 나의 주장을 들으면 그는 손을 들 것이다.'라고 마음속으로 생각해 버린다. 이러한 착각에 사로잡히면 뼈저린 패배를 당하게 되고 의사 전달이 엉망이 된 예는 너무 많다.

심리적인 두터운 방벽 뒤에 숨어 있기 때문에 상대에게는 이쪽 주장이 들릴 리 없고, 들린다 해도 작아서 자기가 멋대로, 나름대로, 어림해서 생각하게 된다. 이러한 요인 때문에 그를 억지로 이쪽의 사고 영역 안으로 끌어들이려 하지 말고, 내가 그의 사고의 영역으로 들어가야만 하는 것이다. 상대는 좀처럼 움직이려 하지 않기 때문에 이쪽에서 접근해 가는 도리밖에 없는 것이다.

넷째, 상대방의 약점을 파악하라

오랫동안 상대를 관찰하여 약점이 관찰되지 않는다면 그를 설득하는 걸 단념하는 게 좋다.

그가 이쪽보다 우월한 사람일 수 있는 것이다. 그러나 만일 약점이 발견된다면 지나가는 말처럼 던져보아라.

그러면 그는 좀 더 무언가를 할 수 있을 것이라는 자기 의혹의 말을 하거나, 약점을 시정하기 위하여서는 어떻게 하면 좋을 것인가라는 질문을 하게 된다. 바로 그때가 이쪽의 주장을 마음 놓고 털어놓을 때인 것이다.

태도가 좋아지는 경우를 몇 가지 예에서 찾아보도록 하자. 다음의 장면에서는 간호사가 환자를 설득하려고 하고 있는 것이다.

간호사 : "존슨 씨 병원 안을 조금 걸어 다니면 좋을 텐데요. 의사 선생님의 분부이십니다."

환자 : "피곤합니다. 도저히 걸을 생각이 나지 않는 걸요. 내버려두세요."

여기서 간호사는 산책의 효용에 대해 여러 가지 이야기할 생각이 있을 것이다. 그러나 환자는 받아들일 생각이 없는 것이 뻔하다. 그가 어떻게 대답할까에 대해서는 의심의 여지가 없으며 단번에 단언해 버릴 것이다. 의사의 분부라든가 산책의 효용에 대해서 이야기하는 것보다, 다음과 같이 흥미를 끌도록 해서 그 환자가 받아들일 태세로 유도하는 편이 그녀로서는 현명할 것이다.

"약간 흥분하신 모양이군요."

"아무리 당신이라도 밤새 한잠도 못 잤다면 흥분할 거예요."

"한잠도 못 주무셨다고요?"

"옆 환자의 떠나갈 듯한 코 고는 소리와 잠꼬대 때문에 잘 수가 있어야지요."

"그것 참 안됐군요. 특히 잠을 자야 할 때인데 말이에요. 그런데 당신 쪽에서 내쫓아 버리도록 하면 좋지 않겠어요."

여기서 간호사는 동정을 나타냄으로써 환자의 감정이 자기 쪽으로 접근하도록 하고 있다. 다음에 좀 더 알고 싶게 그를 유도하고 있다.

환자는 말한다.

"무슨 뜻입니까?"(질문을 함으로써 그의 받아들이는 태도가 좋아졌다는 것을 알 수가 있다.)

"말하자면 말이에요. 조금 걸어 다니면 피의 순환이 좋아져서 잘 잘 수 있게 될 텐데요. 기분이 초조해지고 신경질이 나는 원인과 싸우기 위해서는 뭔가 하셔야지요."

"말씀대로입니다. 내가 하지 않고서 남에게 대신 해달랄 수도 없고요. 오늘 밤은 자야지요. 자고 싶군요."

상대방에 대해 그의 입장을 버리고 이쪽의 입장을 취하도록 설득하는 경우에는 그의 입장에 대해 변호하도록 내버려 두어야 한다. 이쪽 입장이 자기 것보다 건전하다는 것을 알고 있을 때에는 이렇게 하면 그의 입장의 약점이 드러나게 마련이다.

그 약점이 그의 태도를 좋게 만들어 주는 것이다. 그렇게 된 다음에 이쪽의 입장을 설명하고 이치를 따지면 좋을 것이다.

여기서 자기의 충동에 지지 않도록 충분한 주의를 기울여야만 한다.

설득하려고 할 때에는 누구나 너무 많은 말을 하게 된다. 이쪽의 입장이 건전하니까, 이쪽 주장을 듣자마자 상대방은 손을 들고 말 것이라고 생각하기 때문이다.

그러나 그의 태도를 처음부터 결정하고 있는 것에 문제가 있는 것이다. 그의 태도를 유도해내야 하는 것이다.

상관이 부하에게, 어떤 일의 처리 방법을 바꾸게 하려고 설득하는 장면을 예로 들어 설명해 보도록 하겠다. 상관이 새로운 방법으로 일 처리를 하라고 하자 부하는 자기의 방법이 우월하다고 주장하고 나선다.

대부분의 상관들이라면 여기서 자기 의도대로 바꾸는 것의 이점을 주장하고 나섰을 것이다. 그러나 부하에게 어째서 그의 주장이 상관의 주장보다 우월하다고 생각하는지 설명해 달라고 요청하였다.

부하는 상관의 주장을 아직 받아들일 생각을 하지 않고 있어서 그 것을 객관적으로 평가하려고도 하지 않았다. 부하는 오히려 자기의 입장에 대해 변명하기에 열중할 것이다.

이 예에서는 상관 쪽이 올바르다고 가정한다면 부하는 감정에 치우쳐 자기 입장에 고착해서 합당하지 않은 이론을 쓸 것이다. 그의 이론이 그의 마음속에서 아직 완전한 형태를 이루고 있지 않아 말로 표현하지 못하는 동안은 논리적인 사리 등에는 아랑곳하지 않는 상태인 것이다.

그러나 그를 유도해서 생각하고 있는 바를 진술하게 하고 둘이서 이것을 충분히 검토한다면 그 약점은 스스로 명백해질 것이다. 그렇게 되면 부하는 자기의 입장에 자신이 없어지고 동시에 받아들이는 태도로 나오게 될 것이다.

마찬가지로 세일즈에 관한 대화에서 고객이 세일즈맨의 회사의 상품이 비싸기 때문에 구입할 생각을 않는다. 좀 더 싼 상품으로 충분히 만족하고 있다고 하자. 세일즈맨은 '우리 회사의 제품은 품질이 좋기 때문에 결코 비싼 편이 아니다.'라고 말하고 싶었지만, 지금 상황을 보아 알 수 있듯이 고객은 받아들일 태도가 되어 있지 않다는 것을 알 수 있다.

그래서 즉시 자기 상품의 이점을 늘어놓기보다는, 현재 사들이고 있는 타 상품에 만족하고 있다는 고객의 입장을 잘 확인하는 편이 세일즈맨으로서 현명한 방법이다. 고객에게 지금 사용하고 있는 상품에 대해 여러 가지를 묻고 싶다고 대화를 끄집어내는 것이다.

예를 들면, 그 상품은 얼마나 오래 사용했는지, 지금까지 문제는 없었는지, 서비스는 어떤지, 구매 조건 등을 알아보는 것이다. 이러한 질문들은 다른 회사 제품의 품질을 비교해 보는 데 유용한 질문들이다.

고객과의 대화 중에 약점이 발견되면 그 약점을 금액으로 환산해서 경쟁 상대의 상품 가격에 가산한다. 그리고 이 가격을 자기 상품의 가격과 비교한다. 이렇게 해서 경쟁 상대의 가격에 약점을 가산한 것이 세일즈맨의 회사 상품의 가격을 넘어선다면, 그 세일즈맨은 승리한 것이다. 그리고 고객도 마찬가지로 세일즈맨의 입장에 동조한 셈이 된다. 그러면 그가 계획한 일은 성공을 거둔 셈이다.

조언으로 설득에 성공하기

02

어떤 사람들은 조언이 왜 설득에 대한 부분에서 취급되는가를 이상하게 생각할지 모르지만 잘 생각해 보면 이 양자 간에는 매우 많은 공통점이 있다. 부탁받지 않는 조언이란, 말하자면 상대방에게 이쪽이 해주기를 바라는 것을 해 주도록 승낙시키는 데 있는 것이다. 부탁받지 않은 조언이 상대방을 움직이고 싶다든가, 간섭하고 싶다는 생각에서 나온다는 의견을 받아들이지 않는 사람들은 자기가 하고 있는 일은 조언이 아니라 도움이 되기를 바랄 뿐이라고 억지 이론을 펴 보이는 것이다.

부탁도 받지 않았는데 조언을 하는 것은, 상대방을 제 마음대로 움직이고 싶다는 이유 이외에 또 무엇이 있겠는가? 물론 당사자는 이 사실을 인정하기가 싫을 것이다. 이 사실을 싫어하는 까닭에 설득이 허사가 되는 경우가 때때로 있다.

그래서 부탁받지 않았는데 조언을 하는 경우에 우선 알아두어야 할 것이 있다. 그것은 자기는 설득하려고 하고 있다는 사실이다. 설득하려고 생각했다면 상대방의 받아들이려는 자세가 될 수 있도록 만드는 것이 필요하다.

우선 상대방으로 하여금 말을 하게하고, 입장을 탐색해서, 그가 자신 없는 말이나 이쪽의 의견을 구하는 말을 할 때까지 기다리는 것이다. 그러고 난 후에 '조언'을 해야 한다.

상대방이 받아들이는 태도의 징조를 기다리려고도 하지 않고 이쪽의 조언에 따름으로써 이익을 얻는 방법도 제시하지 않는다면 조언의 본질이 드러나게 된다. 조언이란, 사실은 요청인 것이다. 그래서 상대방의 심중에는 두 힘이 상호작용을 한다. 상대를 기쁘게 하려는 욕망과 상대의 생각대로, 마음대로 되기는 싫다는 원망인 것이다. 이 두 힘은 매우 강력하게 작용하기 때문에 그의 반응은 이쪽의 생각이 현명해서가 아니라 남에게 명령받는 데 대한 감정적 반응에 지배되는 경우가 많다.

이 두 가지 감정(남을 기쁘게 해 주겠다는 생각과, 사람의 마음대로는 되지 않겠다는 생각)은 충분히 생각해 보지도 않고 조언자가 말하는 것에 따르거나 반대하는 결과를 낳기 쉽다. 때문에 그의 행동은 반드시 이쪽에서 제시한 생각에 대한 평가의 표현이라고는 말할 수 없다. 이 감정적인 힘은 그에게 자기의 이기적인 생각에 반대되는 것 같은 일을 하게 할지도 모르기 때문이다.

사람을 기쁘게 하고자 하는 생각이 '싫다.'고 말하지 않을 정도로 강력한 것이라면 그는 조만간 그 자신에게 불리한 일을 해야 하는 처지가 되고 말 것이다. 또 타인에게 이러쿵저러쿵 말을 듣기 싫다는 욕구가 강해서 제언이나 조언을 받게 되면 기분이 나빠질 것이다. 자기의 일은 자기가 결정할 수 있는 능력이 있다는 것을 증명하기에 급급해하고 남의 조언과 일치하게 된다면 그 사람의 마음대로 움직였다는 느낌에 사로잡히게 된다. 조언을 받아들이거나 거절하는 것도 역시 한 가지 결단임에 틀림없다는 것을 그는 까맣게 잊어버리고 만 것이다.

사람의 행동이 자기 자신에 관해 무언가를 증명하고자 하는 욕구—그 무언가가 자기는 결코 '아니.'라고 말하지 않을 만큼 선량하고 협조적인 인간이라든가, 결코 '예.'라고 말하지 않을 만큼 남의 뜻대로 되지 않는 자기 관리를 할 수 있는 인간이다. 라는 등—에 지배되면 될수록 남의 논리를 받아들이지 않게 된다. 이러한 종류의 사람을 상대로 하는 경우에는 이쪽의 생각이 사실은 상대로부터 나온 것이라고 생각하게 하지 않으면 안 된다.

자의식이 강한 상대방을 설득하기 위해서는 중립 혹은 무관심한 것같이 행동해야 한다. 사실을 그의 앞에 늘어놓고 그의 의견을 물어보아야 한다. 만일 그의 주장이 이쪽과 다르더라도 이쪽의 생각을 함부로 표현해서는 안 된다.

만약에 상대방이 '싫다.'고 말할 수 없는 사람으로 이쪽 말대로 한다고 해도 이러한 약점을 이용하는 것은 현명한 방법은 아니다. 이러한 사람들은 그 약점에 대해 항상 심려하고 있으므로 자기를 마음대로 움직이려고 하는 사람에게 노여움을 폭발시키게 되는 경우가 많다. 때문에 자신이 결론을 내리도록 유도하는 것이 바람직하다.

부탁을 받은 조언은 부탁받지 않은 조언과 너무 차이가 크기 때문에 그것들을 동일한 조언으로 호칭하는 것은 합당하지 않다는 사실이다. 부탁받지 않은 조언은 실제는 조언이 아니고 설득, 즉 상대방의 생각을 자기 마음대로 복종시키게 하려는 시도인 것이다.

상대에게 용기를 북돋아 줘라

03

상대방에게 힘을 내게 하는 것도 설득의 일부이다. 상대방의 감정을 이쪽이 바라는 대로 바꿔버리게 하는 시도이고 그래서 상대방의 반응이나 사고, 그리고 감정도 바꿔 버리려는 시도는 설득임에 틀림없기 때문이다.

보통 기운을 내게 하는 것은 불안이나 울적한 기분을 제거하기 위한 것이다. 사람이 불안하게 되는 것은 곤란한 결단을 내릴 때나, 어떤 행동의 결과나, 긴박한 사태, 남에게 자기가 어떤 인상을 줄 것인가를 걱정하는 경우이다. 마찬가지로 사람은 자기의 우둔함이나, 이기적인 것이나, 추함 기타 모든 결함에 대해 항상 걱정을 하고 있는 것이다. 기운을 내게 해 주는 말은 이러한 울적한 기분을 누그러뜨리는 데 큰 도움을 준다.

기운을 내게 하는 것도 설득적인 시도이므로 다른 형태의 설득과 마찬가지로 우선 상대방으로 하여금 받아들이는 태도를 확립시키게 하지 않으면 안 된다. 그의 불안이나 우울한 기분을 알아차리는 즉시 기운을 내게 하는 말을 해서는 좋지 못하다. 그가 받아들일 태세를 갖추고 있지 않은데 그런 말을 한다 해도 역효과밖에 나타나지 않기 때문이다. 또한 그의 불쾌한 감정이 더욱 증가될 뿐이다.

사람은 불안하거나 우울해지면 밖으로 드러내 놓고 표현하고 싶어 하는 속성이 있다. 그의 그런 말을 듣자마자 기운을 차리라고 격려의 말을 하게 되면 그의 그러한 기분은 말한 만큼의 가치도 없는 것이라는 것을 언외에 암시하는 것이 된다. 그렇게 쉽게 해답이 나오는 번민이라면 말할 필요가 어디 있었겠는가? 그렇게 생각하게 되면 그는 감정을 이야기할 기분이 사라지고 그것 때문에 감정은 불쾌한 그대로 남아 있게 된다. 그 결과 그는 신경질이 나고 그것을 격려하는 말을 해 준 사람 탓으로 돌리게 된다.

불안해하고 있는 사람에게 말로만 걱정하지 말라든가, 당신은 바보가 아니야, 이기적이 아니다. 라는 등을 재빨리 말하게 되면 그는 그런 기분을 품고 있었던 것이 자기의 잘못이었다는 느낌을 갖게 된다. 더욱이 그는 이쪽이 그의 말을 받아들일 마음이 없다고 생각할 것이다.

기운을 내게 해 주는 말을 하기 전에 우선 상대방에게 좀 더 말하도록 부탁을 하는 것이다. 그가 마음에 품은 말을 모두 털어놓아 버리게 되면 기분이 차분해질 것이고 그런 연후에 기운을 북돋아 주는 말을 해야 한다. 그때 그는 충분히 이쪽을 받아들일 태세가 갖추어져 있을 것이다.

그의 번민이나 그런 기분이 된 경위를 자세히 말해 주도록 부탁을 하는 것이다. 그러면 그는 말하는 동안에 훨씬 올바른 견해를 가지게 될 것이다. 번민하고 있던 것을 말로 나타내 보니까 그렇게 대수로운 것은 아니었다는 것을 깨닫게 될 것이다. 마음속에 생각하고 있을 때는 너무나 근시안적으로 사태를 보고 있는지 모를 일이다. 그가 마음속의 번민을 말하고 나면 그 다음에는 다른 각도에서 그것을 다시 검토해 보면 좋을 것이다.

이렇게 하면 기운을 내게 하는 말은 좀 더 뜻 깊은 뜻을 가진 것이 된다. 상대방이 말한 것과 결부되어 그에게 사물을 바라보는 방법을 터득하게 해 줄 수 있기 때문이다.

설득의 요점

설득이 실패로 돌아가는 가장 큰 이유는 설득이라는 것이 상대방에게 무언가를 강요할 것이라고 생각하는 데 있다. 이러한 고정관념이 있기 때문에 상대방으로 하여금 꼼짝 못하게 하는 태도라든가 큰 도리 등 강력한 수단이 쓰여 지는 일이 많다.

이러한 방법은 써도 그다지 효력은 없다. 견해라는 것은 외부에서 강제적으로 투입되어 알게 되는 게 아니기 때문에 마음이 움직여 자진해서 나옴으로 해서 비로소 파악될 수 있는 것이다. 그래서 중요한 것은 상대방에게 자진해서 들어오게 하는 일이다. 그러나 그렇게 하기 전에 우선 상대가 받아들이는 자세가 갖추어지지 않으면 안 된다.

받아들일 자세는 좀 더 잘 알고 싶다는 뜻으로 나타난다. 이것은 질문이나 의문 등 자신이 없음을 나타내는 말로 표현된다.

상대방이 자진해서 이쪽으로 들어오도록 하려면 어떻게 하면 되는가? 대답은 간단하다. 그로 하여금 말을 하게 하는 것이다. 그가 무언가에 절망적인 기분에 잠겨 있을 때는 받아들일 태세는 전혀 없다. 여기서 취해야 할 가장 좋은 수단은 그로 하여금 자기의 입장을 설명하게 만드는 일이다. 그는 자기의 입장을 모두 밝힘과 동시에 이것저것 실수도 드러나게 될 것이다. 그렇게 되면 그는 어떤 의문이나 자신 없는 말을 하게 되고 정보를 구하기도 할 것이다.

지금 그는 받아들일 태세가 된 것이다. 지금 그는 이쪽에서 주려고 하는 것에 대해 손을 내밀고 있는 것이다. 지금이야말로 이쪽의 생각을 설명할 때인 것이며 그는 이해할 생각으로 있는 것이다.

일단 생각을 말한 후에는 반드시 확인하고 상대로 하여금 생각토록 할 것을 잊어서는 안 된다. 정도를 명확히 밝히고 설명해야 하며 또 그를 움직이기 위해서는 이쪽의 견해를 따랐을 때의 이점을 설명하는 것도 중요하다.

감정은 받아들일 태세의 가장 큰 적이다. 감정은 어떤 흡입이 아니라 토로를 요구한다. 때문에 어떤 생각을 상대방에게 심어주기 전에 감정을 모두 노출시켜 버리도록 해야 할 것이다.

소용돌이치는 감정을 우선 해소시키는 것은 상황에 맞는 정보를 제공해 주는 것이 좋다. 당장에 조언이나 격려하는 말을 하고 싶은 충동을 참아야만 하는 것이다. 그런 일은 전혀 효력이 없을 뿐만 아니라 더욱 상대방을 격분시킬 뿐이다.

우선 첫째로 상대방의 기분이 어느 정도 진정되기까지 그로 하여금 말을 하게 하는 것이다. 그 다음 조언이나 격려의 말을 하는 것이다. 그러면 그는 감정을 털어놓았기 때문에 이쪽의 하는 말을 받아들일 상태에 놓여 있는 것이다. 그래서 그에게 사태는 그리 나쁘지 않다고 말하는 것이 좋다. 만약 상대방이 질문을 하거나 자신 없음을 입 밖에 낸다면 그는 조언이나 격려의 말을 받아들일 태세가 되어 있는 셈이다.

이러한 심리적 기술을 손쉽게 사용하기 위해서는 강한 인내심을 기르지 않으면 안 된다. 그리고 항상 반대 방향으로 떠밀어 버리려는 수많은 습관을 극복해야만 하는 것이다. 상대방의 심리를 파악하는 것은 매우 힘든 일이다. 그러나 노력함으로써 마음이 서로 통하게 되고 서로의 호감을 달성할 수 있었다는 기쁨과 충만감을 맛보게 될 것이다. 그리고 이 마음이 서로 통하지 않아서는 대화는 한낱 '소음'에 지나지 않는다는 것을 항상 마음속에 간직해 두어야 할 것이다.

옮긴이 **서상원**

고려대학교를 졸업하고 한국외국어대학교 대학원에서 영문학을 전공했다. 잡지사 《여원》의 편집부에서 번역 및 해외 문화를 소개했으며 IBS 번역센터를 설립하여 대표로 재직하면서 명지대학교·세종대학교·경원대학교에 출강했다.

외국에서의 생활을 바탕으로 한국의 현 상황에 맞는 인문서와 우리의 정서에 맞는 자기 계발서를 기획하며 글쓰기에 매진하고 있다. 지은 책으로 『이기적 리더십』 『죽기 전에 한 번은 심리학을 만나라』 『두 배로 성공하는 낙관적 습관』 『더 이상 기회는 없다』 『좋은 인생 좋은 습관 2』 등이 있고, 옮긴 책으로 『신곡』 『데미안』 『페스트』 『이방인』, 스타 에센스 클래식 시리즈 『레 미제라블』 『안나 카레니나』 『위대한 개츠비』와 『톨스토이의 인생 레시피』 『경제 사랑학』 『지금부터 시작하는 인간관계의 룰』 『유럽에 빠지는 즐거운 유혹 1·2·3』 『헤르만 헤세의 청춘이란 무엇인가』 등이 있다.

마음에 읽는
카네기

초판 인쇄 2022년 11월 15일
초판 발행 2022년 11월 20일

지은이 데일 카네기
옮긴이 서상원
펴낸이 김상철
발행처 스타북스
등록번호 제300-2006-00104호
주소 서울시 종로구 종로 19 르메이에르종로타운 B동 920호
전화 02) 735-1312
팩스 02) 735-5501
이메일 starbooks22@naver.com
ISBN 979-11-5795-668-5 03320